Bibliografische Information der Deutschen Nationalbibliothek:

Die Deutsche Nationalbibliothek verzeichnet diese Publikation in der Deutschen Nationalbibliografie; detaillierte bibliografische Daten sind im Internet über http://dnb.d-nb.de abrufbar.

Impressum:

Lektorat: Johanna Lindner
Copyright © 2015 ScienceFactory
Ein Imprint der GRIN Verlag GmbH
Druck und Bindung: Books on Demand GmbH, Norderstedt, Germany
Coverbild: pixabay.com

Chlorhühnchen vom Grill oder was das TTIP bringt
Positive und negative Effekte des Transatlantischen Freihandelsabkommens

Inhaltsverzeichnis

Gegenstand und Bewertung der zukünftigen Transatlantischen Handels- und Investitionspartnerschaft (TTIP) ... 9

- Abkürzungsverzeichnis ... 10
- Einleitung ... 11
- Handelshemmnisse für internationale Handelsströme ... 13
- Handelsliberalisierung durch Freihandelsabkommen ... 18
- Die Transatlantische Handels- und Investitionspartnerschaft (TTIP) ... 31
- Studien zur Bewertung des TTIP ... 38
- Fazit und Ausblick ... 50
- Literaturverzeichnis ... 52

Potentielle ökonomische Effekte eines transatlantischen Freihandelsabkommens ... 59

- Abkürzungsverzeichnis ... 60
- Einleitung ... 61
- Die Geschichte des Freihandels ... 64
- Theoretische Grundlagen zur Beurteilung von TTIP ... 73
- Das Transatlantische Freihandelsabkommen ... 88
- Abwägung und Ausblick ... 118
- Literaturverzeichnis ... 122

Side effects of an economic treaty on national security policy ... 129

- Introduction ... 130
- The partners – a historical review ... 131
- TTIP ... 136
- Effects of TTIP on both sides ... 141
- Further effects on other areas than economics ... 146
- Outlook ... 151
- Conclusion ... 153
- References ... 155

Informative Analyse weltwirtschaftlicher Faktoren und deren Veränderungsprozesse durch das TTIP..159

    Abkürzungsverzeichnis 160

    Vorwort.. 162

    Einleitung.. 164

    Grundlagen und Fakten 166

    Handelsmodifikationen und Marktbedingungen 173

    Neue Regularien für den Finanzsektor 193

    Wirtschaftliche und demokratische Veränderungsprozesse 198

    Schlussbetrachtungen und Fazit 219

    Literaturquellen 226

    Internetquellen 228

Einzelbände..**234**

Gegenstand und Bewertung der zukünftigen Transatlantischen Handels- und Investitionspartnerschaft (TTIP)

Von Alexander Hille, 2015

Abkürzungsverzeichnis

APEC	Asia-Pacific Economic Cooperation
ASEAN	Association of Southeast Asian Nations
BIP	Bruttoinlandsprodukt
BMWi	Bundesministerium für Wirtschaft und Energie
BRIC	Brasilien, Russland, Indien, China
CEPII	Centre d'Etudes Prospectives et d'Informations Internationales
CEPR	Centre for Economic Policy Research
CETA	Comprehensive Economic and Trade Agreement
CGE	Computable General Equilibrium
FTAAP	Free Trade Area of the Asia-Pacific
GATT	General Agreement on Tariffs and Trade
GTAP	Global Trade Analysis Project
ifo	Leibniz-Institut für Wirtschaftsforschung an der Universität München e. V.
MIRAGE	Modeling International Relationships in Applied General Equilibrium
NAFTA	North American Free Trade Agreement
NTB	Non-tariff barrier
OECD	Organisation for Economic Co-operation and Development
TPP	Trans-Pacific Partnership
TTIP	Transatlantic Trade and Investment Partnership
WTO	World Trade Organisation

Einleitung

Relevanz des Themas

Seit Beendigung des Kalten Krieges hat die Welt ein unvorhergesehenes Wachstum an Freihandelsabkommen verzeichnet. Heutzutage ist die dynamische Entwicklung der Weltwirtschaft eng an das Wachstum des Welthandels, an ausländische Direktinvestitionen sowie an das Voranschreiten der Globalisierung gekoppelt. Erfolgreicher internationaler Handel ist im Interesse aller Staaten, da deren Wohlstand unmittelbar von der Entwicklung der Weltwirtschaft abhängt. Ende 2008, im Zuge der globalen Wirtschafts- und Finanzkrise, sind die vermeintlichen Vorteile internationalen Handels in Frage gestellt worden und protektionistische Interessen zum Schutz der heimischen Volkswirtschaften wurden immer öfter verfolgt.

Diese Entwicklung wiederum intensivierte die Zusammenarbeit zwischen den Staaten der Europäischen Union (EU) und den Vereinigten Staaten von Amerika (USA) zum wohl bedeutendsten und größten Freihandelsabkommen der Geschichte, der Transatlantischen Handels- und Investitionspartnerschaft[1]. Die Verhandlungspartner repräsentieren knapp ein Drittel des Welthandels. Die Dimensionen des TTIP in Zeiten zunehmender Regionalisierung sind außergewöhnlich, aber auch die wachsende Bedeutung der Entwicklungsländer im internationalen Handel stellen erhebliche Anforderungen an die Welthandelsordnung bzw. an die Welthandelsorganisation WTO als ihren institutionellen Vertreter. Die Verhandlungen der WTO um eine multilaterale Handelsliberalisierung stehen nun nach jahrelangem Stillstand am Scheideweg.

Fragestellung und Vorgehensweise

Diese Bachelorarbeit widmet sich der Forschungsfrage, inwiefern das TTIP als zukünftiges, regionales Freihandelsabkommen vor dem Hintergrund der Ergebnisse bisheriger Studien zu bewerten ist.

Der Fokus liegt nicht auf den teils sehr umstrittenen Vertragsinhalten, sondern auf der Methodik der Studien und deren prognostizierten ökonomischen Wachstumseffekten für die EU und die USA. Um den Umfang des TTIP zu verdeutlichen, werden die Chancen und Risiken des Freihandelsabkommens diskutiert sowie die Aktualität des TTIP in Hinblick auf andere momentan verhandelte Freihandelsabkommen erörtert. In dem umstrittenen Abkommen geht es nicht wie bei anderen Freihandelsabkommen primär um den Abbau tarifärer Handelshemmnisse (wie z.

---

[1] Nachfolgend nur noch als „TTIP" bezeichnet.

B. Zölle), stattdessen gilt es die nicht-tarifären Handelshemmnisse durch Instrumente der regulativen Zusammenarbeit zu reduzieren. Deshalb werden zu Beginn dieser Bachelorarbeit die Handelshemmnisse für internationale Handelsströme in der Theorie aufgezeigt. Regionale Freihandelsabkommen haben sich bereits als ein sehr erfolgreiches Modell zur Förderung der Außenwirtschaft erwiesen und sind mittlerweile ein wichtiger Bestandteil im Instrumentenkasten der Außenhandelspolitik vieler Staaten. Hier gilt es zu erforschen, ob die regionale Handelsliberalisierung einen „Baustein" oder einen „Stolperstein" für eine globale Handelsordnung darstellt. Die nie dagewesene Größenordnung der trans-atlantischen Integrationsbemühungen zwischen der EU und den USA heizt diese Diskussion zusätzlich an.

Stand der Forschung und Literaturüberblick

Die theoretischen, makroökonomischen Grundlagen von Handelshemmnissen werden anhand von volkswirtschaftlichen Lehrbüchern vermittelt. So dienen besonders die achte, aktualisierte Auflage des seit 1948 publizierten Standardwerks „Volkswirtschaftslehre – Grundlagen der Makro- und Mikroökonomie" des renommierten, amerikanischen Wirtschaftswissenschaftlers und Nobelpreisträgers P. Samuelson, aber auch zwei Werke des Volkswirtschaftlers R. Senti, als Quelle. Die Publikation „Regionale Freihandelsabkommen – in zehn Lektionen" von R. Senti liefert wichtige Erkenntnisse zur Handelsliberalisierung durch Freihandels-abkommen. Im darauffolgenden Kapitel dienen außerdem aktuelle wissenschaftliche Studien und Ergebnisse empirischer Analysen diverser unabhängiger Forscher zu den möglichen Wechselwirkungen zwischen der regionalen und globalen Handelsliberalisierung als Quellen. Da die Verhandlungen zum TTIP noch nicht abgeschlossen sind und das Freihandelsabkommen intensiv und kontrovers in der Wirtschaft, Politik und breiten Öffentlichkeit der EU, speziell in Deutschland, debattiert wird, dienen zur Erörterung der Forschungsfrage alle aktuell zugänglichen Studien und Publikationen verschiedener Institute und Forscher.

Handelshemmnisse für internationale Handelsströme

Die momentan in den TTIP-Verhandlungen debattierten Maßnahmen zur Liberalisierung des transatlantischen Handels basieren hauptsächlich auf den klassischen Theorien David Ricardos, wonach Freihandel insgesamt zu einem Anstieg der wirtschaftlichen Wertschöpfung und damit zu einem Wohlstandsanstieg der dazugehörigen Staaten führt. Diese Maßnahmen lassen sich in tarifäre und nicht-tarifäre Handelshemmnisse gliedern. Tarifäre Handelsmaßnahmen stellen vor allem Zölle und Exportsubventionen dar. Zu nicht-tarifären Maßnahmen zählen alle übrigen Handelsbarrieren, die einen Exporteur beim Handel mit einem Importeur im Partnerland einschränken. Generell ist der Abbau von tarifären und nicht-tarifären Handelshemmnissen und eine verstärkte Integration der Entwicklungsländer in die Weltwirtschaft erforderlich, um Wohlfahrtsgewinne zu realisieren. Diese resultieren einerseits aus einer besseren Allokation von Ressourcen (Handelshemmnisse haben einen negativen Einfluss auf die Allokationseffizienz[2]), andererseits aus einer vertieften Arbeitsteilung und dem Ausnutzen von weiteren Vorteilen, so etwa der Steigerung der Produktivität durch intensiveren Wettbewerb und den dadurch verstärkten Anreiz zu mehr Innovationen. Während protektionistische Außenhandelspolitiken für bestimmte Gruppen durchaus profitabel sind, wird ein Wohlfahrtsanstieg typischerweise am besten durch Freihandel erreicht[3].

Im Folgenden werden tarifäre und nicht-tarifäre Handelshemmnisse anhand theoretischer Grundlagen spezifiziert sowie die Effekte protektionistischer Außen-handelspolitik näher erläutert.

Tarifäre Handelshemmnisse

Tarifäre Handelshemmnisse, wie z. B. Zölle oder Exportsubventionen, gelten als tarifärer Protektionismus und sind definiert als „Abgaben, die ein Staat erhebt, wenn Waren seine Grenzen passieren. Sie belasten also Einfuhr, Ausfuhr oder Durchfuhr."[4]

Die Bemessungsgrundlage kann mengenbezogen (spezifischer Zoll), wertbezogen (proportionaler Zoll) oder auch eine Kombination beider Elemente sein (Gleit- oder Mischzoll)[5]. Zölle werden als zusätzliche Einnahme für den Staat

---

[2] Vgl. TUINSTRA, J./WEGENER, M./WESTERHOFF, F. (2014), S. 246.

[3] Vgl. Ebd.

[4] DORN, D./FISCHBACH, R./LETZNER, V. (2010), S. 293.

[5] Vgl. DORN, D./FISCHBACH, R./LETZNER, V. (2010), S. 294.

erhoben, dienen aber auch als außenpolitische Steuerung zum Schutz der einheimischen Industrie. Abbildung 1 verdeutlicht das Prinzip von Zöllen. Ohne Zollerhebung wird ein Gut zum Preis p angeboten. Bei diesem Preis werden x_2 Einheiten nachgefragt und x_1 Einheiten angeboten. Folglich wird die Differenz aus x_2 und x_1 Einheiten, also $x_2 - x_1$ Einheiten, importiert. Wenn ausländische Unternehmen nun auf ihre Güter einen Zoll t („tax") zahlen, steigt der inländische Preis um das t-fache auf p + t. Dementsprechend wächst das Angebot auf die Menge x'_1 und die Nachfrage reduziert sich auf die Menge x'_2. Damit schrumpft die zu importierende Menge auf $x'_2 - x'_1$.

Zusammenfassend lässt sich erkennen, dass Zölle zu einer Erhöhung der Preise, einer Senkung der verbrauchten und importierten Mengen und einer Steigerung der inländischen Produktion führen[6].

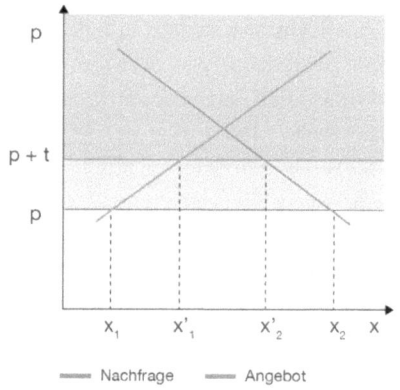

— Nachfrage — Angebot
Abbildung 1: Mechanismus von Zöllen
Eigene Darstellung nach Sieg, G. (2010): S. 409.

Beim Freihandel werden Zölle eliminiert. Dann sinken die Preise und die Nachfrage steigt. Auf dem gemeinsamen Markt bilden sich die Preise unabhängig vom Zoll. Das Prinzip der Handelsliberalisierung durch Freihandelsabkommen wird im nächsten Kapitel thematisiert.

---

[6] Vgl. SAMUELSON, P./NORDHAUS, W. (1987), S. 676.

Nicht-tarifäre Handelshemmnisse

Im Zuge der Handelsliberalisierung werden Zölle durch Freihandelsabkommen immer weiter abgebaut und Staaten bedienen sich stattdessen anderer Handelsbeschränkungen, um einheimische Wirtschaftssektoren vor zunehmendem Wettbewerb zu schützen. Nicht-tarifäre Handelshemmnisse sind alle privaten oder staatlichen Maßnahmen, die den internationalen Handel und deren Vorprodukte in einer Art und Weise betreffen, dass sie das potenzielle Welteinkommen schmälern[7]. Sie betreffen sowohl den Waren- als auch Dienstleistungsverkehr und sind schwerer zu quantifizieren. Bei tiefen Zollsätzen im Rahmen zunehmender Handelsliberalisierung werden nicht-tarifäre Handelsprobleme verstärkt als handelshemmend empfunden[8]. Beispiele für nicht-tarifäre Handelsbeschränkung-en und deren Auswirkungen sind in Tabelle 1 aufgeführt:

Nicht-tarifäres Handelshemmnis	Auswirkungen
Quoten und restriktive Handelspolitik	• Ausfuhrkontingente bewirken bessere Inlandsversorgung, ein höheres Weltmarktpreisniveau oder die Wahrung strategischer Interessen • Importquoten ähneln der Wirkung eines Schutzzolls: Heimische Produzenten und Besitzer von Einfuhrlizenzen profitieren, die Konsumenten werden jedoch benachteiligt
Freiwillige Exportbeschränkungen	• Bieten ausländischen Anbietern die Möglichkeit, Kartelle zu bilden und ihre Produkte auf dem Exportmarkt zu überhöhten Preisen anzubieten • Importland versucht den wirtschaftlich leistungsfähigsten Anbieter vom heimischen Markt fernzuhalten

---

[7] Vgl. SENTI, R. (2000), S. 236-237.

[8] Vgl. SENTI, R. (2013), S. 31.

Subventionen	• Durch Steuerermäßigungen, direkte Zuschüsse oder Ausfuhrgarantien werden die Exportindustrie und Produkte, die mit Importgütern im Wettbewerb stehen, gefördert
Verwaltungsprotektionismus	• Administrative Hürden, technische Normen und unnötige Formalitäten diskriminieren die ausländische Konkurrenz und verursachen dadurch Mengen- und Preiswirkungen wie Zölle

Tabelle 1: Auswirkungen nicht-tarifärer Handelshemmnisse
Eigene Darstellung nach Senti, R. (2013), S. 299 – 300.

Die Europäische Kommission bezeichnet nicht-tarifäre Handelsbeschränkungen als unauffälliger, komplexer und heikler, da sie direkt die inländische Regulierungstätigkeit berühren[9]. Einerseits stellen nicht-tarifäre Handelshemmnisse zusätzliche Kosten für exportorientierte Unternehmen dar (z. B. erhöhen divergierende Vorschriften sowie mehr Bürokratie die Produktionskosten). Andererseits steigern sie die Inlandspreise durch höhere Produktionskosten und durch eine höhere Marktkonzentration, indem der Zutritt für ausländische Unternehmen eingeschränkt wird. Nicht-tarifäre Handelshemmnisse wirken dem-nach ähnlich wie Zölle.
Zu beachten gilt die Tatsache, dass für den Handeltreibenden jede Art von Handelshemmnis eine Benachteiligung gegenüber dem inländischen Konkurrenten darstellt[10].

Effekte protektionistischer Außenhandelspolitik

Protektionistische Interessen wurden besonders zwischen 2008 und 2009 als Reaktion auf die globale Wirtschafts- und Finanzkrise verfolgt. Ein erheblicher Rückgang der globalen Handelsströme versetzte die Weltwirtschaft in eine große Krise. Viele Staaten reagierten mit einer neuen „alten" Handelspolitik, indem zusätzliche tarifäre und nicht-tarifäre Handelshemmnisse geschaffen wurden[11].

---

[9] Vgl. EUROPÄISCHE KOMMISSION (2006), S. 6.
[10] Vgl. SENTI, R. (2000), S. 238.
[11] Vgl. VIJU, C./KERR, W. (2012), S. 1368.

Im Rahmen zunehmender Handelsliberalisierung verfolgten die Staaten nun wieder protektionistische Interessen. Protektionistische Handelspolitiken laufen Gefahr Handelsbarrieren aufzubauen und führen zu handelsschaffenden sowie handelsumlenkenden Effekten. Handelsschaffung entsteht, wenn durch den Abbau von Handelshemmnissen innerhalb einer Zollunion die Märkte geöffnet werden und dadurch der Binnenmarkt gestärkt wird. Werden beispielsweise Zölle innerhalb einer Freihandelszone abgeschafft, so werden zusätzlich Güter gehandelt, die zuvor aus Nichtmitglied-staaten importiert wurden. Handelsumlenkung entsteht durch erhöhte Zollmauern einer Zollunion gegenüber Nichtmitgliedstaaten. Der Handel mit Nichtmitglied-staaten wird erschwert und deren Märkte werden abgeschlossen. Durch den intensivierten Handel zwischen den Mitgliedstaaten innerhalb der Zollunion werden Lieferungen aus Drittländern verdrängt.

Besonders junge Industrien werden anfänglich gerne vom Staat beschützt, damit sie sich im Inland entwickeln und effiziente Strukturen festigen, um gestärkt in den internationalen Markt einzutreten. Das Ziel einer solchen strategischen Handels-politik ist das Erkennen und Fördern des Wachstums von Sektoren, die als besonders gewinnbringend für den Staatshaushalt erscheinen[12]. Dazu zählen z. B. die Agrarindustrie, Eisen- und Stahlindustrie, Textilindustrie oder auch die chemische Industrie[13]. Befürworter als auch Gegner der strategischen Handelspolitik sind sich einig, dass jede Art des Eingriffs in den Markt die globale Wohlfahrt mindern wird, auch wenn einzelne Staaten ihre Wohlfahrt steigern können[14]. Die Ablehnung des Protektionismus innerhalb einer Freihandelszone sollte von aktiven Bemühungen um offene Märkte und faire Handelsbedingungen außerhalb begleitet sein[15]. Daher ist es immer vorteilhaft Handelshemmnisse abzubauen statt dem Neo-Protektionismus zu folgen. Die zunehmende Handelsliberalisierung durch regionale Freihandelsabkommen auf dem Weg zum Multilateralismus ist Gegenstand des nächsten Kapitels.

---

[12] Vgl. ÖRGÜN, B. (2012), S. 1286.
[13] Vgl. VIJU, C./KERR, W. (2012), S. 1368.
[14] Vgl. ÖRGÜN, B. (2012), S. 1290.
[15] Vgl. EUROPÄISCHE KOMMISSION (2006), S. 5.

Handelsliberalisierung durch Freihandelsabkommen

Angesichts der weltweiten Wirtschaftskrise war eine beschleunigte Wiederaufnahme der Welthandelsgespräche im Rahmen der WTO beabsichtigt, um das globale Wirtschaftswachstum zu stimulieren und drohende protektionistische Interessen in vielen Staaten abzuwenden. In diesem Kapitel werden grundsätzliche Funktionen der Welthandelsorganisation WTO erläutert und ihre Erfolge in Hinblick auf eine zunehmende Handelsliberalisierung verdeutlicht. Insbesondere liegt der Fokus auf der zunehmenden Regionalisierung der Weltwirtschaft und geht der Frage nach, inwiefern das ursprüngliche Ziel einer globalen Handels-ordnung von der WTO realisiert wird.

Funktion der WTO

Eine schrittweise Öffnung des Handels ist essentiell für mehr Produktivität, Wachstum und Beschäftigung[16]. Freihandel maximiert Gewinne durch die effiziente Nutzung zweier Handelspolitiken[17]: Einerseits bietet Spezialisierung die Möglichkeit des Austausches zwischen dem, was man vorteilhaft produzieren kann und dem, was andere Länder effizient produzieren. Freihandel stimuliert diesen Effekt, indem Skaleneffekte durch einen freien Marktzugang realisiert werden können[18]. Andererseits hat der Staat die Möglichkeit, die sonst importierten Güter selbst zu produzieren. Freihandel stellt sicher, dass beide Alternativen effizient genutzt werden.

Das Grundgerüst der WTO, und zwar das Allgemeine Zoll- und Handelsabkommen[19] (GATT), existiert schon seit 1948. Das GATT ist eine vertragliche Institution mit symmetrischen Rechten und Verpflichtungen für alle Mitglieder[20]. Als multilaterales Instrument[21] trug das GATT maßgeblich zur Kontrolle des internationalen Warenhandels bei. Die Liberalisierung des internationalen Handels durch den Abbau von Zöllen vollzog sich nach Gründung des GATT in

---

[16] Vgl. EUROPÄISCHE KOMMISSION (2006), S. 5.

[17] Vgl. BHAGWATI, J. (1989), S. 21.

[18] Vgl. MANSFIELD, E./MILNER, H. (1999), S. 594.

[19] Nachfolgend nur noch als „GATT" bezeichnet.

[20] Vgl. BHAGWATI, J. (1989), S. 24.

[21] Die vereinbarten Aktionen im GATT-Vertrag stellten nur ein Provisorium dar, das der Herabsetzung der Zölle im Zuge der Ausweitung des internationalen Handels eine besondere Bedeutung schenkte. Das GATT war bis dato also keine Institution.

acht verschiedenen Handelsrunden, welche in Abbildung 2 dargestellt sind[22]. Die durchschnittliche Zollbelastung der Industriestaaten reduzierte sich von rund 40% bei Gründung des GATT auf rund 4% nach Abschluss der Uruguay-Runde im Jahre 1993. Die Mitgliedstaaten des GATT verpflichteten sich zu einer Zollkonsolidierung[23]: Die in den Handelsrunden festgelegten Zollsätze dürfen nicht erhöht (nur in Ausnahmeregelungen), sondern ausschließlich reduziert werden, wobei eine vollständige Beseitigung der Zölle nicht verpflichtend ist. Der Abbau nicht-tarifärer Handelshemmnisse fand in den ersten Handelsrunden keine Beachtung, erst im Zuge der Tokio- und Uruguay-Runden wurden diese mit Artikel XI GATT spezifiziert. Demnach dürfen nicht-tarifäre Handelsbeschränkungen im Warenhandel weder erlassen noch beibehalten werden[24].

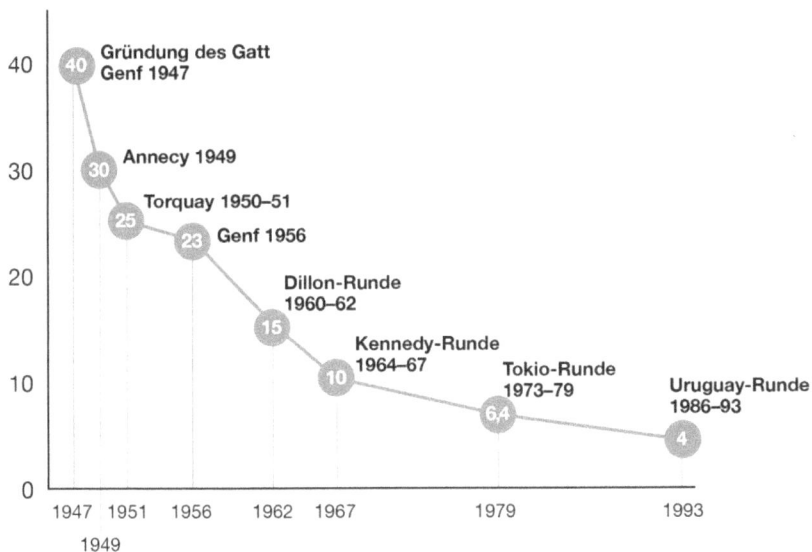

Abbildung 2: Zollabbau nach GATT-Handelsrunden
In Anlehnung an Senti, R. (2000), S. 220.

---

[22] Abbildung 2 zeigt nur sieben Handelsrunden, die letzte Handelsrunde (Doha-Runde, 2001) wird im Gliederungspunkt 3.2 separat thematisiert.
[23] Vgl. SENTI, R. (2000), S. 223.
[24] Vgl. Ebd., S. 236.

Die Uruguay-Runde stellt hinsichtlich der Liberalisierung des internationalen Handels sowohl in formeller als auch materieller Weise einen Neustart dar. Einerseits wurde 1995 das GATT durch die selbstständige internationale Dachorganisation WTO ersetzt, andererseits werden nun auch Güter- und Dienstleistungshandel, Aspekte der geistigen Eigentumsrechte und weitere Abkommen über den Agrar- und Textilhandel erfasst. Das WTO-Regelwerk ist sehr umfangreich, da es sich um rechtliche Verpflichtungen handelt. Die zentrale Botschaft des Regelwerks ist die Schaffung eines multilateralen Handelssystems[25]. So steht das Diskriminierungsverbot im Fokus, welches vorgibt, dass ein Staat weder seine internationalen Handelspartner noch ausländische Güter benachteiligen darf. Durch die Abschaffung tarifärer und nicht-tarifärer Handelshemmnisse sollen die internationalen Märkte geöffnet werden. Sonderprivilegien gibt es nur für Entwicklungsländer, die protektionistische Handelspolitiken nutzen dürfen, um einheimische Industrien zu formen und sich so dem Welthandel anzupassen. Ein Verbot von Exportsubventionen oder Anti-Dumping-Gesetze sollen den Wettbewerb stärken.

Die große Rezession im Rahmen der globalen Wirtschafts- und Finanzkrise war die erste Bewährungsprobe für das GATT/WTO-System. Die damaligen Mitglied-staaten der WTO hielten sich an ihre Auflagen, obwohl diese häufig deren Handelspolitiken einschränkten[26]. Die Streitschlichtung innerhalb der WTO ist ein äußerst effektives Instrument und das rechtliche System der WTO agiert durchaus erfahrener als der ehemalige GATT-Vertrag. Somit ist die Organisation der WTO hinsichtlich Durchsetzung und Konfliktregelung mit Erfolg zu beurteilen. Aktuelle Daten verdeutlichen die enorme Bedeutung der WTO für den Welthandel: Die WTO zählt zurzeit 160 Mitglieder[27], die über 90% des Welthandels widerspiegeln. Sie repräsentiert also (noch) kein globales System, sondern nur eine multilaterale Institution. Viele Staaten, wie z. B. Kasachstan, Algerien oder der Iran stehen unter Beobachterstatus bei den Beitrittsverhandlungen mit der WTO.

Der Abbau der Zölle im GATT regte hohe Wachstumsraten des Welthandels an. Abbildung 3 stellt den Anteil des Welthandels am weltweiten BIP verteilt über die letzten 20 Jahre dar. Laut Weltbank ist der Welthandel in diesem Zeitraum im

---

[25] Vgl. EUROPÄISCHE KOMMISSION (2006), S. 2.

[26] Vgl. VIJU, C./KERR, W. (2012), S. 1370.

[27] Vgl. WTO (2015a).

Mittel doppelt so stark gestiegen wie das weltweite BIP[28], wobei die Auswirkungen der großen Rezession aus dem Jahre 2009 einen Einbruch des Welthandels zeigen. Das beträchtliche Wachstum des Welthandels ist einerseits auf die Beseitigung zahlreicher tarifärer und nicht-tarifärer Handelshemmnisse vom internationalen Handel zurückzuführen. Die Folgen der Globalisierung (z. B. globale Wertschöpfungsketten) sowie die steigende Aktivität von multinationalen Konzernen, die die Weltwirtschaft bündeln, sind weitere Faktoren. Andererseits wachsen die Entwicklungsländer stetig und beeinflussen den Welthandel zunehmend. Auch in Zukunft wird die Weltwirtschaft weiter wachsen.

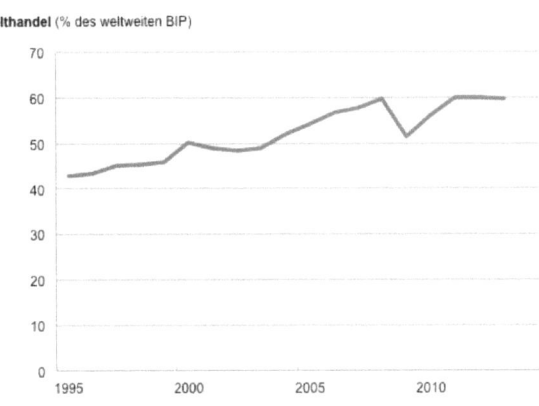

Abbildung 3: Entwicklung des Welthandels
Eigene Darstellung nach The World Bank Group (2015).

Das Wachstum des internationalen Handels ist besonders durch die schnelle Zunahme an regionalen Freihandelsabkommen geprägt. Die WTO als multilaterale Organisation steht dem wachsenden Regionalismus durch regionale Freihandels-abkommen gegenüber.
Im Nachfolgenden werden ausgehend von den Folgen der achten und letzten Welthandelsrunde die Herausforderungen einer globalen Handelsordnung erörtert. Die Teillösung der regionalen Freihandelsabkommen wird diskutiert und Konflikte auf dem Weg zu einer multilateralen Handelsliberalisierung aufgezeigt.

---

[28] Durchschnittlich rund 7% Wachstum im Warenhandel sowie 8% Wachstum im Dienstleistungsbereich (vgl. BONCIU, F./MOLDOVEANU, M. (2014), S. 102).

Herausforderungen globaler Freihandelsabkommen

2001 startete die Doha-Runde als achte Welthandelsrunde der WTO mit ambitionierten Zielen über eine großräumige Liberalisierung und multilaterale Regulierung des Welthandels. Bei den Liberalisierungszielen galt es die Probleme der Entwicklungsländer zu berücksichtigen. Durch den Abbau von Handelshemmnissen im Agrarsektor fordern diese einen verbesserten Zugang zu den Märkten der Industriestaaten. Aber auch Agrarsubventionen zwischen der EU und den USA sind Gegenstand der Verhandlungen. Regulierungsziele sollen speziell bei Themen des geistigen Eigentums und der Angleichung verschiedener Standards zu einer einheitlichen, multilateralen Regelung verfolgt werden. Die Mitgliedstaaten der WTO errechneten ein signifikantes Wachstum des Welthandelsvolumens, wovon besonders die Entwicklungsländer profitieren sollten. Leider sind diese Ziele bis heute nicht realisiert worden, da die Verhandlungen stocken. Kurzum: Die Doha-Runde ist gescheitert.

Der enttäuschende Verlauf der Verhandlungen der Doha-Runde bis hin zum heutigen Stillstand, zeigen die Probleme der WTO auf. Das Einstimmigkeitsprinzip macht es bei 160 Mitgliedstaaten fast unmöglich in allen Verhandlungspunkten zu einer Einigung zu kommen. Der Konsens der WTO zeigt in dieser Hinsicht keinerlei Kompromissbereitschaft oder Entgegenkommen, die WTO agiert streng nach dem Prinzip „Nichts ist entschieden bevor nicht alles vereinbart wurde"[29]. In der Doha-Runde greift diese Art der Verhandlungsführung aufgrund des enormen Umfangs an Verhandlungsparteien nicht mehr und ist ein Grund für das Scheitern der Handelsrunde und auch ein Faktor für die Zunahme an regionalen Freihandelsabkommen, die explizit im nächsten Gliederungspunkt thematisiert werden. Die in der Doha-Runde angestrebten Liberalisierungsziele hinsichtlich des Abbaus von Handelsbarrieren zwischen Entwicklungsländern und Industriestaaten verdeutlichen die Sonderbehandlung von Entwicklungs- und Schwellenländern. Selbst in der Finanz- und Wirtschaftskrise deutlich erstarkte WTO-Mitgliedstaaten bestehen weiterhin auf eine Sonderbehandlung. So sind beispielsweise Argentinien, Brasilien, China und Indien derzeit noch nicht bereit, die mit ihrer Wirtschaftskraft gewachsene Verantwortung für das WTO-System gerecht zu werden. Die Gleichgewichtsverhältnisse im internationalen Handel haben sich in den letzten Jahren so weit verschoben, dass es auch im langfristigen

---

[29] Vgl. BONCIU, F./MOLDOVEANU, M. (2014), S. 102.

Eigeninteresse der Schwellenländer sein sollte, dass der Entwicklungslandstatus nicht vor ambitionierten Liberalisierungsverpflichtungen schützt. Solange dieser grundsätzliche Konflikt innerhalb der WTO-Mitgliedstaaten nicht gelöst ist, erlangen die multilateralen Verhandlungen keinen weiteren Fortschritt. Diese Entwicklung ist mit Sorge zu erachten, da der Trend zum Protektionismus weiter anhält. So werden protektionistische Handelspolitiken in Staaten wie Argentinien, Brasilien oder der Türkei zunehmend verfolgt. Eine globale Handelsliberalisierung scheint unmöglich, so sieht die Europäische Kommission die ausgesetzten Verhandlungen der Doha-Runde als verpasste Chance für globales Wachstum und globale Entwicklung[30]. Die multilateralen Handelsliberalisierungen mit dem Ziel der Durchsetzung einer globalen Handelsordnung werden nur dann erfolgreich sein, wenn alle WTO-Mitgliedstaaten ein kooperatives Verhalten zeigen[31].

Regionale Freihandelsabkommen

Nach dem Scheitern der WTO-Verhandlungen in der Doha-Runde ging die Entwicklung vom multilateralen Ansatz hin zur operativ zweitbesten Lösung, und zwar Verhandlungen um diverse bilaterale und regionale Freihandelsabkommen. Solche Abkommen werden zur Verbesserung des Marktzugangs zusätzlich zu den WTO-Regelungen abgeschlossen. In der Literatur zu den verschiedenen Stufen der Integration durch internationale Handelsabkommen wird häufig zwischen Präferenzabkommen und regionalen Freihandelsabkommen differenziert. Tatsächlich gehören Präferenzabkommen zur Gruppe der regionalen Freihandelsabkommen[32]. Der Unterschied zwischen beiden Integrationsformen ist lediglich, dass bei Freihandelsabkommen zwei oder mehrere Handelspartner gegenseitige Vereinbarungen über den grenzüberschreitenden Handel mit Gütern und/oder Dienstleistungen oder dem Zusammenschluss ihrer Binnenwirtschaft treffen[33]. Bei Präferenzabkommen gewährt „in der Regel" ein Partner einem anderen Partner Handelsvorteile ohne entsprechende Gegenleistungen[34]. Diese Art von Handels-abkommen findet besonders bei Vereinbarungen zwischen marktstarken Industriestaaten als „Geberländer" und marktschwachen Entwicklungsländern

---

[30] Vgl. EUROPÄISCHE KOMMISSION (2006), S. 9.
[31] Vgl. ÖRGÜN, B. (2012), S. 1290.
[32] Vgl. SENTI, R. (2013), S. 4.
[33] Vgl. Ebd., S. 9-10.
[34] Vgl. SENTI, R. (2013), S. 11.

Anwendung. Dabei ist die Formulierung „in der Regel" als Abweichung von der Einseitigkeit der präferentiellen Behandlung zu sehen, indem viele Industriestaaten im Gegenzug die Entwicklungsländer an spezifische Bedingungen binden, wie zum Beispiel die Einhaltung der Menschenrechte[35]. In dieser Bachelorarbeit sollen Präferenzabkommen nicht weiter separat von Freihandelsabkommen diskutiert werden, daher sind im Nachfolgenden unter dem Begriff der „Freihandelsabkommen" sowohl Präferenzabkommen als auch regionale Freihandelsabkommen gemeint.

Obwohl Freihandelsabkommen traditionell bilaterale Abkommen darstellen, findet man heutzutage drei unterschiedliche Varianten[36]. Einerseits können zwei Staaten als Partner in einem Freihandelsabkommen handeln, so existiert beispielsweise zwischen China und Singapur ein Freihandelsabkommen. Dabei können die Folgen eines Abkommens für den Handel zwischen zwei Staaten durch deren Marktpotential, Pro-Kopf-Einkommen oder auch deren geographische Entfernung bestimmt sein[37]. Andererseits gibt es auch Freihandelsabkommen mit mehreren Mitgliedern, wie z. B. das NAFTA mit Mexiko, Kanada und den USA als Mitglied-staaten. Die dritte Variante stellen multilaterale Freihandelsabkommen dar bei denen mindestens ein Mitglied einen Zusammenschluss von Staaten darstellt, so z. B. das Freihandelsabkommen zwischen der ASEAN-Staatengemeinschaft und Indien.

Im Zuge der Diskussion inwiefern regionale Freihandelsabkommen die Entwicklung des Multilateralismus fördern oder hemmen, gilt es zu untersuchen, warum sich Mitglieder regionalen Bündnissen anschließen statt auf multilaterale Abkommen zu setzen. Zunächst werden die Vor- und Nachteile von regionalen Freihandelsabkommen diskutiert.

Regionale Freihandelsabkommen sind von der Ausnahme zur Regel geworden. Sie agieren stets zweiseitig: Einerseits liberalisieren sie den Handel zwischen Mitgliedern, andererseits diskriminieren sie Drittstaaten[38]. Im Prinzip weichen regionale Freihandelsabkommen vom WTO-Gebot der Nichtdiskriminierung ab, weil sie nicht regelkonform mit Artikel XXIV GATT sind und ausgeschlossene Drittstaaten benachteiligt werden und Wettbewerbsanteile verlieren könnten. Artikel XXIV GATT behandelt das Meistbegünstigungsprinzip, welches regelt,

---

[35] Vgl. Ebd., S. 12.

[36] Vgl. BONCIU, F./MOLDOVEANU, M. (2014), S. 102-103.

[37] Vgl. BAIER, S./BERGSTRAND, J. (2006), S. 92.

[38] Vgl. MANSFIELD, E./MILNER, H. (1999), S. 592.

dass die Mitglieder eines Freihandelsabkommens ihre externen Handelshemmnisse gegenüber Nichtmitgliedern nicht erhöhen dürfen während sie alle Handelshemmnisse gegenüber ihren Mitgliedern abschaffen[39]. Es werden also Voraussetzungen definiert unter denen ein Freihandelsabkommen zwischen Mitgliedern der WTO zulässig ist. Diese sind für alle Staaten, auch Entwicklungsländer, verbindlich. Das GATT hat mit dem Beschluss dieses Artikels im Jahre 1979 versucht, die Zunahme an Freihandelsabkommen zu regulieren[40].

Regionale Freihandelsabkommen diskriminieren also notwendigerweise, daher stehen sich ein Effizienzeffekt nach innen (Handelsschaffung) und der Diskriminierungseffekt nach außen (Handelsumlenkung) gegenüber. Einerseits erleichtern Freihandelsabkommen den Zugang zu den Märkten der Mitgliederstaaten, fördern somit den Warenaustausch zwischen den beteiligten Staaten und steigern damit die gesamtwirtschaftliche Aktivität, ein handelsschaffender Effekt tritt ein[41]. Die Zollsenkung führt zu sinkenden Preisen, die wiederum die gegenseitige Nach-frage stimulieren und das Handelsvolumen steigern. Andererseits kann es auch zu einer wohlfahrtsmindernden Umorientierung von Handelsströmen kommen, ein handelsumlenkender Effekt zeigt sich. So bedeuten offene Märkte zwischen Staaten häufig, dass Einfuhren aus Drittstaaten durch präferenzbegünstigte Einfuhren aus Mitgliedstaaten ersetzt werden. Freihandelsabkommen veranlassen deren Mitglieder weniger aus Drittländern zu importieren[42]. Der entgangene Handel der Drittstaaten mindert deren Terms of Trade[43]. Dieser Verlust kann sogar die Zunahme der Terms of Trade der Mitgliedstaaten eines Freihandels-abkommens übersteigen. Die Wohlfahrt des Welthandels wird reduziert. Die Güter sind wettbewerbsfähiger, wenn die effizientesten Produzenten aus Drittstaaten stammen und die Güter innerhalb der Freihandelszone gehandelt werden. Dieser Effekt zeigt sich besonders, wenn Freihandelsabkommen mit Staaten ein-gegangen werden, zu denen bisher hohe Zollschranken existierten. Regionale Freihandelsabkommen können die gesamtwirtschaftliche Wohlfahrt mindern, wenn die negativen Effekte aus der Handelsumlenkung größer als die positiven Effekte der Handelsschaffung

---

[39] Vgl. MAGGI, G. (2014), S. 377.
[40] Vgl. MANSFIELD, E./REINHARDT, E. (2003), S. 831.
[41] Vgl. MANSFIELD, E./MILNER, H. (1999), S. 591.
[42] Vgl. MAGGI, G. (2014), S. 372.
[43] Vgl. ANDERSON, J./YOTOV, Y. (2011), S. 1.

sind. Laut WTO ergibt sich hier ein klares Bild, indem Handelsumlenkung zwar gemessen wird, aber nicht dominiert. Handelsschaffende Effekte werden häufiger gemessen[44]. Handelsumlenkende Effekte wirken stärker auf die Importe der Mitgliedstaaten als auf deren Exporte und noch stärker auf den internen Handel, wodurch sich schlussfolgern lässt, dass die interne Handelsumlenkung mit der Zunahme an Freihandelsabkommen steigt, hingegen nicht die internationale Handelsumlenkung[45]. Neben dem Abbau von Handelshemmnissen senken bilaterale Abkommen direkt die Handelskosten. Nicht-tarifäre Handelshemmnisse werden zwischen den Mitgliedern abgebaut und diese Fortschritte im bilateralen Handel sorgen für mehr Investitionen in den Handel mit Drittstaaten[46].

Ein Freihandelsabkommen zwischen zwei Staaten wird sehr wahrscheinlich abgeschlossen, wenn es deren Wohlfahrt erhöht[47]. Andere Standpunkte sehen Freihandelsabkommen wahrscheinlicher zwischen „natürlichen" Handelspartnern, die durch geographische Nähe und ähnliche komparative Vorteile von einer gegenseitigen Öffnung der Märkte profitieren[48]. Auch wenn es bis dato kaum klare und überzeugende empirische Beweise für die Steigerung des internationalen Handels von Mitgliedstaaten eines regionalen Freihandelsabkommens gibt, so kommen Scott L. Baier und Jeffrey H. Bergstrand zu dem Ergebnis, dass Freihandelsabkommen den bilateralen Handel zwischen Mitgliedern in einem Zeitraum von zehn Jahren verdoppeln[49]. James E. Anderson und Yoto V. Yotov belegen mit ihrer Studie von weltweit abgeschlossenen Freihandelsabkommen der 1990er Jahre einen signifikanten Anstieg der Effizienz sowohl in der Produktion als auch der Weltwirtschaft allgemein, mit geringfügigen Verlusten der Drittstaaten und Wohlfahrtsgewinnen für Mitglieder[50].

Regionale Freihandelsabkommen bieten die Chance Themen aufzugreifen, die im multilateralen Rahmen kaum durchsetzbar sind, dazu zählen die sogenannten „WTO-Plus"-Themen, wie z. B. nicht-tarifäre Handelshemmnisse, das öffentliche

---

[44] Vgl. WTO (2011), S. 121.
[45] Vgl. DAI, M./YOTOV, Y./ZYLKIN, T. (2013), S. 325.
[46] Vgl. ANDERSON, J./YOTOV, Y. (2011), S. 2.
[47] Vgl. MAGGI, G. (2014), S. 370.
[48] Vgl. Ebd., S. 371.
[49] Vgl. BAIER, S./BERGSTRAND, J. (2006), S. 92.
[50] Vgl. ANDERSON, J./YOTOV, Y. (2011), S. 31.

Beschaffungswesen, Wettbewerbsregeln, den Schutz geistigen Eigentums, aber auch Umweltrecht oder Arbeitsmarktregelungen. Tatsächlich liegt der Fokus von Freihandelsabkommen sehr häufig auf der regulatorischen Zusammenarbeit bei Themen, die nicht oder jedenfalls so nicht auf der WTO-Ebene geregelt sind. Viele dieser Regelungen wirken ihrer Natur nach nicht diskriminierend und werden daher oftmals freiwillig auch auf Drittstaaten ausgeweitet[51].

Bei zunehmender Regionalisierung verursacht der bürokratische Aufwand zusätzliche Transaktionskosten im Vergleich zu einer multilateralen Liberalisierung, die auf gleiche Bedingungen für alle Staaten abzielt. Fast alle WTO-Mitglied-staaten gehören mindestens einem, oft mehreren regionalen Freihandels-abkommen an, was besonders kleine und mittlere Unternehmen im Wettbewerb benachteiligt. Deren ohnehin schon spärlichen Ressourcen werden größtenteils für die Beachtung verschiedenster Regeln verwendet. Die Transaktionskosten gewinnen durch die Globalisierung an Bedeutung, wenn Güter im Laufe des Produktionsprozesses, bei zunehmender internationaler Arbeitsteilung, mehrfach Staatsgrenzen und damit auch die Geltungsbereiche von Freihandelsabkommen passieren. Die komplexen Sonderregelungen für einzelne Staaten und Produkte stellen Marktzutrittsbarrieren dar. Die Entwicklung des Welthandels könnte da-durch eher gehemmt als begünstigt werden. Einer multilateralen Handels-liberalisierung wirken diese unterschiedlichen Regelwerke entgegen, indem kaum noch eine Einigung bei den Kontroversen der WTO-Handelsrunden möglich ist.

Abbildung 4 zeigt die Zunahme an Freihandelsabkommen im Zeitraum von 1950 bis 2010. Die regionale Verdichtung der Handelsströme ging nach dem Ende des Zweiten Weltkriegs besonders von Westeuropa und Ostasien aus. Da besonders Staaten einer Region bzw. geographischer Nähe Freihandelsabkommen eingehen, bündelten sich die Handelsströme relativ schnell und der Regionalismus wurde vorangetrieben. Zahlreiche Entwicklungsländer schlossen sich zwischen 1960 und 1970 zu Freihandelsabkommen zusammen, um ihre wirtschaftliche und politische Abhängigkeit von den entwickelten Industriestaaten zu reduzieren. So führte deren protektionistische Handelspolitik mittels Importquoten und dem Aufbau der eigenen Industriezweige zumindest zu handelsumlenkenden Effekten. Der jüngste Schub an regionalen Abkommen fand nach Beendigung des Kalten Krieges statt, wo fast ausschließlich zwischenstaatlich gehandelt wurde.

---

[51] Vgl. WTO (2011), S. 168.

Die inter-nationalen Handelsbeziehungen konnten sich nun weiter entwickeln, insbesondere die USA waren in dieser beträchtlichen Entwicklung der Weltwirtschaft ein Verhandlungsführer.

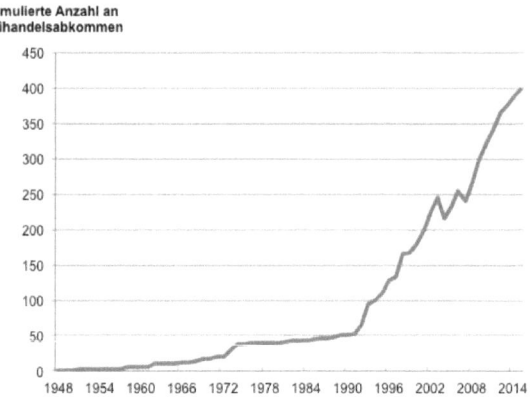

Abbildung 4: Aktive Freihandelsabkommen im Zeitraum 1948-2015
Eigene Darstellung nach WTO (2015c).

Nahezu jedes WTO-Mitglied gehört mittlerweile einem Freihandelsabkommen an. Momentan sind 398 regionale Freihandelsabkommen aktiv[52], wenn man Präferenzabkommen, wirtschaftliche Partnerschaftsabkommen sowie Zollunionen zur Gruppe der Freihandelsabkommen zählt[53]. Zahlreiche Abkommen werden momentan noch verhandelt, darunter auch das TTIP, was im nächsten Kapitel vorgestellt wird. Diese Abkommen werden maßgeblich die Weltwirtschaft beeinflussen, da an diesen Verhandlungen mehrheitlich die weltgrößten Ökonomien und Gemeinschaften beteiligt sind (z. B. USA, China, EU, ASEAN).

Es drängt sich die Frage auf, welche Rolle das GATT-WTO-System bei der Zunahme der Regionalisierung gespielt hat. Der Hauptgedanke von GATT und WTO ist, dass regionale Freihandelsabkommen eher als Sprungbrett statt als Hindernis für die multilaterale Handelsliberalisierung dienen[54]. GATT und WTO haben durch strategische Eingriffe dazu beigetragen die Diskriminierung von Drittstaaten im Rahmen von regionalen Freihandelsabkommen einzudämmen. Ob

---

[52] Vgl. WTO (2015b).
[53] Vgl. SENTI, R. (2013), S. 4.
[54] Vgl. MANSFIELD, E./MILNER, H. (1999), S. 613.

diese regionalen Bündnisse den Multilateralismus fördern oder hemmen wurde bisher unzureichend erforscht.

Staaten, die Mitglied eines regionalen Freihandelsabkommen sind, erhoffen sich schnellere Ergebnisse als auf multilateralem Wege und einen verbesserten Marktzugang mit Wohlfahrtseffekten durch eine präferentielle Behandlung. Ein Freihandelsabkommen kann den Widerstand der Produzenten gegenüber einem multilateralen Abkommen stärken, da der Multilateralismus die Gewinne aus dem Bündnis mindern oder gar streichen kann[55]. Im Rahmen einer multilateralen Zollsenkungsrunde befürchten diese Staaten dann einen Verlust der präferentiellen Behandlung[56].

Zentraler Bestandteil des offenen Welthandelssystems sind die periodisch stattfindenden multilateralen Handelsgespräche der GATT/WTO. Diese können Mitglieder ermutigen einem regionalen Freihandelsabkommen beizutreten oder ein Bündnis abzuschließen, um deren Verhandlungs- und Marktmacht zu stärken[57]. Mehrere Verhandlungspartner fusionieren dann zu einer einzigen, mächtigeren Verhandlungspartei in den Handelsrunden. Speziell kleine Staaten haben nur wenig Verhandlungsmacht, die bei einer Erweiterung der WTO-Mitgliedstaaten noch weiter gemindert wird, weshalb sie sich häufig zu einem regionalen Freihandelsabkommen zusammenschließen.

Das stetige Mitgliederwachstum der GATT/WTO hat den Einfluss der einzelnen Staaten in den multilateralen Handelsrunden reduziert. Die Handelsgespräche betreffen immer mehr Waren und Interessenten, wodurch die Hindernisse und Schwierigkeiten der Verhandlungen wachsen[58]. Gemeinsame Beschlüsse sind unter dem erläuterten Einstimmigkeitsprinzip nur noch schwer zu erreichen.

Immer häufiger führen die Kontroversen in den Handelsgesprächen zu Konflikten zwischen den Verhandlungsparteien. Die Wahrscheinlichkeit, dass zwei an den Handelsgesprächen beteiligte Staaten ein Freihandelsabkommen beschließen, steigt um das Sechsfache[59]. Wenn einer der beiden Staaten kürzlich in einen Konflikt mit einem Drittstaat verwickelt war und diesen verlor, so steigt die Wahrscheinlichkeit für den Beitritt einer der beiden Staaten in ein regionales

---

[55] Vgl. MAGGI, G. (2014), S. 375.
[56] Vgl. WTO (2011), S. 166.
[57] Vgl. MANSFIELD, E./MILNER, H. (1999), S. 614.
[58] Vgl. MANSFIELD, E./REINHARDT, E. (2003), S. 839.
[59] Vgl. MANSFIELD, E./REINHARDT, E. (2003), S. 848.

Freihandelsabkommen um das Dreifache[60]. Auch wenn diese Faktoren jährlich nur zu circa acht Bündnissen[61] führen, belegen diese Studien, dass die Handelsrunden einen wichtigen Einfluss auf die Regionalisierung durch Freihandelsabkommen haben.

Zusammenfassend lässt sich feststellen, dass GATT/WTO besonders die Gründung von regionalen Freihandelsabkommen stimulierten. Eine Rückkehr zum Geist der Artikel XXIV GATT-Regel, dass Freihandelsabkommen eine konditionierte Ausnahme darstellen, würde der Regeldisziplin gut tun und weniger relevante Abkommen von wichtigen Bündnissen trennen. Zumindest die abgeschlossenen Abkommen sind offensichtlich noch kein großer Fortschritt bei der multilateralen Handelsliberalisierung. „Substanz geht vor Zeit": Man sollte sich auf Kompromisse beim Ambitionsniveau einstellen, aber der Grundsatz des Freihandels muss beibehalten werden. In keinem regionalen Freihandelsabkommen dürfen bestehende Handelsbarrieren auf Dauer gefestigt werden, vielmehr muss der Abbau sämtlicher Handelshemmnisse verlässlich abgesichert werden. Verhandlungskontroversen könnten effektiver gelöst werden und die stockende Doha-Handelsrunde wieder aufgenommen werden. So können umfangreiche regionale Freihandelsabkommen später zu einem globalen Abkommen führen. Die Wohlfahrtseffekte von Freihandelsabkommen liegen auf der Hand, die regionalen Bündnisse sollten also als gezielte Vertiefung und Erweiterung des multilateralen Ansatzes gesehen werden und nicht als Ersatz.

Im nachfolgenden Kapitel soll nun das in Verhandlung stehende TTIP als zukünftig größtes regionales Freihandelshandelsabkommen weltweit dargestellt werden.

---

[60] Vgl. Ebd., S. 851.
[61] Vgl. Ebd., S. 851.

Die Transatlantische Handels- und Investitionspartnerschaft (TTIP)

Eine Dynamik hin zu bilateralen und regionalen Handelsabkommen außerhalb der WTO hat eingesetzt, weil der Königsweg über multilaterale Verhandlungen in der WTO nach wie vor versperrt ist. Die Idee einer transatlantischen Handels- und Investitionspartnerschaft entsprang 2011 einer während des EU-USA-Gipfeltreffens eingerichteten „High-Level Working Group on Jobs and Growth"[62], bestehend aus Expertinnen und Experten der US-Regierung sowie der EU-Kommission, welche Optionen der Intensivierung der EU-USA-Wirtschaftsbeziehungen erforschen sollte. Seit 2013 fanden bereits acht Verhandlungsrunden zwischen der EU und den USA statt. Sollten die Verhandlungen in den nächsten Jahren abgeschlossen sein, so stellt TTIP das wohl bedeutendste Freihandelsabkommen der Geschichte dar, dessen Freihandelszone rund die Hälfte des weltweiten BIP erfassen wird[63]. Ein transatlantisches Handels- und Investitionsabkommen eröffnet den zwei größten Volkswirtschaften weltweit die Möglichkeit, globale Standards für nachhaltiges Wirtschaften zu setzen. Zunächst wird in diesem Kapitel die Notwendigkeit des TTIP aufgezeigt. Danach werden die konkreten Verhandlungsziele erläutert und im Anschluss mögliche Konflikte diskutiert.

Bedeutung des TTIP gegenüber anderen Freihandelsabkommen

Die im vorherigen Kapitel veranschaulichte wachsende Anzahl an regionalen und bilateralen Freihandelsabkommen geht einher mit einer Vielzahl an geplanten und aktuell in Verhandlung stehenden Freihandelsabkommen. Staaten schließen Freihandelsabkommen aus zwei Motiven ab[64]: Einerseits erhoffen sie sich ein höheres wirtschaftliches Wachstum durch den Abschluss eines Abkommens, andererseits befürchten sie im Welthandel abgehängt zu werden, wenn sich andere Staaten dem Welthandel durch Bündnisse öffnen. Angesichts der zunehmenden Integration aufstrebender Schwellenländer wie China, Indien und Brasilien in internationale Produktionsnetzwerke, nimmt der Einfluss der EU und der USA auf die Gestaltung des Welthandels stetig ab.

Besonders in der Asiatisch-Pazifischen Wirtschaftsgemeinschaft (APEC) vollziehen sich maßgebliche Fortschritte bei der Realisierung einer Freihandelszone Asien-Pazifik (FTAAP). Die 21 APEC-Staaten stellen knapp die Hälfte der Welt-

---

[62] Vgl. BECK, S./SCHERRER, C. (2014a), S. 12.

[63] Vgl. FELBERMAYR, G. et al. (2014), S. 1.

[64] Vgl. ERIXON, F. (2013), S. 22.

bevölkerung und sind eine der am schnellsten wachsenden Wirtschaftsregionen der Welt. Insbesondere die aufstrebende Supermacht China nutzt die wirtschaftliche Dominanz auch bei Diskussionen zu bilateralen und regionalen Freihandelsabkommen außerhalb Asiens, um dessen Position im Welthandel zu sichern und weiter auszubauen[65]. Mit der Unterzeichnung des China-ASEAN-Freihandelsabkommens im Jahre 2008 wurde der Grundstein zur größten Freihandelszone weltweit gelegt[66]. Diese soll mit der FTAAP erweitert werden, einer vor allem von China propagierten Handelsgemeinschaft, die dann rund 60% des weltweiten BIP repräsentieren würde[67]. Das Bündnis könnte die Regeln und Standards für den Welthandel von morgen vorgeben.

Derzeit beschleunigen die USA mit Japan, Kanada, Mexiko und acht weiteren asiatisch-pazifischen Staaten die Verhandlungen über ein Freihandelsabkommen, das China bewusst ausklammert und dessen Verhandlungen parallel zum TTIP laufen, die Transpazifische Partnerschaft (TPP). Mit dem TPP planen die USA und Japan die kleinere Alternative zur FTAAP ohne China umzusetzen. Gründe dafür sind einerseits die Behauptung ihrer strategischen Position im Welthandel[68], aber auch der Schutz des geistigen Eigentums als zentralen Verhandlungspunkt, um den sich China wenig sorgt. Russland als potenzieller Partner der FTAAP wird hingegen kein Mitglied der TPP, was vor allem der aktuellen Russland-Ukraine-Krise zu schulden ist.

Die EU hingegen setzt zumeist auf bilaterale Freihandelsabkommen und stellt sich damit zunehmend selbst ins Abseits bei der Gestaltung des Welthandels[69]: In den nächsten Jahren werden mehr als 90% der weltweiten Nachfrage außerhalb der EU liegen, weshalb die EU nicht den Anschluss an solche Mega-Abkommen wie das TPP oder der FTAAP verlieren darf[70]. Zukünftige Partner der EU sind z. B. Indien, Russland, China und einzelne ASEAN-Staaten[71]. Besonders bei den ASEAN-Staaten ist es wichtig, eher auf das gesamte ASEAN-Bündnis als zukünftigen Handelspartner zu setzen, statt auf einzelne ASEAN-Mitgliederstaaten. Ein Vorteil dabei sind die aus dem Kolonialismus hervorgegangenen

---

[65] Vgl. VAHALÍK, B. (2014), S. 710.
[66] Vgl. WTO (2015d).
[67] Vgl. BRANDI, C./BRUHN, D. (2014), S. 2.
[68] Vgl. KOCH, M./LUDWIG, T. (2015).
[69] Vgl. GEIGER, A. (2014), S. 682.
[70] Vgl. BONCIU, F./MOLDOVEANU, M. (2014), S. 103.
[71] Vgl. EUROPÄISCHE KOMMISSION (2006), S. 10.

langfristigen, stabilen Handelsbeziehungen zwischen der EU und den ASEAN-Staaten[72]. Dennoch bieten bilaterale Abkommen, wie das 2013 unterzeichnete CETA-Abkommen, die Chance von „Spillover-Effekten"[73]: Die EU besitzt beispiels-weise ein Freihandelsabkommen mit Mexiko. Wenn die EU nun das TTIP erfolgreich abschließt, so führt dies schlussendlich zu einem umfangreichen EU-NAFTA-Freihandelsabkommen[74].

Abschließend lässt sich festhalten, dass das TTIP speziell für die EU die vielleicht letzte Möglichkeit darstellt, Anschluss an die rasante Entwicklung der Weltwirtschaft zu erlangen und aktiv bei der Gestaltung des Welthandels mitzuwirken. Mit dem aktuell noch verhandelten TPP und der geplanten FTAAP verlagern sich die Gewichte des Welthandels zunehmend in den asiatisch-pazifischen Raum. Dabei ist es wichtig, dass diese neuen Mega-Abkommen einzelne bilaterale Freihandelsabkommen und diverse, kleinere regionale Abkommen ersetzen. Die Verhandlungspartner solcher Mega-Abkommen sollten den offenen Regionalismus hin zum vorteilhaften Multilateralismus unterstützen, indem sie kooperieren und sich nicht zu eigenständigen, konkurrierenden Handelsblöcken entwickeln, die eine Gefahr für die multilaterale Handelsliberalisierung im Sinne der WTO darstellen[75].

Chancen und Risiken des TTIP
Ziele der Verhandlungen

Die EU und die USA sind wirtschaftlich eng miteinander verbunden, so sind die USA der wichtigste Handelspartner für die EU und diese wiederum ist die wichtigste Region für US-amerikanische Direktinvestitionen. Der transatlantische Handel ist besonders intra-industriell geprägt, das heißt ähnliche Produkte werden gehandelt. In dem mittlerweile öffentlich zugänglichen TTIP-Verhandlungsmandat wird eine Leitlinie zur konkreten Zielvorstellung formuliert:

---

[72] Vgl. VAHALÍK, B. (2014), S. 711.

[73] Vgl. BONCIU, F./MOLDOVEANU, M. (2014), S. 103.

[74] Die USA, Kanada und Mexiko bilden das nordamerikanische Freihandelsabkommen NAFTA (vgl. WTO (2015e)).

[75] Vgl. SENTI, R. (2013), S. 235.

„Mit dem Abkommen wird das Ziel verfolgt, Handel und Investitionen zwischen der EU und den Vereinigten Staaten auszuweiten, indem das bislang nicht ausgeschöpfte Potenzial eines echten transatlantischen Marktes genutzt wird, durch einen besseren Marktzugang und eine größere regulatorische Kompatibilität neue wirtschaftliche Möglichkeiten für die Schaffung von Arbeitsplätzen und Wachstum eröffnet werden und der Weg für weltweite Standards geebnet wird."[76]

Das TTIP soll also einen transatlantischen Markt schaffen, der den transatlantischen Handel vereinfacht, ohne dabei Einbußen bei den Schutzniveaus zuzulassen. Die Verhandlungsführer streben bei einem Freihandelsabkommen nach Wohlfahrtsgewinnen aufgrund zusätzlicher Exporte und durch positive Wachstums-, Effizienz-, Einkommens- und Beschäftigungseffekte für beide Wirtschaftsräume sowie daraufhin steigender internationaler Arbeitsteilung und Spezialisierung. Die EU und die USA prognostizieren, dass durch ein höheres Handelsvolumen die Umsätze von Unternehmen steigen, deren Produktionskosten allerdings sinken und demzufolge auch die Preise für Verbraucher fallen. Es kann also die Produktivität gesteigert werden und die Realeinkommen privater Haushalte steigen. Eine Zunahme an Direktinvestitionen und Produktinnovationen wird ebenfalls erwartet. In welchem Ausmaß die prognostizierten ökonomischen Wachstumseffekte konkret liegen wird Gegenstand des letzten Kapitels sein.

Kernaspekte der Verhandlungen über das TTIP sind ein verbesserter Marktzugang durch den Abbau von Handelshemmnissen, eine verbesserte regulatorische Zusammenarbeit sowie eine verbesserte Zusammenarbeit im Bereich internationaler Regelsetzung[77]. Eine Investitionsschutzklausel und Maßnahmen zur Modernisierung bestehender Investor-Staat-Streitbeilegungsverfahren sind ebenfalls ein zentrales Ziel des Abkommens, was Diskriminierung von Investoren gegenüber inländischen Produzenten verhindern sowie deren Investitionen schützen soll[78].

Im verbesserten Marktzugang sollen Zölle beseitigt werden und bis auf sensible Bereiche vollkommen abgeschafft werden[79]. Die Zölle im transatlantischen Handel sind mit durchschnittlich 2,2% an den US-Grenzen und 3,3% an den EU-

---

[76] Vgl. EUROPÄISCHE KOMMISSION (2014b), S. 4.
[77] Vgl. EUROPÄISCHE KOMMISSION (2014a), S. 1.
[78] Vgl. EUROPÄISCHE KOMMISSION (2014b), S. 8.
[79] Vgl. Ebd., S. 5.

Grenzen zwar bereits niedrig (mit sektoralen Spitzensätzen z. B. im Agrarsektor)[80], aber bei der Intensität des transatlantischen Handels könnten sich geringfügige Zollreduzierungen bereits in spürbaren Wachstumseffekten äußern. Weitaus höhere Zollsätze hingegen sind aktuell bei den regulatorischen Unterschieden zwischen der EU und den USA messbar. Dementsprechend gilt es speziell die nicht-tarifären Handelsbeschränkungen mittels wirksamer und effizienter Mechanismen zu beseitigen[81], um die Wettbewerbsfähigkeit von Gütern zu steigern und die Kosten für die Verbraucher zu senken. Eine Studie des Centre for Economic Policy Research (CEPR) im Auftrag der Europäischen Kommission hat nachgewiesen, dass bis zu 80% der potenziell durch TTIP ermöglichten Gewinne durch die Beseitigung der nicht-tarifären Handelshemmnisse sowie durch mehr Handelsliberalisierung bei Dienstleistungen und der Marktöffnung von Beschaffungsmärkten erbracht würden[82]. Besonders in den USA ist der Zugang zum öffentlichen Beschaffungswesen stark reguliert.

Außerdem stehen handelspolitische Ziele im Fokus[83]: So geht es den Verhandlungsführern vor allem um die Durchsetzung von westlichen Standards für den Welthandel, die multilateral nur schwer zu vereinbaren sind, aber auch um die Stärkung des Einflusses bei der Entwicklung von Weltwirtschaft und -handel. Gründe für die Notwendigkeit des TTIP sowohl für die EU als auch die USA wurden im vorigen Gliederungspunkt thematisiert.

Die EU und die USA sind also motiviert, die jeweils noch am stärksten regulierten Bereiche der Gegenseite zu öffnen. Eine Zunahme des Handels zwischen beiden Staaten durch ein regionales Freihandelsabkommen kann also wettbewerbsintensivierend wirken und beide Regionen könnten mit erheblichen Wachstumssteigerungen rechnen.

Konfliktthemen

Die Vor- und Nachteile eines Freihandelsabkommens zwischen der EU und den USA werden auf beiden Seiten des Atlantiks in der Wirtschaft, Politik und der breiten Öffentlichkeit intensiv debattiert. Nachdem die mangelnde Transparenz der bisherigen Verhandlungen bemängelt wurde und Debatten über mögliche Verhandlungsschwerpunkte mit erheblichen Unsicherheiten verbunden waren,

---

[80] Vgl. FONTAGNE, L./GOURDON, J./JEAN, S. (2013), S. 3-4.
[81] Vgl. EUROPÄISCHE KOMMISSION (2014b), S. 11.
[82] Vgl. FRANCOIS, J. et al. (2013), S. VII.
[83] Vgl. BECK, S./SCHERRER, C. (2014a), S. 14.

veröffentlichte die Europäische Kommission im Oktober letzten Jahres das TTIP-Verhandlungsmandat. Die Verhandlungen um jene transatlantische Handels- und Investitionspartnerschaft gehen über die eines regulären regionalen Freihandelsabkommens hinaus, so liegt der Fokus auf dem Abbau nicht-tarifärer Handelshemmnisse und der Investitionsschutzklausel. Die wichtigsten Kritikpunkte werden im Folgenden aufgezeigt.

Kritiker, insbesondere der EU, befürchten eine Absenkung der hohen Standards in besonders sensiblen Bereichen, wie etwa dem Umwelt- und Verbraucherschutz. Demnach gibt es im Agrarsektor differenzierte Standpunkte zu den unterschiedlichen Produktionsmethoden[84]: Die USA unterstützen den Einsatz gentechnisch veränderter Organismen, die EU hingegen spricht sich für den Schutz von Herkunftsbezeichnungen sowie für regionale Landwirtschaft aus. Auch Subventionen im Agrarsektor werden debattiert. Der ehemalige EU-Handelskommissar De Gucht betonte ausdrücklich, dass es in der EU keine geringeren Umwelt-, Verbraucher-, Sicherheits- und Gesundheitsstandards geben wird, sie seien nicht Teil der Verhandlungen[85]. Aber auch seitens der USA herrscht Skepsis gegenüber den EU-Standards[86]. Diese Unsicherheiten hinsichtlich der Standards sind auf zwei unterschiedliche Prinzipien zurückzuführen[87]: Derweil gilt in Europa das Vorsorgeprinzip, dass Produkte vor deren Markteinführung auf Unbedenklichkeit wissenschaftlich geprüft werden müssen, während in den USA das Nachsorgeprinzip Anwendung findet, Produkte also erst vom Markt genommen werden, wenn die gesundheitlichen Risiken nachgewiesen werden können.

Einen weiteren Kritikpunkt stellt die Investitionsschutzklausel dar. Ausländische Investoren können bei Vertragsverletzungen bzw. noch so geringen Gesetzesänderungen der Zielländer, die den Wert einer Investition mindern, die Zielländer auf Schadensersatz verklagen und ein internationales Schiedsgericht aufsuchen vor dem die Streitigkeiten ausgetragen werden. Ausländische Konzerne haben also das Recht, das nationale Rechtssystem zu umgehen. Das System der sogenannten Investor-Staat-Schiedsverfahren soll grundsätzlich reformiert und verbessert werden. Diese Schiedsgerichte setzen sich aus wenigen international

---

[84] Vgl. BECK, S./SCHERRER, C. (2014a), S. 23-24.
[85] Vgl. EUROPÄISCHE KOMMISSION (2015).
[86] Vgl. KOLEV, G. (2014), S. 21.
[87] Vgl. Ebd.

agierenden Kanzleien zusammen, die enge Kontakte zu Unternehmen pflegen[88]. Dessen Anwälte und Schlichter wechseln sich in den Investor-Staat-Schiedsverfahren in ihrer Rolle ab, es kann also nicht ausgeschlossen werden, dass sie vollkommen unabhängig entscheiden[89]. Kritiker fordern deshalb staatliche Richter, da die Verhandlungen privater Schiedsgerichte nicht öffentlich stattfinden und keine Revision möglich ist[90]. Die enorme Zunahme der Investitionsstreitigkeiten in den letzten Jahren schürt Vermutungen, dass die Investor-Staat-Klagen Verbraucher- und Umweltstandards umgehen könnten[91]. Gewerkschaften mutmaßen eine Absenkung der Sozial- und Arbeitsstandards. Diese sind in den USA bekanntlich niedriger, weshalb die USA auf eine Erhöhung ihrer Standards hofft. Es wird dementsprechend eine Herausforderung für beide Verhandlungspartner darstellen die Sozialstandards so festzuschreiben, dass sie als globale Standards angesehen werden. Weitere Konfliktthemen bestehen unter anderem im Bereich des Finanzsektors, der Wettbewerbspolitik, bei Rohstoff- und Energiefragen sowie im Bereich der öffentlichen Beschaffung. Auf diese soll jedoch nicht weiter eingegangen werden, da der Fokus auf den wichtigsten Streitpunkten liegt.

Anhand der erörterten Kontroversen zu den Verhandlungsthemen wird deutlich, dass noch erheblicher Gesprächsbedarf zwischen beiden Verhandlungspartnern besteht und beide Seiten Abstriche bei einzelnen Zielen in Kauf nehmen müssen. Dabei sollten sich die EU und die USA stets die Chancen des TTIP sowohl für beide Volkswirtschaften als auch im multilateralen Handel vor Augen führen. Ein erfolgreicher Abschluss des TTIP noch vor den US-Präsidentschaftswahlen 2016 scheint unrealistisch.

---

[88] Vgl. BECK, S./SCHERRER, C. (2014b), S. 17.
[89] Vgl. Ebd., S. 18.
[90] Vgl. KLODT, H. (2014), S. 459.
[91] Vgl. DRAPER, P./FREYTAG, A. (2014), S. 4.

Studien zur Bewertung des TTIP

Die EU und die USA streben bei den TTIP-Verhandlungen nach Wohlfahrtseffekten durch zusätzliche Exporte sowie positiven Wachstums-, Effizienz-, Einkommens- und Beschäftigungseffekten für beide Wirtschaftsräume. Die erwarteten ökonomischen Wachstumseffekte einer Transatlantischen Handels- und Investitionspartnerschaft rechtfertigen beide Verhandlungspartner mit diversen empirischen Studien. Ziel des Kapitels ist eine kurze Beschreibung der Methodik zentraler Studien und ein Überblick über die quantitativen ökonomischen Effekte.

Methodik bisheriger Studien

Zu den Auswirkungen von TTIP finden hauptsächlich fünf Studien Beachtung, die in Tabelle 2 aufgeführt sind. Die Ecorys-Studie[92] ist eine der ersten, zentralen Studien und wurde im Auftrag der Europäischen Kommission erstellt. 2013 wurde die CEPR-Studie[93] veröffentlicht, die ebenfalls im Auftrag der Europäischen Kommission entwickelt wurde. Ein Grundsatzpapier des französischen CEPII[94] sowie die im Auftrag des BMWi[95] erstellte Studie des ifo-Instituts und die der Bertelsmann Stiftung[96] sind weitere relevante Studien.

	Ecorys (2009)	CEPII (2013)	CEPR (2013)	ifo/Bertelsmann (2013)
CGE	GTAP	MIRAGE	GTAP	Gravitationsmodell
Prognosezeitraum	2008 - 2018	2015 - 2025	2017 - 2027	10 - 20 Jahre
Anzahl an Szenarien	7	5	5	3

---

[92] Vgl. BERDEN, K. et al. (2009).

[93] Vgl. FRANCOIS, J. et al. (2013).

[94] Vgl. FONTAGNE, L./GOURDON, J./JEAN, S. (2013).

[95] Vgl. FELBERMAYR, G. et al. (2013).

[96] Vgl. FELBERMAYR, G./HEID, B./LEHWALD, S. (2013).

Zollabbau	100% bei Waren 75% bei Dienstleistungen	100%	98% - 100%	100%
Abbau der nicht-tarifären Handelshemmnisse (Basisszenario)	25%	25%	25%	Abhängig vom Ausmaß der Handelsschaffung

Tabelle 2: Übersicht über die Methodik bisheriger Studien
In Anlehnung an Raza, W. et al. (2014), S. 4.

Alle Untersuchungen gelangen zu dem Ergebnis, dass TTIP ökonomische Gewinne sowohl für die EU als auch für die USA generiert. Die Gewinne wachsen mit zunehmender Liberalisierung. Dabei ist es wichtig zu betonen, dass diese Gewinne Langfristeffekte darstellen und somit erst in 10-20 Jahren ihre volle Wirkung zeigen werden[97]. Die Studien erforschen die quantitativen ökonomischen Auswirkungen anhand von Szenarien mit verschiedenen Liberalisierungsannahmen hinsichtlich tarifärer und nicht-tarifärer Handelshemmnisse, Dienst-leistungen und dem öffentlichen Beschaffungswesen. Um den Gesamteffekt am Ende des Simulationszeitraums zu erfassen, werden diese Szenarien mit einem Basisszenario ohne Wirkung von TTIP verglichen.

Die Studien nutzen zur Abschätzung der Effekte der Szenarien unterschiedliche CGE-Modelle als Grundlage. Die Ecorys- und CEPR-Studien setzen auf GTAP, die französische CEPII-Studie verwendet MIRAGE als methodischen Ansatz. Beides sind neoklassische Standardmodelle zur Erforschung des Außenhandels mit kontroversen Annahmen, wie z. B. Vollbeschäftigung und preisbereinigten Märkten. Da sich GTAP und MIRAGE auf die Datenbank des GTAP stützen (GTAP 7 und GTAP 8), sind bei den Studien von Ecorys, CEPII und CEPR ähnliche Ergebnisse hinsichtlich Einkommenseffekten und Auswirkungen auf die Handelsströme zu erwarten. Die ifo- und Bertelsmann-Studien nutzen ein neu-keynesianisches, eigens entwickeltes rechenbares Modell des allgemeinen Gleichgewichts[98].

---

[97] Vgl. FELBERMAYR, G. et al. (2013), S. 69.
[98] Vgl. FELBERMAYR, G./HEID, B./LEHWALD, S. (2013), S. 5.

Die wichtigsten quantitativen Ergebnisse der fünf Studien zu den jeweiligen ökonomischen Wachstumseffekten werden im nächsten Gliederungspunkt miteinander verglichen.

Ökonomische Wachstumseffekte
Auswirkungen auf die Handelsströme

Ein umfassendes Freihandelsabkommen impliziert die Eliminierung der Zölle sowie einen starken Abbau nicht-tarifärer Handelshemmnisse. Die Studien zu den Auswirkungen von TTIP prognostizieren dabei eine maßgebliche Liberalisierung des EU-USA-Handels. Wie aus Tabelle 2 ersichtlich, werden die Zölle bei allen fünf Studien komplett abgebaut. Bei der CEPR-Studie wird hierbei zwischen einem „konservativen" Szenario mit Beseitigung von 98% der Zölle und einem „ambitionierten" Szenario mit vollständigem Abbau aller Zölle unterschieden[99]. Die Ecorys-Studie geht ähnlich beim Abbau der Zölle bei Dienstleistungen vor. Wie bereits unter 4.2.1 erläutert, wird ein Großteil der potenziell durch das TTIP ermöglichten Gewinne durch die Reduzierung der nicht-tarifären Handelshemmnisse zwischen der EU und den USA erbracht. Das Problem aller Studien liegt darin, abzuschätzen um wie viel Prozent die Handelskosten sinken, wenn die nicht-tarifären Handelsbeschränkungen abgebaut werden. Die Autoren der Studie des ifo-Instituts betrachten diese als schwierig zu quantifizieren, da es bisher keine anerkannte Methodik gäbe, um diese über Länder und Sektoren hinweg zu berechnen[100]. So gehen ifo- und Bertelsmann-Studie von dem Ausmaß des handelsschaffenden Effekts von TTIP als Lösungsansatz aus: Je intensiver der Handel zwischen EU und USA, desto geringer sind die Handelskosten. Anhand dieser Handelskosteneffekte[101] ermitteln beide Studien das Ausmaß der Senkung der nicht-tarifären Handelsbeschränkungen. In der Literatur wird durch das TTIP eine Halbierung der Handelskosten erwartet[102]. Die übrigen drei Studien gehen im Basisszenario von einem Abbau der nicht-tarifären Handelshemmnisse um jeweils 25% aus.

Die Studien prognostizieren handelsschaffende und handelsumlenkende Effekte eines TTIP. Die handelsschaffenden Effekte sind wesentlich größer als bei einer reinen Zolleliminierung zu erwarten wäre, die Reduzierung der nicht-tarifären

---

[99] Vgl. FRANCOIS, J. et al. (2013), S. 28.
[100] Vgl. FELBERMAYR, G. et al. (2013), S. 42.
[101] Vgl. FELBERMAYR, G./HEID, B./LEHWALD, S. (2013), S.11.
[102] Vgl. FELBERMAYR, G./HEID, B./ LARCH, M. (2014), S. 22.

Handelshemmnisse ist dabei essentiell. So prognostiziert die Studie des ifo-Instituts eine Zunahme des EU-USA-Handels von 79%[103]. Bei den Exporten werden sowohl bilateral als auch insgesamt (ohne Hinzurechnung der bilateralen Exporte zwischen der EU und den USA) maßgebliche Steigerungen erwartet. Das ifo-Institut mit dem Gravitationsmodell erwartet bei umfassender Liberalisierung im NTB-Szenario ein Wachstum der bilateralen Exporte von 85,65% für die Exporte der USA in die EU und entgegengesetzt 73,42%[104]. Die anderen Studien rechnen mit einem niedrigeren Wachstum bei den bilateralen Exporten. Das CEPII beispielsweise prognostiziert im Basisszenario ein Wachstum von rund 50% beim Waren- und Dienstleistungshandel[105]. Das CEPR rechnet im weniger ambitionierten Szenario mit einer Zunahme von 16% für die Exporte der EU in die USA und 23% für die Exporte der USA in die EU sowie im ambitionierten Szenario mit jeweils 28% und 37%[106].

Bei den Gesamtexporten erwartet das französische CEPII ein Wachstum von 7,6% für die EU und 10,1% für die USA[107]. Das CEPR rechnet für die EU mit einer Steigerung von 3,37% im weniger ambitionierten Szenario und 5,91% im ambitionierten Szenario bzw. für die USA mit einem Wachstum von 4,75% und 8,02%[108]. Die Ecorys-Studie aus dem Jahre 2009 prognostiziert langfristig für die EU im limitierten Szenario lediglich ein Wachstum von 0,91% und 2,07% im ambitionierten Szenario bzw. für die USA eine Zunahme der Gesamtexporte um 2,68% und 6,06%[109]. Bei der Auswertung der Daten unterschiedlicher Studien wird deutlich, dass der prognostizierte handelsschaffende Effekt bei bilateralen und gesamten Exporten stärker auf die Exporte der USA als auf die Exporte der EU ausfällt. Hinsichtlich der Importe ergibt sich ein ähnliches Bild, diese steigen ebenfalls aufgrund des intensivierten Handels. Die einzelnen quantitativen Prognosen der Studien sollen hier jedoch aufgrund des begrenzten Umfangs der Arbeit nicht weiter analysiert werden.

Viel wichtiger sind die handelsumlenkenden Effekte, die durch das TTIP auftreten. Wie im vorigen Kapitel erörtert, ziehen Freihandelsabkommen

---

[103] Vgl. FELBERMAYR, G. et al. (2013), S. 16.

[104] Vgl. Ebd., S. 93.

[105] Vgl. FONTAGNE, L./GOURDON, J./JEAN, S. (2013), S. 9.

[106] Vgl. FRANCOIS, J. et al. (2013), S. 49.

[107] Vgl. FONTAGNE, L./GOURDON, J./JEAN, S. (2013), S. 10.

[108] Vgl. FRANCOIS, J. et al. (2013), S. 50-51.

[109] Vgl. BERDEN, K. et al. (2009).

handelsschaffende Effekte zur Stärkung des Binnenmarktes mit sich, andererseits erhöhen diese auch die Zollmauern gegenüber Nichtmitgliedstaaten des Abkommens und erhöhen somit die Handelsbarrieren. Beim TTIP nimmt zum einen der Handel zwischen Staaten zu, die nicht direkt vom TTIP betroffen sind: Laut ifo-Institut betrifft das rund 56% aller nicht direkt betroffenen Handelspaare, durchschnittlich nimmt der Handel dann um etwa 3,4% zu[110]. Andererseits kann TTIP auch Staaten dazu bewegen, den Handel mit Partnerländern des Abkommens zu reduzieren oder ganz zu beenden. Das ifo-Institut prognostiziert, dass speziell zwischen kleinen Staaten der Handel völlig zum Erliegen kommt[111]. Von solch negativen handelsumlenken-den Effekten sind besonders jene Staaten betroffen, die sich in geografischer Nähe von Partnerländern des TTIP befinden oder mit denen die USA und die EU bereits eng verflochten sind. Einer ihrer engsten Handelspartner ist dann Mitglied der TTIP-Freihandelszone und lenkt den Handel von ihnen auf die Partnerländer des Abkommens um. Die Studie des CEPII erforscht keinerlei Handelsumlenkung innerhalb der EU, nur die Importe der USA vom Rest der Welt sinken um 2,5%, beispielsweise verlieren Mexiko, Kanada und China in einigen Sektoren Export-anteile an die USA[112]. Die CEPR-Studie hebt positive „Spillover-Effekte" aus den verringerten Handelskosten des TTIP hervor, die eine Chance für globales Wachstum darstellen: So senken „direkte Spillover-Effekte" durch einheitliche regulative Standards des TTIP auch die Handelskosten von Drittländern, die an die EU und die USA exportieren[113]. „Indirekte Spillover-Effekte" treten auf, wenn diese einheitlichen Standards zunehmend auch von Drittländern übernommen werden und somit der Weg für globale Standards geebnet wird[114].

Wohlfahrtsgewinne

Die zentralen Studien prognostizieren positive Wohlfahrtseffekte für alle Mitgliedstaaten des TTIP. Dabei gilt es hervorzuheben, dass diese Effekte Ceteris-Paribus-Veränderungen darstellen: Die in Betracht gezogenen ökonomischen Veränderungen sind nur auf das TTIP und nicht auf andere Annahmen, wie z. B. Änderungen des BIP aufgrund anderer Faktoren als TTIP

---

[110] Vgl. FELBERMAYR, G. et al. (2013), S. 16.

[111] Vgl. Ebd.

[112] Vgl. FONTAGNE, L./GOURDON, J./JEAN, S. (2013), S. 10.

[113] Vgl. FRANCOIS, J. et al. (2013), S. 28.

[114] Vgl. Ebd., S. 29.

oder etwaiger Veränderungen durch den Abschluss weiterer Freihandelsabkommen, zurück-zuführen[115]. Die Wohlfahrtsgewinne sind stets als Langfristeffekte zu betrachten, sie entwickeln sich jährlich und entfalten ihre volle Wirkung erst nach 10-20 Jahren. Je umfassender bzw. tiefgreifender das Abkommen realisiert wird, desto größer fallen die Wohlfahrtsgewinne aus. Diese hängen im Wesentlichen also wieder von der Reduzierung der nicht-tarifären Handelshemmnisse ab. Allgemein gibt es zwei Gründe für die durch TTIP prognostizierten Wohlfahrtseffekte: Einerseits ist mit einer größeren Produktvielfalt zu rechnen, die möglicherweise auch zu mehr Produkt- und Prozessinnovationen führt und sich somit positiv auf die Mitgliedstaaten des TTIP auswirkt. Andererseits sinken durch das Freihandels-abkommen die Handelskosten, wodurch der Wettbewerb intensiviert wird und die Produktpreise sinken, was sich wiederum positiv auf die Verbraucherwohlfahrt auswirkt und Einkommenssteigerungen generiert.

Hinsichtlich der prognostizierten BIP-Wohlfahrtsgewinne sollen nun lediglich die Ergebnisse eines umfassenden transatlantischen Freihandelsabkommens vorgestellt werden, da ein reines Zollabkommen als unwahrscheinlich erscheint. Wie im Laufe der Arbeit erläutert, zielen die TTIP-Verhandlungen besonders auf den Abbau der nicht-tarifären Handelshemmnisse ab. Dessen Wohlfahrtseffekte übersteigen die einer Zolleliminierung um ein Vielfaches. So rechnet die Ecorys-Studie im ambitionierten Szenario für das EU-BIP mit einer Zunahme von 0,7%, beim USA-BIP mit 0,3%[116]. Geringere Werte für das zukünftige BIP der EU erforschen die Autoren der CEPR-Studie im ambitionierten Szenario, sie schätzen das EU-BIP-Wachstum auf 0,48% und das BIP-Wachstum der USA auf 0,39%[117]. Vergleichbare Werte für beide Verhandlungspartner errechnet die Studie des CEPII, welche ein BIP-Wachstum von 0,3% sowohl für die EU als auch die USA prognostiziert[118]. Das ifo-Institut hingegen erwartet bei einer umfassenden Liberalisierung im NTB-Szenario erhebliche Wohlfahrtsgewinne speziell für die USA, so kann die USA mit einer BIP-Steigerung von 13,38% rechnen[119]. Diese Größen-ordnung erscheint jedoch unverhältnismäßig und daher nicht nachvollziehbar.

---

[115] Vgl. FELBERMAYR, G./HEID, B./LEHWALD, S. (2013), S. 29.

[116] Vgl. BERDEN, K. et al. (2009), S. XIV.

[117] Vgl. FRANCOIS, J. et al. (2013), S. 46.

[118] Vgl. FONTAGNE, L./GOURDON, J./JEAN, S. (2013), S. 10.

[119] Vgl. FELBERMAYR, G. et al. (2013), S. 76.

Darüber hinaus werden Einkommenssteigerungen erwartet, wobei wieder betont werden muss, dass die folgenden Gewinne als Langfristeffekte zu betrachten sind. Bisher quantifizieren nur wenige Studien den Einkommenszuwachs eines TTIP. Diesen Studien ist gemein, dass sich die Steigerungen ungleich auf die Gesamtbevölkerung der EU bzw. der USA aufteilen lassen und somit eine Spezifikation auf den Gewinn pro Person kaum möglich erscheint. Die Studie der Bertelsmann Stiftung erforscht die Veränderungen des Pro-Kopf-Einkommens und behauptet, dass das TTIP die Einkommensunterschiede innerhalb der EU nicht vertieft[120]. Außerdem zeigt diese Studie auf, dass Staaten mit einem derzeit geringen Pro-Kopf-Einkommen stärker vom TTIP profitieren als Staaten mit hohem Einkommen[121]. Dabei wird im Szenario der tiefen Liberalisierung ein Einkommens-zuwachs von 4,95% für die EU erwartet, welcher 23-mal höher als im weniger liberalisierten Zollszenario ist[122]. Auch die CEPR-Studie erforscht die Einkommenssteigerungen anhand unterschiedlicher Szenarien und erwartet je nach Umfang der Liberalisierung im Rahmen des TTIP verschiedene Zunahmen des Einkommens eines Vier-Personen-Haushalts. Dieses Intervall wird auf jährlich 306-545 Euro in der EU und 336-655 Euro in den USA festgesetzt[123]. Das ifo-Institut prognostiziert einen geringeren Einkommenszuwachs von etwa 500 Euro pro Kopf anhand der Zunahme des BIP (pro Kopf)[124].

Laut ifo-Institut nimmt durch TTIP das durchschnittliche, globale Welteinkommen in der langen Frist insgesamt um rund 3,3% zu[125]. Das TTIP ändert also die Strukturen des Welthandels. Je umfassender bzw. tiefer das TTIP realisiert wird, desto stärker fallen die Wohlfahrtsgewinne für TTIP-Mitgliedstaaten und gleich-zeitig auch die Wohlfahrtsverluste für Drittländer aus. Die Wohlfahrtseffekte des TTIP auf ausgewählte Staaten sind in Abbildung 5 veranschaulicht. Speziell die TTIP-Mitgliedstaaten erfahren Wohlfahrtsgewinne durch handelsschaffende Effekte, wie größere Produktvielfalt und Einkommenssteigerungen. Die Wohlfahrtsgewinne fallen für die EU geringer aus als beim Verhandlungspartner, da sogar innerhalb des Staatenbündnisses handelsumlenkende Effekte auftreten, die USA hingegen sind ein homogener

---

[120] Vgl. FELBERMAYR, G./HEID, B./LEHWALD, S. (2013), S. 26.

[121] Vgl. Ebd., S. 23.

[122] Vgl. Ebd., S. 24.

[123] Vgl. FRANCOIS, J. et al. (2013), S. 47.

[124] Vgl. FELBERMAYR, G. et al. (2013), S. 99.

[125] Vgl. Ebd., S. 16.

Staat, der diese Auswirkungen nicht erfährt. So profitieren von den EU-Staaten laut der Studie des ifo-Instituts bei einem umfassenden transatlantischen Freihandelsabkommen besonders Großbritannien (9,7%), Schweden (7,3%), Irland (6,93%) und Spanien (6,55%) von erheblichen Einkommenssteigerungen[126]. Die CEPR-Studie erforscht positive Auswirkungen weltweit, insbesondere sehen die Autoren erhebliche Wohlfahrtsgewinne bei den ASEAN-Staaten durch „Spillover-Effekte" und aufgrund des großen Handelsvolumens[127].

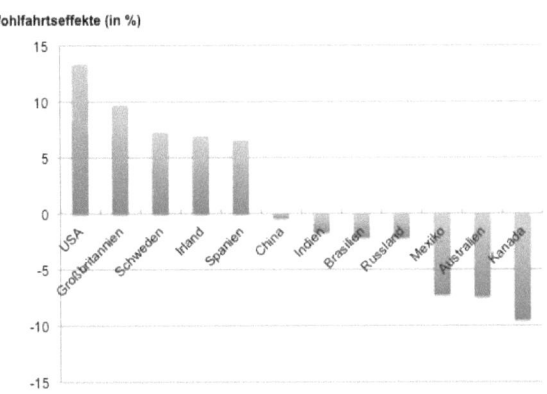

Abbildung 5: Wohlfahrtseffekte des TTIP auf ausgewählte Staaten
Eigene Darstellung nach Felbermayr, G. et al. (2013), S. 159-161.

Im Zuge der im vorigen Gliederungspunkt beschriebenen handelsumlenkenden Effekte eines transatlantischen Freihandelsabkommens, treten jedoch negative Auswirkungen für Drittstaaten auf. Insbesondere Nichtmitgliedstaaten des Abkommens, die enge Handelsbeziehungen mit der EU und/oder den USA pflegen, müssen mit Wohlfahrtsverlusten im Zuge der Realisierung des TTIP rechnen. Davon betroffen sind vor allem die NAFTA-Mitgliedstaaten Mexiko (-7,24%) und Kanada (-9,48%), sowie die BRIC-Staaten und Australien (-7,41%)[128]. Da Entwicklungsländer eher wenig eng verflochtene Handelsbeziehungen mit der EU und den USA führen, werden diese eher geringen Handelsumlenkungseffekten ausgesetzt sein. Allerdings werden Staaten mit sehr geringem Einkommen, wie z.

---

[126] Vgl. FELBERMAYR, G. et al. (2013), S. 159-161.

[127] Vgl. FRANCOIS, J. et al. (2013), S. 82.

[128] Vgl. FELBERMAYR, G. et al. (2013), S. 159-161.

B. Bangladesch und Kambodscha, Wohlfahrtsverluste erleiden, da diese vor allem Textilien in die TTIP-Mitgliedstaaten exportieren. Im Textilsektor bestehen zwischen der EU und den USA noch relativ hohe Zölle, weshalb durch das TTIP mit handelsumlenkenden Effekten für diese Staaten zu rechnen ist und sie somit geringere Exporte befürchten müssen. Dennoch argumentieren die Autoren der Bertelsmann-Studie, dass Drittstaaten höchstwahrscheinlich die vereinbarten TTIP-Standards und Regulierungen übernehmen werden und möglicherweise auch bilateralen oder multilateralen Freihandelsabkommen beitreten, um vom Freihandel zu profitieren[129]. Multilateral offene Staaten erfahren eher geringere Wohlfahrtsgewinne durch das TTIP, wenn deren wettbewerbsfähige Position im EU-USA-Markt an Wert verliert. Zum anderen leiden diese Staaten dann auch weniger an handelsumlenkenden Effekten. Je weniger ein Staat mit seinen Im- und Exporten auf die TTIP-Mitgliedstaaten angewiesen ist, desto geringer sind die handelsumlenkenden Effekte für jenen Staat.

Mögliche Entwicklungen der Arbeitsmärkte

Ähnlich der erwarteten Wohlfahrtsgewinnen, zeichnen die Studien ein durchweg positives Resümee der Auswirkungen des TTIP auf die Arbeitsmärkte und Lohnniveaus. Ein transatlantisches Freihandelsabkommen senkt die Handelskosten, was wiederum die Preise sinken lässt, wodurch die Nachfrage steigt und somit auch die Beschäftigung.

Die Autoren der Studie der Bertelsmann Stiftung prognostizieren bei tiefer Liberalisierung weitaus größere Effekte als im unwahrscheinlicheren Zollszenario. Die Studie stützt sich bei ihren Berechnungen auf die Arbeitslosendatenbank des Jahres 2010 mit Lohnersatzraten von 28 OECD-Staaten aus dem Jahre 2009, womit nach eigenen Angaben die verwendeten Arbeitslosenraten aufgrund der damaligen globalen Wirtschafts- und Finanzkrise besonders hoch angesetzt werden[130]. Dementsprechend profitieren vom TTIP speziell damals stark von der Krise betroffene Staaten, wie z. B. Irland, Portugal und Spanien. Durchschnittlich sinkt die Arbeitslosenrate in den OECD-Staaten um 0,45%[131]. Die Studie rechnet bei einem umfassenden Abkommen mit rund einer Million neuen Arbeitsplätzen in den USA und etwa 1,3 Millionen in der EU, wobei stark von der Handels-umlenkung betroffene Drittstaaten, wie z. B.

---

[129] Vgl. FELBERMAYR, G./HEID, B./LEHWALD, S. (2013), S. 29.

[130] Vgl. Ebd., S. 32-33.

[131] Vgl. Ebd., S. 38.

Kanada, Japan und Australien, Beschäftigungsverluste erleiden werden[132]. Die Reallöhne steigen durchschnittlich um 2,34% in den OECD-Staaten, wobei ebenfalls einige Drittländer Verluste bei den Reallöhnen erfahren, wie z. B. Kanada (-2,75%) und Norwegen (-2,12%)[133]. Da die Werte der Arbeitslosenraten zu Zeiten der globalen Wirtschafts- und Finanzkrise ermittelt wurden sowie Reallokationseffekte von Beschäftigung nicht modelliert werden, treten bei der Bertelsmann-Studie deutlich höhere Beschäftigungseffekte als bei den anderen Studien auf.

Die Autoren der ifo-Studie forschen anhand des Außenhandelsmodells nach Melitz[134] und versuchen damit Fehler zu minimieren: So vernachlässigen andere Studien Reallokationseffekte der Beschäftigung von weniger produktiven hin zu produktiveren Unternehmen und rechnen die zusätzliche Beschäftigung im Export-sektor zu den gesamtwirtschaftlichen Beschäftigungsgewinnen hinzu[135]. Das Modell nach Melitz untersucht die Beschäftigungseffekte anhand der Produktivität von Unternehmen. Die Beschäftigung wächst, wenn produktive Unternehmen ins Ausland expandieren und sie reduziert sich, wenn ausländische Unternehmen in den heimischen Markt eintreten und die weniger produktiven, nicht-export-orientierten Unternehmen verdrängen. Bei den Ergebnissen der ifo-Studie wird von den drei möglichen Ereignissen wieder nur das NTB-Szenario betrachtet, da es beim aktuellen Stand der TTIP-Verhandlungen am wahrscheinlichsten erscheint. So sinkt die Arbeitslosigkeit im weltweiten Durchschnitt um 28.000 Jobs[136], 124.000 neue Arbeitsplätze werden in der EU geschaffen[137] und die Reallöhne steigen um 2,15% in den USA und um 1,67% in der EU, Drittländer erfahren durch handelsumlenkende Effekte eine Zunahme der Arbeitslosigkeit um 165.000 Jobs[138].

Die Ecorys- und CEPR-Studien messen die Effekte auf den Arbeitsmärkten anhand der Reallöhne für geringqualifizierte und hochqualifizierte Arbeitskräfte. So steigen die Reallöhne der geringqualifizierten Arbeitskräfte in der langen Frist im ambitionierten Szenario der CEPR-Studie um 0,51% in der EU und 0,38% in

---

[132] Vgl. FELBERMAYR, G./HEID, B./LEHWALD, S. (2013), S. 41.
[133] Vgl. Ebd., S. 39.
[134] Vgl. FELBERMAYR, G. et al. (2013), S. 83.
[135] Vgl. Ebd., S. 86.
[136] Vgl. Ebd., S. 100.
[137] Vgl. Ebd., S. 104.
[138] Vgl. Ebd., S. 100.

den USA sowie für hochqualifizierte Arbeitskräfte um 0,50% bzw. 0,36%[139]. Die europäischen Lohnniveaus profitieren also stärker vom TTIP. Die Ecorys-Studie im Auftrag der Europäischen Kommission erwartet ebenfalls eine positive Entwicklung der Reallöhne, die allerdings höher als bei der CEPR-Studie ausfällt: So steigen die Reallöhne in der EU jährlich um 0,80% und in den USA jährlich um 0,40%[140].

Einzig die Studie des CEPII betrachtet erstaunlicherweise keine Auswirkungen auf den Arbeitsmarkt.

Im Zuge der Realisierung der ökonomischen Wachstumseffekte über einen Zeitraum von mindestens 10-20 Jahren, treten beim transatlantischen Freihandelsabkommen laut Raza, W. (et al.) makroökonomische Anpassungskosten auf. Die Autoren weisen darauf hin, dass diese Kosten unbedingt in den Prognosen der Studien berücksichtigt werden sollten, da bisher keine Studie auf die möglichen Anpassungskosten der Arbeitsmärkte eingeht. So entstehen nach Inkrafttreten des TTIP, in einem Zeitraum von etwa zehn Jahren, Kosten von Erwerbslosigkeit durch Reallokationseffekte von 0,43-1,1 Millionen Beschäftigten[141]. Die Kosten der entsprechenden Arbeitslosenhilfe werden auf 0,5-1,4 Milliarden Euro geschätzt[142]. Dadurch entgehen den Mitgliedstaaten Steuer- und Sozialeinnahmen, die sich auf 0,4-1 Milliarde Euro belaufen[143]. Außerdem entgehen den am TTIP beteiligten Staaten Zolleinnahmen: Wie im vorigen Kapitel beschrieben, sind die Zölle zwischen der EU und den USA bereits gering, den-noch prognostizieren Raza, W. (et al.) jährliche Verluste des EU-Haushalts von etwa 2,6 Milliarden Euro[144], was bei vielen EU-Mitgliedstaaten im Rahmen der aktuellen Debatten über die europäische Finanzpolitik auf Ablehnung stoßen dürfte.

Zusammenfassend erforschen diverse Studien die ökonomischen Auswirkungen von TTIP anhand unterschiedlicher Szenarien mit verschiedenen Liberalisierungs-annahmen, die mit einem Basisszenario ohne Wirkung von TTIP verglichen werden. Allen Studien ist gemein, dass sie langfristig positive Wachstumseffekte im Zuge der Handelsschaffung und Handelsumlenkung für die

---

[139] Vgl. FRANCOIS, J. et al. (2013), S. 71.

[140] Vgl. BERDEN, K. et al. (2009), S. XIV.

[141] Vgl. RAZA, W. et al. (2014), S. 17.

[142] Vgl. Ebd., S. 18.

[143] Vgl. Ebd., S. 18.

[144] Vgl. Ebd., S. 15.

TTIP-Mitglied-staaten prognostizieren. So verzeichnen die Mitgliedstaaten des Abkommens Zunahmen bei Ex- und Importen durch eine Intensivierung des Handels und darüber hinaus positive BIP-/Einkommenseffekte und positive Auswirkungen auf die Beschäftigung sowie Reallohnniveaus. Diese Wohlfahrtsgewinne fallen umso größer aus, je umfassender das TTIP beschlossen wird. Speziell eine Reduzierung der nicht-tarifären Handelshemmnisse steht dabei im Fokus. Im Hinblick auf die Handelsumlenkung profitiert ein Großteil aller Staaten weltweit. Einige Studien erforschen jedoch negative Effekte für Drittstaaten. Davon betroffen sind besonders jene Staaten, die enge Handelsbeziehungen zu der EU und/oder den USA pflegen. Teilweise erfahren Drittstaaten signifikante Handels-defizite und Wohlfahrtsverluste mit einer Zunahme der Arbeitslosigkeit sowie sinkenden Reallöhnen.

Fazit und Ausblick

Das Wachstum des internationalen Handels ist besonders durch die schnelle Zunahme an regionalen Freihandelsabkommen gekennzeichnet. Die WTO steht dem wachsenden Regionalismus als multilaterale Organisation gegenüber. Die WTO-Mitgliedstaaten haben erkannt, dass der Abbau sämtlicher Handelshemmnisse, insbesondere der nicht-tarifären Beschränkungen, vorteilhaft ist. Handelsschaffung überwiegt bei regionalen Abkommen, welche als zweitbeste Lösung darüber hinaus die Chance bieten, Themen aufzugreifen, die im multilateralen Rahmen der WTO-Handelsrunden kaum durchsetzbar sind. Diese Handelsrunden haben einen wichtigen Einfluss auf die Regionalisierung durch Freihandelsabkommen. So zielt die gescheiterte Doha-Runde auf ambitionierte Ziele über eine großräumige Handelsliberalisierung und multilaterale Regulierung des Welthandels ab. Die angestrebten, bis heute nicht realisierten Liberalisierungsziele hinsichtlich des Abbaus von nicht-tarifären Handelshemmnissen zwischen Entwicklungsländern und Industriestaaten, verdeutlichen eine Sonder-behandlung: Viele Entwicklungs- und Schwellenländer erstarkten durch die globale Wirtschafts- und Finanzkrise und verlangen dennoch einen Sonderstatus bei internationalen Handelsgesprächen, der mit protektionistischen Interessen einhergeht. Auch innerhalb der WTO sind also Reformen nötig. Die WTO-Staaten sollten ein kooperatives Verhalten zeigen, da eine Einigung auf multilateralem Wege sonst unmöglich scheint.

Das momentan zwischen der EU und den USA verhandelte TTIP könnte das größte regionale Freihandelsabkommen weltweit werden. Wissenschaftliche Studien erforschen positive Auswirkungen auf die Handelsströme, Wachstumsimpulse auf BIP und Einkommen sowie positive Beschäftigungs- und Lohneffekte sowohl für die zukünftigen TTIP-Mitgliedstaaten als auch für den Rest der Welt, obwohl einige Drittstaaten Wohlfahrtsverluste durch negative Effekte der Handels-umlenkung erfahren. Dabei lässt sich feststellen, dass diese Gewinne Gesamt-effekte optimistischer Modellrechnungen, d. h. ein umfassendes Abkommen mit ambitionierter Liberalisierung, repräsentieren und somit erst in der langen Frist (bis zu 20 Jahren) realisiert werden. Die jährlichen Wohlfahrtsgewinne sind also winzig, dürften ungleich verteilt sein und hängen stark von den zugrunde liegenden Annahmen ab. Dabei fallen in der Übergangszeit makroökonomische Anpassungskosten an, um die negativen Effekte des TTIP zu kompensieren. Hinsichtlich der Kontroversen bei den Verhandlungsthemen sollten die Verhandlungspartner Abstriche bei einzelnen Zielen in Kauf nehmen, sich dabei aber besonders die Chancen des Abkommens vor Augen führen. Außerdem sind Zwischenziele notwendig, um die Verhandlungen zu einem erfolgreichen Abschluss zu führen. Dem aktuellen Verhandlungsstand zufolge ist mit einem Abschluss der Verhandlungen nicht vor 2016 zu rechnen. Vertreter aus Wissenschaft, Politik und Gesellschaft sollten in die Diskussionen um konkrete Leitlinien einbezogen werden, da die tatsächlichen Effekte des TTIP maßgeblich von der finalen Ausgestaltung der Verhandlungspunkte abhängen.

Vielmehr sollte das TTIP als „Baustein" für eine globale Handelsordnung gesehen werden. Ein transatlantisches Abkommen ist (speziell für die EU) vielleicht die letzte Möglichkeit, Anschluss an die rasante Entwicklung der Weltwirtschaft zu erlangen und globale Standards zu setzen, da der Einfluss der EU und der USA auf die Gestaltung des Welthandels stetig abnimmt. Ein erfolgreicher Abschluss der TTIP-Verhandlungen ist für die betroffenen Staaten daher von großer Bedeutung. Die Gewichte des Welthandels verlagern sich zunehmend in den asiatisch-pazifischen Raum. Neben anderen in Verhandlung stehenden und geplanten Mega-Abkommen, ebnet das TTIP den Weg vom „offenen Regionalismus" hin zum vorteilhafteren Multilateralismus. Dabei sollten diese Mega-Abkommen einzelne, bilaterale Freihandelsabkommen sowie diverse, kleinere regionale Abkommen ersetzen. Da regionale Freihandelsabkommen kaum mit der Welthandelsordnung der WTO vereinbar sind, ist es von Vorteil, wenn sie nur eine konditionierte Ausnahme darstellen und sämtliche Handelshemmnisse abbauen. Sie sollten also als gezielte Vertiefung und Erweiterung des multilateralen Ansatzes gesehen werden. Folglich ist die Kooperation der Verhandlungspartner unterschiedlicher Abkommen wichtig, um konkurrierenden Handelsblöcken entgegenzuwirken. Letztendlich scheint dann auch eine Wiederaufnahme der multilateralen Handelsrunden mit dem Ziel der Schaffung einer globalen Handelsordnung, die die regionalen Integrationsräume öffnet und deren Handelshemmnisse gegenüber Drittstaaten abbaut, möglich.

Literaturverzeichnis

Anderson, J./Yotov, Y. (2011): *Terms of Trade and Global Efficiency Effects of Free Trade Agreements, 1990-2002.* NBER Working Paper Series, Working Paper 17003. Verfügbar unter: http://www.nber.org/papers/w17003.pdf [14.03.2015].

Baier, S./Bergstrand, J. (2006): *Do free trade agreements actually increase members' international trade?.* In: Journal of International Economics, Elsevier (Hrsg.), 71. Band, S. 72-95. Verfügbar unter: http://www.sciencedirect.com/science/article/pii/S0022199606000596 [17.03.2015].

Bhagwati, J. (1989): *Is free trade passé after all?.* In: Weltwirtschaftliches Archiv, Springer (Hrsg.), 125. Band, Heft 1, S. 17-44. Verfügbar unter: http://www.jstor.org/discover/10.2307/40439675?sid=21105833724773&uid=2134&uid=2&uid=4&uid=70 [10.03.2015].

Beck, S./Scherrer, C. (2014a): *Das transatlantische Handels- und Investitionsabkommen (TTIP) zwischen der EU und den USA.* Edition 303, Düsseldorf: Hans-Böckler-Stiftung.

Beck, S./Scherrer, C. (2014b): *Investitionsschutzklauseln: Privilegierung von Konzernen auf Kosten der Demokratie.* In: ifo Institut – Leibniz-Institut für Wirtschaftsforschung an der Universität München e. V. (Hrsg.): Streitpunkt Investitionsschutz: Für und Wider des Investitionsschutzes im TTIP-Abkommen, ifo-Schnelldienst 12/2014, 67. Jahrgang, München. Verfügbar unter: http://www.cesifo-group.de/de/ifoHome/publications/docbase/details.html?docId=19112715 [07.03.2015].

Berden, K./Francois, J./Thelle, M./Wymenga, P./Tamminen, S. (2009): *Non-Tariff Measures in EU-US Trade and Investment – An Economic Analysis.* ECORYS Nederland BV (Hrsg.), Studie im Auftrag der Europäischen Kommission, Rotterdam (NL). Verfügbar unter: http://trade.ec.europa.eu/doclib/docs/2009/december/tradoc_145613.pdf [24.03.2015].

Bonciu, F./Moldoveanu, M. (2014): *The proliferation of free trade agreements in the post-Doha Round period: the position of the European Union.* In: Procedia Economics and Finance, Elsevier (Hrsg.), 8. Band, S. 100-105. Verfügbar unter: http://www.sciencedirect.com/science/article/pii/S2212567114000689 [03.03.2015].

Brandi, C./Bruhn, D. (2014): *Factory Asia – ein neues „Riesenhandelsabkommen"?*. Deutsches Institut für Entwicklungspolitik (DIE) (Hrsg.): Die aktuelle Kolumne (19.05.2014), Bonn. Verfügbar unter: http://www.die-gdi.de/uploads/media/Deutsches_Institut_fuer_Entwicklungspolitik_Brandi_Bruhn_Buege_19.05.2014_02.pdf [10.03.2015].

Dai, M./Yotov, Y./Zylkin, T. (2013): *On the trade-diversion effects of free trade agreements.* In: Economics Letters, Elsevier (Hrsg.), 122. Band, S. 321-325. Verfügbar unter: http://www.sciencedirect.com/science/article/pii/S0165176513005636 [26.02.2015].

Dorn, D./Fischbach, R./Letzner, V. (2010): *Volkswirtschaftslehre 2. Volkswirtschaftstheorie und -politik.* 5. Auflage, München: Oldenbourg.

Draper, P./Freytag, A. (2014): *TTIP braucht Investitionsschutz, aber keine internationale Schiedsgerichtbarkeit.* In: ifo Institut – Leibniz-Institut für Wirtschaftsforschung an der Universität München e. V. (Hrsg.): Streitpunkt Investitionsschutz: Für und Wider des Investitionsschutzes im TTIP-Abkommen, ifo-Schnelldienst 12/2014, 67. Jahrgang, München. Verfügbar unter: http://www.cesifo-group.de/de/ifoHome/publications/docbase/details.html?docId=19112715 [07.03.2015].

Erixon, F. (2013): *The Transatlantic Trade and Investment Partnership and the shifting structure of global trade policy.* In: Center for Economic Studies & Ifo Institute (Hrsg.), CESifo Forum 14 (4), S. 18-22, München. Verfügbar unter: http://www.cesifo-group.de/ifoHome/publications/docbase/details.html?docId=19104211 [04.03.2015].

Europäische Kommission (2006): *Ein wettbewerbsfähiges Europa in einer globalen Welt. Ein Beitrag zur EU-Strategie für Wachstum und Beschäftigung.* Mitteilung der Kommission an den Rat, das europäische Parlament, den europäischen Wirtschafts- und Sozialausschuss und den Ausschuss der Regionen, Brüssel (BE). Verfügbar unter: http://trade.ec.europa.eu/doclib/docs/2006/october/tradoc_130468.pdf [19.02.2015].

Europäische Kommission (2014a): *Die Transatlantische Handels- und Investitionspartnerschaft (TTIP) – aktueller Stand der Verhandlungen.* Verfügbar unter: http://trade.ec.europa.eu/doclib/docs/2014/march/tradoc_152274.pdf [06.03.2015].

Europäische Kommission (2014b): *Leitlinien für die Verhandlungen über die transatlantische Handels- und Investitionspartnerschaft zwischen der Europäischen Union und den Vereinigten Staaten von Amerika.* Rat der Europäischen Union (Hrsg.): TTIP-Verhandlungsmandat, Brüssel (BE). Verfügbar unter: http://www.bmwi.de/BMWi/Redaktion/PDF/S-T/ttip-mandat,property=pdf,bereich=bmwi2012,sprache=de,rwb=true.pdf [09.03.2015].

Europäische Kommission (2015): *„Stepping up a gear": Press statement by EU Trade Commissioner Karel De Gucht following the stocktaking meeting with USTR Michael Froman on the Transatlantic Trade and Investment Partnership (TTIP).* Presseerklärung vom 18.02.2014, Washington (US). Verfügbar unter: http://europa.eu/rapid/press-release_STATEMENT-14-12_en.htm [06.03.2015].

Felbermayr, G./Heid, B./ Larch, M. (2014): *TTIP. Small gains, high risks.* In: Center for Economic Studies & Ifo Institute (Hrsg.), CESifo Forum 15 (4), S. 20-30, München. Verfügbar unter: http://www.cesifo-group.de/ifoHome/publications/docbase/details.html?docId=19149753 [14.03.2015].

Felbermayr, G./Heid, B./Lehwald, S. (2013): *Die Transatlantische Handels- und Investitionspartnerschaft (THIP) – Wem nutzt ein transatlantisches Freihandelsabkommen?*. Bertelsmann Stiftung, Gütersloh. Verfügbar unter: http://www.bertelsmann-stiftung.de/fileadmin/files/Projekte/87_Global_Economic_Symposium/STUDI_Die_Transatlantische_Handels-und_Investitionspartnerschaft__THIP_.pdf [20.03.2015].

Felbermayr, G./Larch, M./Flach, L./Yalcin, E./Benz, S. (2013): *Dimensionen und Auswirkungen eines Freihandelsabkommens zwischen der EU und den USA*. ifo Institut – Leibniz-Institut für Wirtschaftsforschung an der Universität München e. V. (Hrsg.), Studie im Auftrag des Bundesministeriums für Wirtschaft und Energie, München. Verfügbar unter: http://www.bmwi.de/BMWi/Redaktion/PDF/Publikationen/Studien/dimensionen-auswirkungen-freihandelsabkommens-zwischen-eu-usa,property=pdf,bereich=bmwi2012,sprache=de,rwb=true.pdf [22.03.2015].

Fontagné, L./Gourdon, J./Jean, S. (2013): *Transatlantic Trade: Whither Partnership, Which Economic Consequences?*. Centre d'Etudes Prospectives et d'Informations Internationales (Hrsg.), CEPII Policy Brief No. 1, Paris (FR). Verfügbar unter: http://www.cepii.fr/PDF_PUB/pb/2013/pb2013-01.pdf [22.03.2015].

Francois, J./Manchin, M./ Norberg, H./Pindyuk, O./Tomberger, P. (2013): *Reducing Trans-Atlantic Barriers to Trade and Investment*. Centre for Economic Policy Research (Hrsg.), Studie im Auftrag der Europäischen Kommission, London (GB). Verfügbar unter: http://trade.ec.europa.eu/doclib/docs/2013/march/tradoc_150737.pdf [23.03.2015].

Geiger, A. (2014): *Gastkommentar – TTIP, TPP und die europäischen Kleingeister*. In: Europäische Zeitschrift für Wirtschaftsrecht (Hrsg.), EuZW 18/2014, 25. Jahrgang, S. 681-682, Brüssel (BE). Verfügbar unter: https://beck-online.beck.de/?vpath=bibdata%2fzeits%2fEUZW%2f2014%2fcont%2fEUZ%2e2014%2eH18%2egl1%2ehtm [01.03.2015].

Klodt, H. (2014): *Transparenz verbessern, Missbrauch erschweren*. In: ZBW – Leibniz-Informationszentrum Wirtschaft (Hrsg.): Investitionsschutzabkommen: mehr Rechtssicherheit oder Verzicht auf Souveränität?, Wirtschaftsdienst, 94. Jahrgang, Heft 7, S. 459-478, Hamburg. Verfügbar unter: http://wirtschaftsdienst.eu/archiv/jahr/2014/7/investitionsschutzabkommen-mehr-rechtssicherheit-oder-verzicht-auf-souveraenitaet/ [07.03.2015].

Koch, M./Ludwig, T. (2015): *Wenig Begeisterung für Freihandel*. In: Handelsblatt, Auflage 129.107 (02.02.2015), S. 10.

Kolev, G. (2014): *TTIP: Mehr als Handelsliberalisierung*. Institut der deutschen Wirtschaft Köln (Hrsg.), IW policy paper, 11/2014, Köln. Verfügbar unter: http://www.iwkoeln.de/de/studien/iw-policy-papers/beitrag/galina-kolev-ttip-184320 [06.03.2015].

Maggi, G. (2014): *International Trade Agreements*. In: Handbook of International Economics, Elsevier (Hrsg.), 4. Band, 6. Kapitel, S. 317-390. Verfügbar unter: http://www.sciencedirect.com/science/article/pii/B9780444543141000069 [22.02.2015].

Mansfield, E./Milner, H. (1999): *The New Wave of Regionalism*. In: International Organization, The MIT Press (Hrsg.), 53. Band, Nr. 3, S. 589-627. Verfügbar unter: http://www.jstor.org/discover/10.2307/2601291?sid=21105833724773&uid=70&uid=2134&uid=2&uid=4 [20.02.2015].

Mansfield, E./Reinhardt, E. (2003): *Multilateral Determinants of Regionalism: The Effects of GATT/WTO on the Formation of Preferential Trading Agreements*. In: International Organization, Cambridge University Press (Hrsg.), 57. Band, Nr. 4, S. 829-862. Verfügbar unter: http://www.jstor.org/discover/10.2307/3594848?sid=21105833724773&uid=70&uid=4&uid=2134&uid=2 [23.02.2015].

Örgün, B. (2012): *Strategic Trade Policy Versus Free Trade*. In: Procedia – Social and Behavioral Sciences, Elsevier (Hrsg.), 58. Band, S. 1283-1292. Verfügbar unter: http://www.sciencedirect.com/science/article/pii/S1877042812045739 [27.02.2015].

Raza, W./Grumiller, J./Taylor, L./Tröster, B./von Arnim, R. (2014): *Assess_TTIP: Assessing the Claimed Benefits of the Transatlantic Trade and Investment Partnership (TTIP). Final Report.* Gutachten der Österreichischen Forschungsstiftung für Internationale Entwicklung (ÖFSE) im Auftrag der Linksfraktion im Europäischen Parlament GUE/NGL (Hrsg.), Wien (AT). Verfügbar unter: http://www.dielinke-europa.eu/article/9135.gutachten-zu-ttip-studien-betraechtliche-abwaertsrisiken.html [23.03.2015].

Samuelson, P./Nordhaus, W. (1987): *Volkswirtschaftslehre. Grundlagen der Makro- und Mikroökonomie.* 8. Auflage, 2. Band, Köln: Bund.

Senti, R. (2000): *WTO – System und Funktionsweise der Welthandelsordnung.* Wien (AT): Verlag Österreich.

Senti, R. (2013): *Regionale Freihandelsabkommen – in zehn Lektionen.* Zürich (CH): Dike.

Sieg, G. (2010): *Volkswirtschaftslehre. Mit aktuellen Fallstudien.* 3. Auflage, München: Oldenbourg.

The World Bank Group (2015): *Trade (% of GDP).* Verfügbar unter: http://data.worldbank.org/indicator/NE.TRD.GNFS.ZS [27.02.2015].

Tuinstra, J./Wegener, M./Westerhoff, F. (2014): *Positive welfare effects of trade barriers in a dynamic partial equilibrium model.* In: Journal of Economic Dynamics & Control, Elsevier (Hrsg.), 48. Band, S. 246-264. Verfügbar unter: http://www.sciencedirect.com/science/article/pii/S0165188914001535 [27.02.2015].

Vahalík, B. (2014): *Regional Bilateral Trade Analysis of the European Union, China and ASEAN.* In: Procedia Economics and Finance, Elsevier (Hrsg.), 12. Band, S. 709-717. Verfügbar unter: http://www.sciencedirect.com/science/article/pii/S2212567114003979 [20.02.2015].

Viju, C./Kerr, W. (2012): *Protectionism during recession – why are trade barriers no longer the preferred policy choice?*. In: Procedia – Social and Behavioral Sciences, Elsevier (Hrsg.), 62. Band, S. 1366-1370. Verfügbar unter: http://www.sciencedirect.com/science/article/pii/S1877042812036749 [27.02.2015].

WTO (2011): *World Trade Report 2011 – The WTO and preferential trade agreements: From co-existence to coherence.* Verfügbar unter: https://www.wto.org/english/res_e/booksp_e/anrep_e/world_trade_report11_e.pdf [28.02.2015].

WTO (2015a): *Members and Observers.* In: Understanding the WTO: The Organization. Verfügbar unter: https://www.wto.org/english/thewto_e/whatis_e/tif_e/org6_e.htm [27.02.2015].

WTO (2015b): *Regional Trade Agreements.* Verfügbar unter: https://www.wto.org/english/tratop_e/region_e/region_e.htm [25.02.2015].

WTO (2015c): *Evolution of Regional Trade Agreements in the world, 1948-2015.* Verfügbar unter: https://www.wto.org/english/tratop_e/region_e/regfac_e.htm [26.02.2015].

WTO (2015d): *ASEAN-China.* Verfügbar unter: http://rtais.wto.org/UI/PublicShowRTAIDCard.aspx?rtaid=42 [04.03.2015].

WTO (2015e): *Glossary Term – NAFTA.* Verfügbar unter: https://www.wto.org/english/thewto_e/glossary_e/nafta_e.htm [04.03.2015]

Potentielle ökonomische Effekte eines transatlantischen Freihandelsabkommens

Von Lars Brümmer, 2014

Abkürzungsverzeichnis

ADI	Ausländische Direktinvestitionen
AFDR	Austrian Foundation for Development Research
BMWi	Bundesministerium für Wirtschaft und Energie
CEPII	Centre d'Etudes Propectives et d'Informations Internationales
CEPR	Centre for Economic Policy Research
CGE-Modell	computable general equilibrium - Modell
FHA	Freihandelsabkommen
FHZ	Freihandelszone
FuE	Forschung und Entwicklung
GAP	Gemeinsame Agrarpolitik
GATS	General Agreement on Trade in Services
GATT	General Agreement on Trade and Tariffs
GTAP	Global Trade Analysis Project
HS	Harmonisiertes System zur Bezeichnung und Kodierung der Waren
ISDS	Investor-state dispute settlement
NAFTA	North American Free Trade Agreement
NTB	Nicht-tarifäre Barriere
RoW	Rest of the World
SITC	Standard International Trade Classification
TAFTA	Transatlantic Free Trade Agreement
TRIPS	Trade- related aspects of Intellectual Property Rights
TTIP	Transatlantic Trade and Investment Partnership
WTO	World Trade Organization

Einleitung

Anmerkung zur Komplexität von TTIP

TTIP ist deshalb komplex, weil in den Verhandlungen Wirtschaftszweige aus allen Sektoren der Wirtschaft, wie etwa die Lebensmittelindustrie, die Automobilbaubranche oder die Finanzwirtschaft einbezogen sind und einige sensible Sozial- und Umweltstandards angesprochen werden. Seitens der Wirtschaft wird angeführt, dass eine Angleichung von Standards zu verbesserten Handelsbedingungen führt und ein erfolgreicher Abschluss der Verhandlungen erstrebenswert sei. Vertreter der Zivilgesellschaft und einige Parteien sind jedoch der Auffassung, dass die Angleichung von Standards, die über Jahrzehnte geschaffene und etablierte Werte reflektieren und sich zum Beispiel in Verbraucherschutzrichtlinien oder Umweltvorgaben niederschlagen, den Interessen der Wirtschaft geopfert werden.

Zu dem sich in Verhandlung befindenden Abkommen besteht eine Vielzahl an Standpunkten, die es im politischen Entscheidungsprozess zu berücksichtigen gilt, um schließlich eine Lösung zu finden, die den Interessen der Wirtschaft und der Gesellschaft gerecht wird. Eine nicht weniger große Herausforderung ergibt sich in der Wirtschaftstheorie hinsichtlich der Bestimmung potentieller ökonomischer Effekte des geplanten Abkommens. Hier werden Modelle angewandt, in denen volkswirtschaftliche Zusammenhänge in mathematischen Funktionen abgebildet werden, um somit die Auswirkungen von Veränderungen der Handelspolitik sichtbar machen zu können. Sie dienen politischen Entscheidungsträgern dazu, eine Bewertung für die Zusammenführung europäischer und amerikanischer Märkte inklusive ihrer implizierten Rahmenbedingungen vorzunehmen.

Aufbau und Zielsetzung der Arbeit

Für ein besseres Verständnis der Gegenwart mag ein Blick in die Vergangenheit aufschlussreich sein. Daher beginnt die Arbeit mit einer geschichtlichen Aufarbeitung des Zustandekommens der heutigen Welthandelsstrukturen. Angefangen in der Zeit des Merkantilismus, in der Außenwirtschaftspolitik noch überwiegend von Missgunst und nationalem Egoismus geprägt war, gestaltet sich das Welthandelssystem seit des 1948 in Kraft getretenen General Agreement on Trade and Tariffs (GATT) deutlich liberaler. Mit der Gründung der World Trade Organization (WTO) im Jahr 1995 wurde schließlich eine Institution geschaffen, deren Aufgabe es ist, die vielen Partikularinteressen zu einem kollektiven Handeln abzustimmen. Im Zuge der insbesondere seit dem Jahr 2000 vermehrt auftretenden regionalen Handelsabkommen stellt sich allerdings die Frage ob diese Art der Integrationsbestrebungen, wie sie auch in TTIP zutage treten, für die Gestaltung eines einheitlichen Welthandelssystems förderlich sind oder ob sie eine vermeintlich destruktive Blockbildung darstellen.

In einem weiteren Kapitel werden theoretische Grundlagen für die ökonomische Beurteilung des geplanten Abkommens benannt. Zunächst werden dabei die Stufen und die allgemeinen Vor- und Nachteile der internationalen ökonomischen Integration veranschaulicht. Grundsätzlich bringt die Etablierung von Freihandel positiv zu bewertende Auswirkungen mit sich, etwa eine Verringerung des Preisniveaus oder geringere Transaktionskosten.[145] Mit dem Integrationsprozess können jedoch auch negative Effekte verbunden sein, wenn z. B. Umweltrichtlinien herabgesetzt oder an einem Abkommen unbeteiligte Länder schlechter gestellt werden.

Teil des dieses Kapitels ist zudem die Vorstellung von Modellen, die in der Wirtschaftstheorie angewendet werden, um Auswirkungen handelspolitischer Maßnahmen darzustellen. Dazu zählen partialanalytische Modelle, in denen ein Markt für sich allein betrachtet wird, ohne dass dabei die Interdependenzen zu anderen Märkten berücksichtigt werden. In Modellen der allgemeinen Gleichgewichtstheorie wird hingegen eine Volkswirtschaft als Ganzes betrachtet und mögliche Effekte von Änderungen der Handelspolitik in einem Modellrahmen aus mathematischen Funktionen simuliert. Auch das sogenannte Gravitationsmodell, das an das Newtonsche Gravitationsgesetz anlehnt, wird in der Wirtschaftstheorie für das Aufzeigen ökonomischer Effekte durch Integrationsprozesse herangezogen.

Mit den theoretische Grundlagen zur ökonomischen Beurteilung des Abkommens und dem Wissen über die Entwicklung des Welthandelssystem wird im darauffolgenden Kapitel das mögliche transatlantische Freihandelsabkommen in verschiedenen Kontexten betrachtet. Zunächst wird die Bedeutung der beiden Volkswirtschaften im Weltmarkt hervorgehoben. Zusammen generieren die beiden Wirtschaftsmächte im transatlantischen Markt fast 50 Prozent der weltweiten Wirtschaftsleistung und auch der weltweite Handel mit Gütern wird von den beiden Regionen dominiert. Diese Dominanz wird allerdings von den aufstrebenden Volkswirtschaften Asiens zunehmend herausgefordert.

---

[145] Transaktionskosten sind Kosten zur Informationsbeschaffung, etwa über Preise, Qualitäten und Modalitäten. Außerdem gehören hierzu Kosten, die bei einer Aushandlung eines Vertrags und deren Einhaltung anfallen. Nähere Ausführungen finden sich bei Baßeler et al. 2010, S. 24-26.

Der zweite Abschnitt dieses Kapitels widmet sich den Inhalten von TTIP. Neben Zollsenkungen, die auf einem relativ niedrigen Niveau liegen, beziehen sich die Verhandlungen insbesondere auf die Angleichung gewisser Standards. Hierunter fallen technische Normen wie etwa eine gleiche Farbe für Blinker von Autos oder ein gleiches Steckdosenformat. Darüber hinaus werden Standards verhandelt, deren Absenkung oder Aufweichung gesellschaftlichen Unmut hervorrufen. Zu nennen sind hier mögliche Herabsetzungen toxischer Grenzwerte oder Bestimmungen zum Datenschutz. Ein weiteres Thema der Verhandlungen sind die sogenannten Investorenrechte. Hier wird befürchtet, dass ein paralleles Justizsystem geschaffen wird, durch das Unternehmen staatliche Entscheidungen flankieren.

Im dritten Abschnitt werden drei Studien vorgestellt, die die potentiellen ökonomischen Effekte eines transatlantischen Freihandelsabkommens in einem sogenannten computable general equilibrium - Modell (CGE-Modell) simulieren. Aufgrund einer ähnlichen Methodik, kommen sie zu relativ homogenen Ergebnissen. Eine weitere Studie verwendet hingegen ein Gravitationsmodell und kommt zu Ergebnissen, die sich von denen der CGE-Modelle abheben. Nach einer Diskussion der Ergebnisse und ihrer Methodik, erfolgt eine kritische Auseinandersetzung zu den Studien, die bei dem Versuch die Realität möglichst präzise abzubilden, Annahmen treffen, die die Validität ihrer Ergebnisse in Frage stellen.

Um der Aktualität des Themas gerecht zu werden, werden im letzten Abschnitt dieses Kapitels verschiedene Standpunkte zu TTIP von Vertretern aus Politik, Wirtschaft und Gesellschaft genannt. Da das Abkommen wie eingangs erwähnt von einer hohen Komplexität geprägt ist, und eine große Anzahl an Ländern an den Verhandlungen teilnehmen, beschränkt sich die Ausführung auf Positionen von Vertretern der Zivilgesellschaft, den deutschen Bundestagsparteien sowie bedeutsamen Wirtschaftsverbänden und dem deutschen Gewerkschaftsbund.

Im abschließenden und letzten Kapitel wird noch einmal die mögliche vorteilhafte Entwicklung, die ein ökonomischer Integrationsprozess hervorbringen kann, aufgegriffen, und im Kontext von TTIP diskutiert. Ziel der Arbeit soll es nicht sein, die Inhalte von TTIP unter wirtschaftsethischen Gesichtspunkten zu bewerten, sondern ein umfassendes Bild über Inhalte und Standpunkte zum geplanten Freihandelsabkommen abzugeben. Zudem soll die methodische Bestimmung der potentiellen ökonomischen Effekte des Abkommens in einer deskriptiven Art und Weise geschildert und einer kritischen Auseinandersetzung unterzogen werden.

Die Geschichte des Freihandels

Die Strukturen des Welthandels können auf der einen Seite von protektionistischen Maßnahmen wie Importbeschränkungen, Zollerhebungen oder Exportsubventionen dominiert sein oder auf der anderen Seite von einem Nichtvorhandensein dieser Dominanz charakterisiert sein. Je weniger Protektionismus im Welthandelssystem vorliegt, als desto freier gilt der Handel von Waren und Dienstleistungen. Generell heben Außenhandelstheorien die Vorteile freien Handels hervor und begründen dies mit einer verbesserten Ressourcenallokation und einem damit einhergehenden höheren Wohlstandsniveau.

Doch auch wenn Freihandel aus theoretischer Sicht als anzustrebendes Ziel angesehen werden kann, spielen in der Realität nationale Interessen eine bedeutende Rolle. So versuchen Staaten im Welthandel eine günstige Wettbewerbsposition einzunehmen, um auf diese Weise ihre heimische Wirtschaft zu fördern und eine prosperierende Entwicklung für ihr Land zu ermöglichen. Protektionistische Maßnahmen können für ein einzelnes Land durchaus von Vorteil sein, die Außenwirtschaftstheorie legt jedoch nahe, dass ein von Protektionismus befreiter Handel im weltweiten Interesse läge. Bevor nun theoretische Konzepte vorgestellt werden, die diese Ansicht vermittelt, soll eine geschichtliche Aufarbeitung der historisch gewachsenen Handelsstrukturen helfen, ein besseres Verständnis für das gegenwärtige Welthandelssystem zu gewinnen.

Vom Merkantilismus zum GATT

Im 17. Jahrhundert gründeten Außenhandelsaktivitäten eher auf praktisch-politische als auf theoretisch-konzeptionelle Ansätze. Regierungen und ihre ökonomischen Berater betrachteten Außenhandel als eine Art Wettkampf zwischen den Nationen, bei dem des einen Gewinn, des anderen Verlust darstellt. Aus dieser Auffassung heraus wurde als außenhandelspolitisches Ziel das Erwirtschaften eines dauerhaften Zahlungsbilanzüberschusses ausgegeben. Der Wert der Exporte sollte stets den Wert der Importe übersteigen. Diese als Merkantilismus bezeichnete Außenhandelspolitik äußerte sich in protektionistischen Maßnahmen, die in den Ländern Europas ganz unterschiedliche Gestalt annahmen (vgl. Enquete-Kommission 2002: 193).

Frankreich erteilte beispielsweise ein Ausfuhrverbot für Nahrungsmittel. Damit war die Absicht verbunden, durch ein hohes Angebot an Lebensmitteln die Lebenshaltungskosten zu senken und auf diese Weise niedrige Löhne zu ermöglichen. Letztlich war es das Ziel, durch geringe Produktionskosten einen Wettbewerbsvorteil im internationalen Handel zu erlangen. England hingegen schlug einen Weg ein, der eine Beschränkung des Imports von Rohprodukten und eine Förderung des Exports von Fertigwaren vorsah. Dadurch sollte vermieden werden, dass entlang der Wertschöpfungskette Einkommen im Inland statt im Ausland generiert wurde. Beide Ansätze haben gemein, dass durch politische Intervention die Wirtschaftskraft gestärkt werden sollte und im Kriegsfall ein großes Heer unterhalten werden konnte (www.wirtschaftslexikon.gabler.de, 25.04.2014).

Diese protektionistische Ausrichtung der Außenhandelspolitik wurde zunächst von Adam Smith und seiner Theorie der internationalen Arbeitsteilung (1776) und einige Jahre später von David Ricardo und seiner Theorie des komparativen Vorteils (1817) in Frage gestellt.[146] Aus der Argumentation von Smith geht hervor, dass Länder sich auf die Produktion der Güter spezialisieren sollten, bei denen sie einen *absoluten* Kostenvorteil inne haben, ein jeweiliges Gut also im Vergleich zu anderen Ländern am kostengünstigsten herstellen können. Unter der Voraussetzung, dass die Güter frei gehandelt werden können, ergebe sich dann ein für alle Länder erhöhtes Wohlstandsniveau (vgl. Smith 1776).[147]

Ricardo hingegen demonstrierte mit einem 2-Länder-2-Güter-Modell, dass eine Spezialisierung auch dann sinnvoll sein kann, wenn lediglich ein *komparativer*

---

[146] Erinnert sei auch an den Ökonom David Hume. Im 17. Jahrhundert wies er nach, dass ein ständiger Leistungsbilanzüberschuss ein Ding der Unmöglichkeit ist, da ein ständiger Zufluss von Zahlungsmitteln (damals Edelmetalle) die Inlandspreise erhöht und somit die Zahlungsbilanz ausgleicht. Ein Mangel an Zahlungsmittel senke dagegen die Inlandspreise und führe zu einem erhöhten Zufluss von Geld. Den Merkantilisten hielt er vor, dass sie Edelmetalle überbewerteten, während sie die produktive Kapazität unterbewerteten (vgl. Krugman/Obstfeld 2006, S. 635).

[147] Smith zeigt mit seinem bekannten Stecknadel-Beispiel, dass es effektiv ist, einen Arbeiter bei der Produktion von Stecknadeln mit nur einem oder wenigen Arbeitsschritten zu beauftragen, anstatt ihn mehrere oder gar die gesamten Arbeitsschritte erledigen zu lassen (vgl. Smith 1776). Dieses Beispiel beruht auf einer innerbetrieblichen Arbeitsteilung, jeder Arbeiter im Betrieb erfüllt eine bestimmte Aufgabe. Werden einzelne Arbeitsschritte von verschiedenen Betrieben erledigt, wird dies als zwischenbetriebliche, wenn diese Betriebe unterschiedlichen Volkswirtschaften angehören, als internationale Arbeitsteilung bezeichnet (vgl. Baßeler et al. 2010, S. 23). Weiterhin kann diese Spezialisierung nicht nur bei einzelnen Arbeitsschritten vorliegen, sondern auch für die Produktion eines vollständigen Gutes. Und so wie in einem Betrieb der am besten geeignete Arbeiter für eine Aufgabe ausgewählt wird, spezialisiert sich ein Land auf die Produktion des Gutes, dass es im Vergleich zu anderen Ländern am günstigsten herstellen kann.

Vorteil vorliegt. Dieser ergibt sich, wenn ein Land zwar beide Güter zu niedrigeren Kosten herstellen kann, die Kostenunterschiede jedoch variieren. Spezialisiert sich das unterlegene (überlegene) Land auf die Produktion des Gutes, bei dem der Kostenunterschied am geringsten (größten) ist, sind – ebenfalls unter der Voraussetzung freien Handels – beide Länder besser gestellt als im Zustand der Autarkie (vgl. Ricardo 1817).

Ricardo zeigte die Vorteilhaftigkeit freier Märkte jedoch nicht nur am Prinzip des komparativen Vorteils. Er zeigte auch, wie man über Außenhandelspolitik die Profitrate steigern konnte. Wie im obigen Beispiel Frankreichs, sollte eine Verringerung der Löhne über eine Senkung des Existenzminimums herbeigeführt werden. Die daraus resultierenden gesunkenen Produktionskosten verringern den Preis eines Gutes und führen zu einer höheren Nachfrage auf dem Weltmarkt. Mit anderen Worten: Die erhöhte Produktivität stellt einen Wettbewerbsvorteil dar und verbessert die staatlichen Einnahmemöglichkeiten. Zur Zeit der Veröffentlichung von Ricardos These konnte dies durch die Abschaffung der in jener Zeit erhobenen Einfuhrzölle für Getreide erreicht werden (vgl. Enquete-Kommission 2002: 191).[148]

Mag dieses Vorgehen auf den ersten Blick als eine ebenso einfache wie wirkungsvolle Maßnahme erscheinen, so muss berücksichtigt werden, dass die Aufhebung des Zolls den britischen Agrarsektor schadete, da sie die Absatzmöglichkeiten für ausländische Rohstoffe – zu Lasten der heimischen Produktion – verbesserte. Daher wurden die Einfuhrzölle für Getreide (und für andere Rohstoffe wie Baumwolle) erst nach einem langjährigen Streit zwischen Landadel und Industriebürgertum im Jahr 1846 aufgehoben. Als Folge trat schließlich die von Ricardo prophezeite Lohnsenkung ein (vgl. Enquete-Kommission 2002: 191-92).[149]

Mit der Aufhebung der Kornzölle (1846) und des Navigation-Acts[150] (1849) erhoffte sich England, auch aufgrund des bis dato langanhaltenden Friedens, dass

---

[148] Anders als die französische Vorgehensweise, wurden hier geringere Produktionskosten also nicht durch eine protektionistische, sondern eine dem Freihandelsprinzip zugewandte Maßnahme erreicht.

[149] Bemerkt sei an dieser Stelle, dass der Schritt hin zu freiem Handel hier nicht aufgrund des Interesses der Weltgemeinschaft etabliert wurde, sondern weil es der damaligen Weltmacht England als Initiator von Nutzen war.

[150] Der Navigation-Act wurde 1651 erlassen und bestimmte u.a., dass europäische Waren nur auf englischen Schiffen oder von Schiffen aus dem Herkunftsland der Ware nach England

andere europäische Mächte seinem Beispiel folgen und ihre Märkte öffnen würden. Und in der Tat, Holland folgte sofort, Spanien 1850 und nachdem auch Frankreich den Freihandelsbedingungen zustimmte, folgte fast ganz Europa (vgl. Enquete-Kommission 2002: 194).

Die Zeit freien Handels währte jedoch nur kurz. Nach einer Wirtschaftskrise im Jahr 1873 erließ zunächst das Deutsche Reich hohe Zölle auf Eisenwaren und landwirtschaftliche Erzeugnisse. Dadurch kam es zu einer raschen Erholung der deutschen Industrie und die anderen europäischen Staaten kehrten angesichts dessen ebenfalls wieder zum Protektionismus zurück. Nur England hielt an den Freihandelsbedingungen fest, da es auf den Handel mit seinen Kolonien und Halb-Kolonien ausweichen konnte: Gingen europäische Marktanteile verloren, konnte dies mit einer Ausweitung des Handels im riesigen, geschützten Markt des British Empire kompensiert werden (vgl. Enquete-Kommission 200: 194).

Und auch die anderen Mächte schufen in den 1930er solch abgeschottete Märkte und schlossen sich in exklusiven Wirtschaftsblöcken zusammen.[151] Bis zur Gründung des GATT im Jahr 1948 stand der weltweite Handel somit wieder im Lichte des Protektionismus, wenn auch gesagt werden kann, dass sich Freihandelstendenzen in regionalen Abkommen niederschlugen (vgl. Enquete-Kommission 2002: 197).

Vom GATT zum WTO

Nach dem Ende des 2. Weltkriegs verständigten sich die westlichen Siegermächte darauf, den freien Welthandel als wesentliches Element der Nachkriegsordnung zu etablieren. Als treibende Kraft erwies sich dabei die USA, die nach Ende des Krieges fast 50 Prozent der Weltindustrieproduktion schuf. Sie hatte ein besonderes Interesse an freien Märkten, denn diese versprachen eine Erweiterung der Absatzmöglichkeiten ihrer landwirtschaftlichen und industriellen Produkte und somit eine Förderung ihrer prosperierenden Entwicklung (vgl. Enquete-Kommission 2002: 197).

Ein weiteres Motiv für die Schaffung freier Märkte ergab sich in politischer Hinsicht. So galt es nach Kriegsende ein westlich geprägtes, politisches Gegengewicht zur Sowjetunion und ihrer assoziierten Staaten zu bilden (vgl.

---

eingeführt werden dürfen. Damit war die Absicht verbunden, anderen europäischen Staaten keine Möglichkeit zu geben über Zwischenhandel Einnahmen zu generieren.

[151] Zu nennen ist hier die panamerikanische Freihandelszone der USA, der britische Sterling-Block, die ostasiatische "Wohlstandsphäre" Japans und die südosteuropäische Großraumwirtschaft des Deutschen Reichs.

Enquete-Kommission 2002, S. 197 f.). Dieses Gegengewicht manifestierte sich im Allgemeinen Zoll- und Handelsabkommen (GATT), das von 23 Mitgliedstaaten[152] ratifiziert wurde und mit Beginn des Kalten Krieges im Jahr 1948 in Kraft trat.[153] Folgende drei Prinzipien sollten fortan bei der Gestaltung der Außenhandelspolitik zur Geltung kommen:

- Das Prinzip der Liberalisierung: Es dürfen keine neuen Zölle erlassen und bestehende Zölle nicht heraufgesetzt werden. Zudem ist das Verhängen von Kontingenten und anderer nicht-tarifärer Handelshemmnisse untersagt.
- Das Prinzip der Gegenseitigkeit (Reziprozität): In bilateralen Verhandlungen muss eine Zollsenkung eines Landes durch eine Zollsenkung eines anderen Landes erwidert werden.
- Das Prinzip der Nichtdiskriminierung: Es gilt die Meistbegünstigtenklausel, die besagt, dass alle Handelserleichterungen, die einem Land gewährt werden, auch anderen Ländern zugestanden werden müssen.

Diese drei Leitprinzipien wurden mit Ausnahmeregelungen und Zusatzbestimmungen versehen. Als wichtige Zusatzbestimmung ist die Gewährleistung eines fairen Wettbewerbs zu nennen. Demnach sind Subventionierungen der heimischen, exportorientierten Unternehmen ebenso unzulässig wie Exporte unterhalb der Produktionskosten (Dumping). Nur so könne eine langfristige, positive Entwicklung auf Basis einer internationalen Arbeitsteilung entlang der komparativen Vorteile sichergestellt werden. Den Mitgliedstaaten wurde es daher gestattet, sich über Anti-Dumping-Zölle oder Ausgleichszölle gegen diese wettbewerbsverzerrenden Praktiken zu schützen (vgl. Baßeler et al. 2010: 586). Als weitere wichtige Zusatzbestimmung ist das

---

[152] Australien, Belgien, Brasilien, Burma, Kanada, Ceylon, Chile, Taiwan (Republik China), Kuba, Frankreich, Indien, Libanon, Luxemburg, Neuseeland, Niederlande, Norwegen, Pakistan, Südrhodesien, Südafrikanische Union, Syrien, Tschechoslowakei, Vereinigtes Königreich sowie USA.

[153] Eigentlich hatten die siegreichen Alliierten die Schaffung eines Gremiums mit dem Namen International Trade Organisation (ITO) vorgesehen, das parallel zum International Monetary Fund (IMF, Internationaler Weltwährungsfonds) und zur Weltbank die Geschicke der Welthandelspolitik steuern sollte. Doch weil die Gründung in den USA auf eine heftige Opposition stieß, wurde der Welthandel bis zur Gründung der WTO am 1. Januar 1995 von diesem provisorischen Abkommen geregelt. Die teilnehmenden Ländern waren demnach auch keine Mitglieder, sondern lediglich Vertragspartner (vgl. Krugman/Obstfeld 2006: 298). Im weiteren Text werden sie jedoch als Mitglieder bzw. Mitgliedstaaten bezeichnet.

Zurückdrängen marktinkonformer (z. B. Importquoten) zugunsten marktkonformer (z. B. Zölle) Maßnahmen zu nennen (vgl. Bass 2007b: 27).[154] Eine Ausnahmeregelung zu den GATT-Prinzipien bestand darin, dass es Mitgliedstaaten gestattet wurde, untereinander Zollunionen und Freihandelszonen[155] zu errichten. Solch eine Verletzung des Nichtdiskriminierungsprinzips fand sich auch in der sog. Großvaterklausel wieder. Sie besagt, dass Handelserleichterungen, die vor dem GATT zwischen einzelnen Ländern bestanden haben, den übrigen Ländern nicht ebenfalls zugestanden werden müssen. Diese Regelung richtete sich insbesondere an Länder, die dem GATT nach seiner Gründung beigetreten sind (vgl. Baßeler et al. 2010: 586).

Das Prinzip der Liberalisierung konnte außer Kraft gesetzt werden, wenn ein Land ein hohes Zahlungsdefizit durch mengenmäßige Importbeschränkungen versucht, auszugleichen. In diesem Zusammenhang ist auch die Sicherheitsklausel zu nennen. Diese gestattet einem Land vorübergehend protektionistische Maßnahmen zu ergreifen, wenn plötzliche und massive Importe einer Warengruppe einen heimischen Industriezweig bedrohen. Und auch für das Prinzip der Reziprozität gab es eine Ausnahmeregelung. So wurde es Entwicklungsländern gestattet, zum Schutz ihrer sich entwickelten Industrien ("infant industries") gewährte Zollkonzessionen nicht durch Gegenleistungen beantworten zu müssen (vgl. Bass 2007b: S. 27 und Baßeler et al. 2010: S. 586).

Trotz dieser umfangreichen Ausnahmeregelungen und Zusatzbestimmungen in Verbindung mit dem großen Pool an Partikularinteressen kam es in den einzelnen Verhandlungsrunden des GATT[156] zu erheblichen Senkungen des durchschnittlichen Zollniveaus. Lag dieser Wert zu Beginn des GATT noch bei rund 40 Prozent, sank er bis zum Ende der Uruguay-Runde 1993 auf etwa vier Prozent. Gut die Hälfte dieser Zollsenkungen ging auf die ersten fünf Verhandlungsrunden (bis 1962) zurück (vgl. OECD 1998: S. 26), in denen noch überwiegend parallele, bilaterale Abkommen vereinbart wurden. Stellte

---

[154] Staatlich festgelegte Importquoten haben den Vorteil, dass Rückwirkungen auf die heimische Industrie ziemlich genau kalkulierbar sind. Zölle hingegen verteuern zwar ein Gut, können aber trotzdem von einem Konsumenten in hohen Mengen nachgefragt werden und gelten daher im Gegensatz zu Quoten als marktkonform (vgl. Bass 2007b: 22).

[155] Eine Aufstellung dieser und weiterer Formen der ökonomischen Integration erfolgt im nächsten Abschnitt.

[156] Eine Übersicht der acht Verhandlungsrunden, ihrer Dauer und Themenschwerpunkte findet sich bei Blank et al. 1998, S. 23.

Deutschland beispielsweise eine Zollsenkung in Aussicht von der Frankreich und Italien profitieren würden, verlangte es von beiden Ländern Gegenleistungen (vgl. Krugman/Obstfeld 2006: 299).

Zu Beginn der sechsten Verhandlungsrunde, bekannt als Kennedy-Runde (1964-67), wurden die Verhandlungen dagegen vermehrt auf multilateraler Ebene geführt und umfassten neben der weiteren (erfolgreichen[157]) Senkung von Zöllen auch den Abbau von Handelshemmnissen nicht-tarifärer Art. Letzteres äußerte sich in der Einführung sogenannter Codes, die für eine Angleichung bestimmter Standards stehen, zum Beispiel im Bereich der Sicherheit oder im Bereich der staatlichen Beschaffung. Diese teils bis heute geltenden Codes wurden in den folgenden Runden vor allem von den weiter entwickelten Volkswirtschaften formuliert und bestehen teils noch bis heute in Form multilateraler oder plurilateraler Vereinbarungen (vgl. Blank et al. 1998: 23-24).

Nach dem Ölpreisschock und der Abkehr vom System fester Wechselkurse (Bretton Woods) Mitte der 1970er Jahre und den damit einhergehenden Verwerfungen in der Weltwirtschaft nahmen die Bestrebungen zur Liberalisierung des Welthandels ein vorläufiges Ende und es kam zu einer Phase neu aufkeimenden Protektionismus'. Vor allem die Industrieländer unterliefen die Prinzipien des GATT um ihre heimische Wirtschaft vor der weltweiten Konkurrenz zu schützen. Dabei griffen sie jedoch nicht auf offensichtliche und vom GATT her untersagte Instrumente wie Zölle oder Quoten zurück, sondern implementierten für Drittländer kaum ersichtliche, nicht-tarifäre Instrumente wie etwa erhöhte Qualitäts- und Sicherheitsanforderungen. Erst im Zuge der 1986 in der Küstenstadt Punta del Este in Uruguay begonnenen Verhandlungen brachen diese Verhaltensmuster langsam wieder auf. Neben weiteren Zollsenkungen sind hier insbesondere die Maßnahmen zur Liberalisierung des Handels in den beiden wichtigen und zuvor im GATT nicht berücksichtigten Sektoren Landwirtschaft und Bekleidung als deutliche Zuwendung zum freien Handel zu verstehen (vgl. Blank et al. 1998, S. 23 f.).

Die bisherigen Ausführungen haben gezeigt, dass Freihandelsbedingungen vor allem dann angestrebt worden sind, als eine starke Weltmacht in der Lage war, die Regeln der Welthandelspolitik zu bestimmen. Von Mitte der 1840er Jahre bis zur Zollerhebung im Jahr 1879 seitens des Deutschen Reichs war dies das britische Königreich. Nach dem 2. Weltkrieg erlangte die USA diese Stellung und

---

[157] Im Rahmen der Kennedy-Runde wurden die durchschnittlichen Zölle auf Industrieerzeugnisse auf Basis des Jahres 1962 um 35 Prozent gesenkt (vgl. Blank et al. 1998: 23).

trieb die Liberalisierung des Welthandels voran. Auftretende Wirtschaftskrisen verleiteten Staaten jedoch zu protektionistischem Handeln. Dies gilt für die Krise von 1873 ebenso wie für den Ölpreisschock und dem Zusammenbruch des Bretton-Woods-Systems im Jahr 1973. Auch die USA, die sich für freien Handel einsetzte, griff Anfang der 1980er Jahre unter der Präsidentschaft des eigentlich als liberal geltenden Reagan auf protektionistische Maßnahmen zurück als die erstarkte japanische Konkurrenz die heimische Stahl-, Auto-, Werkzeugmaschinen- und Halbleiterindustrie bedrohte (vgl. Krugman/Obstfeld 2006: 681-82).

Die neue Weltmacht konnte also keinen stabilen Pfad zur Handelsliberalisierung aufrechterhalten. Zudem wurde ihr vorgeworfen ihre Doppelrolle als Marktteilnehmer und gleichzeitiger Regulator immer wieder dazu zu nutzen, Wohlverhalten anderer Staaten zu erzwingen. Aus diesen Verhältnissen heraus, erwuchs bei den Weltmarktteilnehmern der Wille zur Gründung einer internationalen Institution, die im Einvernehmen aller Mitglieder Regeln festsetzt, die Einhaltung dieser überwacht und bei Verstößen Sanktionen verhängt. Diese Institution wurde schließlich in der am 1. Januar 1995 mit der WTO gegründet (vgl. Enquete-Kommission 2002: 198).

Die WTO am Scheideweg

Die WTO wurde als Sonderorganisation der Vereinten Nationen mit Sitz in Genf errichtet und zählt seit dem Beitritt des Jemens im Juni 2014 160 Mitglieder. Neben dem GATT, das sich lediglich auf den Handel mit Waren bezog und als aktualisierte Version im Regelwerk der WTO integriert ist, sind mit dem General Agreement on Trade in Services (GATS) und dem Trade-related aspects of Intellectual Property Rights (TRIPS) zusätzliche Bereiche für multilaterale Verhandlungen geschaffen worden (vgl. Baßeler 2010: 586-88). Mit der neuen Institution wurde zudem das Streitschlichtungsverfahren reformiert. Im Gegensatz zum GATT ist das neue Verfahren stärker formalisiert und zeichnet sich durch eine schnellere Entscheidungsfindung aus. Statt langjähriger Verfahren wie in Zeiten des GATT soll das Verfahren nun nicht länger als 15 Monate dauern (vgl. Krugman / Obstfeld 2006: 301-02).

Ein Prüfstein für die Durchsetzungsfähigkeit der WTO ergab sich, als die USA im März 2002 Zölle in Höhe von 30 Prozent auf eine Reihe importierter Stahlprodukte erließ und die EU, Japan, China und Südkorea daraufhin bei der WTO eine Klage gegen die Zollerhebung einreichten. Als offizielle Begründung der Zollerhebung wurde angeführt, dass ein rascher Importanstieg die heimische Industrie gefährde und Zeit für Umstrukturierungsmaßnahmen benötigt werde.

Als wahrer Grund gilt jedoch, dass die Stahlindustrie, die vorwiegend in den sog. "Swing States" der USA beheimatet ist, vor den Präsidentschaftswahlen 2004 gefördert werden sollte. Konnte die WTO nun also die mächtigste Regierung der Welt dazu bringen, diesen politischen wichtigen Zoll aufzuheben? Nachdem die Zollerhebung von der WTO als illegal erklärt wurde, gestatte sie den Klägern Vergeltungsmaßnahmen zu ergreifen, was die USA schließlich dazu bewegte, die Stahlzölle im Dezember 2003 aufzuheben.[158] Die WTO hatte also seine Bewährungsprobe bestanden (vgl. Krugman / Obstfeld 2006: 305).

Während das Streitschlichtungsverfahren der WTO als praktikabel und wirkungsvoll angesehen werden kann,[159] wird der multilaterale Verhandlungsansatz der WTO kontrovers diskutiert. So preist etwa das Bundesministerium für Wirtschaft und Energie (BMWi) den Abschluss der 9. Ministerkonferenz als das "Wunder von Bali" (BMWi 2014: 9) an und sieht im vereinbarten Abkommen über Handelserleichterungen ein Beweis dafür, dass die multilateralen Verhandlungen vorangehen (BMWi 2014: 15). Straubhaar hingegen prophezeit mit seinem gleichnamigen Beitrag das Ende der WTO und begründet seine Auffassung damit, dass die WTO aufgrund ihres Einstimmigkeitsprinzips handlungsunfähig sei. Regionale oder bilaterale Abkommen wie TTIP wären eine besserer Verhandlungsweg (vgl. Straubhaar 2013).

Straubhaars Aussage deutet auf ein Thema hin, das im Zuge der raschen Zunahme von regionalen und bilateralen Abkommen seit Ende der 1980er Jahre verstärkt Einzug in die wissenschaftliche Diskussion gefunden hat. Es geht um die Frage, ob diese Abkommen eher zu einer vermeintlich destruktiven Blockbildung führen, also einer gegenseitigen Abschottung rivalisierender Wirtschaftsräume durch protektionistische Maßnahmen, oder ob durch sie Fortschritte in der

---

[158] Die offizielle Begründung war, dass die Zölle ihren Zweck erfüllt hätten. Die meisten Beobachter sind sich jedoch einig, dass die Androhung der EU, Importwaren aus den Swing States im Wert von über 2 Mrd. USD mit Zöllen zu belegen, der eigentliche Grund für die Einlenkung der USA war (vgl. Krugman / Obstfeld 2006: 305).

[159] An dieser Stelle sei die Exekutivgewalt der WTO erläutert. Die WTO verfügt zwar über keine Vollmachten, mit denen sie ihren Beschlüssen direkt Geltung verschaffen kann. Sie kann jedoch einem Land das Recht auf Vergeltungsmaßnahmen einräumen. Erhofft wird aber, dass eine Androhung, einen Fall vor die WTO zu bringen, bereits zu einer Einigung der streitenden Länder führt. Wenn es zu einem Streitschlichtungsverfahren kommt, wird in der großen Mehrheit der Fälle der Spruch der WTO akzeptiert und die Politik entsprechend geändert (vgl. Krugman / Obstfeld 2006: 302).

weltweiten Handelsliberalisierung erzielt werden. [160] Laut Dür können beide Ansichten, die er als Baustein- und Stolperstein-Szenario bezeichnet, logisch begründet und empirisch belegt werden. Die von ihn angestellten Untersuchungen kommen zu dem Ergebnis, dass regionale und bilaterale Abkommen nur in seltenen Fällen einen Stolperstein darstellen und die weltweite Handelsliberalisierung eher fördern (vgl. Dür 2006).

Festzuhalten bleibt, dass regionale und bilaterale Handelsabkommen zwar gegen das im GATT verankerte Prinzip der Nichtdiskriminierung bzw. die Meistbegünstigtenklausel verstoßen, die WTO diese aber gestattet, wenn sie zur Vereinbarung von Freihandel beitragen (vgl. Krugman / Obstfeld 2006: 306). Straubhaar vertritt in dieser Hinsicht die pragmatische Einschätzung, dass "mehr Liberalisierung besser ist als weniger, und dass regionaler Multilateralismus besser ist als ein globaler Multilateralismus, der nicht möglich ist" (Straubhaar 2014). Die Schwierigkeit multilateraler Verhandlungen zeigt sich in folgender Aussage: "Wenige Mitglieder mit ähnlichen Ausgangssituationen und Interessen werden leichter Einigung über Maßnahmen zur Liberalisierung der Güter- und Faktormärkte erzielen können als viele Beteiligte mit stark divergierenden Interessen" (Blank et al. 1998: 42).

Theoretische Grundlagen zur Beurteilung von TTIP

Formen und Auswirkungen ökonomischer Integration

Der Begriff der ökonomischen Integration steht für das Zusammenwachsen nationaler Märkte zu einem einheitlichen, internationalen Markt.[161] Ziel ist es, die "most desirable structure of international economy" (Tinbergen 1965: 57) zu schaffen, die nach Balassa durch die Abwesenheit jeglicher Formen von staatlichen Diskriminierungen gegenüber ausländischen Handelspartnern gekennzeichnet ist (vgl. Balassa 1973: 1). Zwischen den beiden Polen "Autarkie" und "Freihandel" besteht somit ein Kontinuum an Integrationsformen, die hinsichtlich ihrer Intensität (Tiefe) variieren (vgl. Blank et al. 1998: 30). In Anlehnung an Balassa (1961) können fünf Integrationsstufen beschrieben

---

[160] Angestoßen wurde die Diskussion von Paul Krugman (1991), der die erst genannte These vertrat und von Robert Lawrence (1991) als Vertreter der zweiten These. Eine literarisch geführte Argumentation zu diesem Thema findet sich bei Dür 2006, S. 5 - 10.

[161] Dabei kann Integration als Zustand, Ziel und als Prozess verstanden werden kann. Für eine vertiefende Analyse sei empfohlen: Myrdal 1958, Kindleberger 1974 und Denning 1996.

werden: (i) Präferenz- und (ii) Freihandelszone, (iii) Zollunion, (iv) Gemeinsame Märkte und eine (v) Wirtschafts- und Währungsunion.[162] Eine Präferenzzone entsteht, wenn Länder untereinander ihre Zölle für bestimmte oder alle Produktgruppen abbauen (vgl. Baßeler et al. 2010: 691). In einer FHZ ist der gesamte Güterverkehr zwischen den Mitgliedern von Zöllen und quantitativen Restriktionen befreit. Zudem verpflichten sich die teilnehmenden Länder vertraglich dazu, weitere zwischen ihnen bestehende Handelshemmnisse abzubauen. Gegenüber Drittländern bestimmt jedoch jedes Land seine Einfuhrzölle selbst und gestaltet seine Handelspolitik autonom. Um eine Einfuhr von Gütern in die FHZ über das Land mit dem geringsten Zollsatz zu vermeiden, müssen den Gütern Ursprungszertifikate beiliegen. Andernfalls könnten sie über diese Ausweichmöglichkeit in Länder der FHZ mit höheren Zollsätzen gelangen. Dies würde die Wettbewerbsposition aus Drittländern verbessern und protektionistische Maßnahmen wären faktisch wirkungslos (vgl. Blank et al. 1998: 57).

Während eine FHZ politisch einfach, verwaltungstechnisch aber kompliziert gestaltet ist, verhält es sich bei einer Zollunion genau andersherum (vgl. Krugman/Obstfeld 2006: 306). In einer Zollunion herrscht ebenfalls Freihandel zwischen den Mitgliedsländern, es werden jedoch gemeinsame Außenzölle festgelegt. Diese sind zwar einfacher zu verwalten, da an den nationalen Grenzen der FHZ die gleichen Einfuhrzölle gelten. Die Mitgliedsländer müssen jedoch zum einen die Höhe des gemeinsamen Zolls festlegen und zum anderen ist eine Einigung darüber zu treffen, wie die Zolleinnahmen unter den Mitgliedern verteilt werden sollen. Neben der gemeinsamen Zollpolitik, erfolgt in dieser Integrationsform zudem eine verstärkte Koordinierung der Außenhandelspolitik in Form einer Harmonisierung der nicht-tarifären Handelsbarrieren (NTBs)[163] (vgl. Blank et al. 1998: 88).

Gemeinsame Märkte sind Zollunionen, in denen zusätzlich eine freie Faktormobilität besteht. Dazu gehört die Arbeitnehmerfreizügigkeit, die es Staatsangehörigen eines Mitgliedslandes gestattet, ohne Einschränkungen in anderen Mitgliedsländern einer Beschäftigung nachzugehen. Außerdem gibt es eine Niederlassungsfreiheit für Selbstständige, Freiberufler und Unternehmen

---

[162] Die ersten vier Integrationsstufen zeugen eher von einer marktlichen, funktionellen Integration. Die letzte Stufe stellt hingegen eine institutionelle, politische Integrationsform dar. Nähere Informationen zu dieser Einordnung der Integration finden sich bei Predöhl und Jürgensen 1961.

[163] Vereinfacht gesagt, sind NTBs alle Beschränkungen des internationalen Handels, die nicht Zölle sind (vgl. Blank et al. 1998: 7). Genauere Abgrenzungen folgen.

sowie einen ungehinderten Kapitaltransfer. Um eine Akkumulation der Produktionsfaktoren in einem bestimmten Land zu vermeiden, wird eine Harmonisierung der nationalen Wirtschaftspolitik, etwa im Bereich der Wettbewerbs- oder der Steuerpolitik, notwendig (vgl. Blank et al. 1998: 124). Gemeinsame Märkte können auch in einzelnen Wirtschaftssektoren vorliegen. Ein Beispiel hierfür ist die gemeinsame Agrarpolitik (GAP) der EU. Die Mitgliedsländer haben eine einheitliche Marktordnung, die inländischen und ausländischen Unternehmen gleiche Wettbewerbsbedingungen bietet (vgl. Blank et al. 1998, S. 33).

In einer Wirtschaftsunion erfolgt eine intensive Koordinierung und Harmonisierung oder sogar eine Vereinheitlichung der Wirtschaftspolitik. Staatliche Souveränität wird zum Teil an supranationale Institutionen wie z. B. einer gemeinsamen Zentralbank oder einer gemeinsamen Kartellbehörde abgegeben (vgl. Baßeler et al. 2010: 692). Ziel einer Wirtschaftsunion ist die Verschmelzung der nationalen Märkte zu einem einheitlichen Binnenmarkt, der früher oder später fixe Wechselkurse und eine volle Konvertibilität der Währungen der Mitgliedsländer erfordert. Diese integrierte Währungspolitik kann schließlich zur Einführung einer Einheitswährung führen (vgl. Blank et al. 1998: 156-57). Im europäischen Sprachgebrauch hat sich daher für diese beiden Formen der Integration der Begriff der Wirtschafts- und Währungsunion herausgebildet. Eine Währungsunion als separate Integrationsform ist aber ebenso denkbar. In dieser wären der Geld-, Kapital- und Güterverkehr liberalisiert, nationale Geld- und Fiskalpolitiken wären lediglich harmonisiert (vgl. Blank et al. 1998: 34-34).

Die Übergänge zwischen den hier erläuterten Stadien der ökonomischen Integration sind fließend und nicht immer klar voneinander abzugrenzen. So können auch in einer Freihandelszone oder einer Zollunion Faktormärkte bereits partiell integriert sein, während gleichzeitig noch Handelshemmnisse im Güterverkehr bestehen (vgl. Blank et al. 1998: 124). Nach der Bildung einer Wirtschafts- und Währungsunion ist als letzte, vollkommene Form der Integration die vollständige Verschmelzung der Mitgliedstaaten zu einem einzigen Bundesstaat bzw. einer politischen Union zu nennen. Hier geben die Mitgliedsländer ihre politische Souveränität vollständig auf und übertragen Entscheidungs- und Handlungskompetenzen an gemeinschaftlich gebildete Institutionen (vgl. Blank et al. 1998: 34 und Baßeler et al. 2010: 692).

Den dargestellten Integrationsformen ist gemein, dass der Abbau staatlicher Diskriminierungen sich nur auf die teilnehmenden Länder bezieht. Gegenüber Drittländern können protektionistische Maßnahmen beibehalten oder sogar eingeführt werden. Daraus folgt, dass Integration nicht unbedingt für die

Mitgliedsländer und den Rest der Welt (Rest of the World, RoW) wohlfahrtssteigernd ist. Im Falle einer partiellen Integration wird daher von einer second-best-Lösung gesprochen. Freihandel zwischen sämtlichen Ländern wird dagegen als first-best-Lösung bezeichnet (vgl. Blank et al. 1998: 35). Im Folgenden werden nun die Motive und die Auswirkungen der ökonomischen Integration behandelt.

Ökonomische Integration bringt Auswirkungen mit sich, die nach dem von Viner entwickelten Konzept der Handelsschaffung und Handelsumlenkung erfasst werden (vgl. Viner 1950). Eine Handelsschaffung ergibt sich, wenn der im Integrationsraum etablierte Freihandel dazu führt, dass vermehrt vergleichsweise billige Importe auf einem oder mehreren Märkten der Mitgliedsländer abgesetzt werden (vgl. Blank et al. 1998: 58-59). Mit einer FHZ werden Zölle und andere Handelshemmnisse für Güter mit Ursprung im Integrationsraum abgebaut, während sie für Güter aus Drittländern bestehen bleiben oder aufgebaut werden. Dies kann eine Substitution der Importe aus Drittländern bewirken und beschreibt die handelsumlenkende Wirkung der Integration (vgl. Blank et al. 1998: 58). Per Saldo ist dann entscheidend, ob die positiven Effekte der Handelsumlenkung oder die negativen Wirkungen der Handelsumlenkung überwiegen (vgl. Baßeler et al. 2010: 693).

Eine Analyse der Wohlfahrtswirkungen ökonomischer Integration erfolgt im nächsten Abschnitt. An dieser Stelle sollen zunächst noch einmal die Vor- und Nachteile ökonomischer Integration hervorgehoben werden. Neben der oben angesprochen verbesserten Allokation von Ressourcen durch internationale Arbeitsteilung und dem Einsatz der Produktionsfaktoren entlang der komparativen und absoluten Kostenvorteilen (Spezialisierung) ergeben sich mit der Etablierung von Freihandel eine Reihe weiterer positiver Auswirkungen (vgl. Blank et al. 1998, S. 36-38 und Baßeler et al. 2010: 581):

- **Transaktionskosten**: Sinken beispielsweise aufgrund des Wegfalls von Zoll- und Grenzformalitäten und sorgen für einen verbesserten Marktzugang und damit einer Verschärfung des Wettbewerbs.
- **Skalenerträge**: Können durch eine Vergrößerung des Absatzmarktes realisiert werden und verbessern die Wettbewerbsposition gegenüber Anbietern aus.
- **Konsum**: Das Angebot wird von Produkten ausländischer Anbieter ergänzt; Verschärfung des Wettbewerbs und Skalenerträge sorgen für preisgünstigere Produkte.

- **Innovation**: Die Verschärfung des Wettbewerbs veranlasst Unternehmen Verfahrens- und Produktinnovation einzuführen.
- **Einsparungen**: Der beschleunigte Transfer von Know-how und Verfahrens- und Produktinnovationen kann Mehrfachausgaben im Bereich der Forschung und Entwicklung vermeiden.
- **Wachstumsimpulse**: Neben den Vorteilen der gemeinsamen Rahmenbedingungen und Marktstrukturen, können Drittländer geneigt Investitionen im Integrationsgebiet zu tätigen, um NTBs zu umgehen.
- **Leistungsbilanz**: Eine Erhöhung der Terms of Trade kann die Leistungsbilanzen der Mitgliedsländer verbessern.[164]
- **Internationale Verhandlungsposition**: Aufgrund der wachsenden Bedeutung des gemeinsamen Wirtschaftsraums in der Weltwirtschaft verbessert sie sich gegenüber anderen Volkswirtschaften und Integrationsräumen.

Neben diesen positiven Auswirkungen, können integrative Prozesse auch mit negativen Konsequenzen behaftet sein. So kann Integration dazu führen, dass bestimmte Industriezweige in einer Region wachsen, während sie in anderen Regionen schrumpfen. Wird dieser Entwicklung nicht mit einer dem Anpassungsprozess fördernde regionale Strukturpolitik begegnet, kann dies zum Auftreten oder zur Verschärfung regionaler Disparitäten führen (vgl. Blank et al. 1998: 39). Ein weiterer negativer Aspekt der Integration ist der mangelnde Schutz der sich im Aufbau befindlichen Industrien, den sog. infant industries. Deren Entwicklung wird durch einen verbesserten Marktzugang effizienterer Unternehmen aus anderen Mitgliedsländern bedroht und kann ebenfalls regionale Disparitäten verursachen (vgl. Blank et al. 1998: 39).

Integration geht, wie zuvor beschreiben, mit einer Übertragung politischer Kompetenzen auf eine supranationale, institutionelle Ebene einher. Dabei gilt: Je tiefer die Integration, desto höher die politischen Souveränitätseinbußen. Dies kann beispielsweise zu Lohn- oder Ökodumping führen. Sind die Löhne eines Mitgliedslandes in einer Branche vergleichsweise gering, sieht sich ein Land mit hohem Lohnniveau möglicherweise, um konkurrenzfähig zu bleiben, zu Lohnsenkungen gezwungen. Andererseits können schwache ökologische

---

[164] Die Terms of Trade gibt an, wie viel Einheiten eines Importgutes im Austausch gegen eine Einheit des Exportgutes erworben werden kann (vgl. z. B. Baßeler et al. 2010: 584). Die mit der Integration verbundene Produktionsausdehnung innerhalb des Integrationsgebietes kann zu einer Verringerung des Weltmarktpreises eines Gutes führen und so die Terms of Trade und damit die Leistungsbilanzen der Mitgliedsländer verbessern.

Standards, etwa im Chemiesektor, einen Wettbewerbsvorteil gegenüber einem Land mit hohen ökologischen Standards darstellen. Hier wird das Land mit den höheren Standards eventuell dazu verleitet, Umweltstandards herabzusetzen, um auf diese Weise den Unternehmen geringere Produktionskosten und den Verbleib im Markt zu ermöglichen. In einem Integrationsraum sind hier nur bedingt Abwehrmaßnahmen gegen diese beiden Formen des Dumpings möglich und können zu einem verminderten Verbraucherschutz führen (vgl. Blank et al. 1998: 39 und Baßeler 2010: 693-94)

Nachdem nun die positiven und negativen Auswirkungen bzw. die potentiellen ökonomischen Effekte der wirtschaftlichen und politischen Integration dargestellt worden sind, stellt sich die Frage nach ihrer empirischen Verifikation. Hierzu werden in der Wirtschaftstheorie vorwiegend drei Arten von Modellen herangezogen (vgl. Piermartini / Teh 2005: 1). Im Einzelnen handelt es sich dabei um das partialmarktanalytische Modell, das Modell des allgemeinen Gleichgewichts und das Gravitationsmodell. Modelle des allgemeinen Gleichgewichts und das Gravitationsmodell wurden auch in vorherigen Abschnitten angewendet. Im Folgenden sollen nun die Grundzüge dieser Modelle und des Partialmarktmodells vorgestellt werden.

Partialanalyse

Partialanalytische Modelle sind ein gängiger Ansatz zur theoretischen Analyse ökonomischer Wirkungen von Integrationsprozessen. Sie beziehen sich meist nur auf ein einziges Produkt oder eine Produktgruppe und vergleichen Marktgleichgewichte vor und nach der Implementierung einer handelspolitischen Maßnahme. Dynamische Effekte, die durch einen zunehmenden Wettbewerbsdruck und vergrößerte Absatzmärkte auftreten, bleiben in dieser komparativ-statischen Betrachtung ebenso unberücksichtigt wie Rückwirkungen auf die Gesamtwirtschaft. Die ceteris paribus Annahme besagt hier, dass äußerliche Faktoren konstant sind und den untersuchten Markt nicht beeinflussen (vgl. Piermartini/Teh 2005: 4-5).

Als Beispiel einer Partialanalyse sollen hier die Wohlfahrtseffekte einer Exportsubvention veranschaulicht werden. Eine Exportsubvention ist eine Zahlung an ein Unternehmen oder eine Einzelperson, die ein Gut ins Ausland liefert. Der Subventionsempfänger exportiert sein Gut so lange, bis sein

Binnenpreis den Auslandspreis um die Höhe der Subvention übersteigt.[165] Als Folge ergeben sich die in Abbildung 1 dargestellten Wohlfahrtseffekte. Zunächst führen die Subventionen zu einer Erhöhung des Preisniveaus im exportierenden Land von Weltmarktpreis P_w auf den nun geltenden Inlandspreis P_s. Da jedoch der Preis im Importland von P_w auf P_s^* sinkt, fällt die Preiserhöhung geringer aus als die Subvention. Im Exportland verlieren die Konsumenten, da sie einen erhöhten Preis zahlen müssen, die Produzenten gewinnen, da sie einen höheren Preis als unter freien Marktbedingungen erhalten, und der Staat verliert, da er für die Subventionen aufkommen muss (vgl. Krugman / Obstfeld 2006: 252).

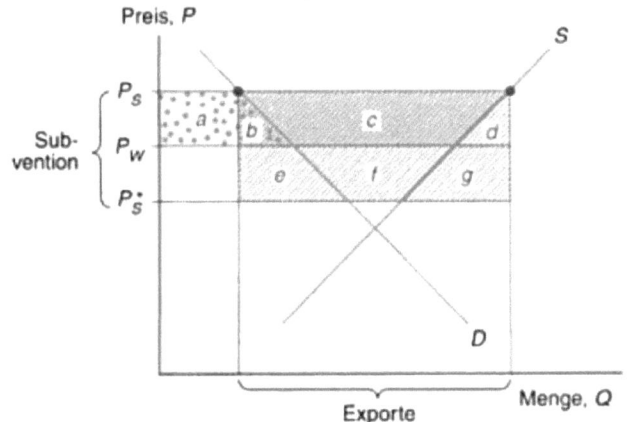

Abbildung 1: Auswirkungen einer Exportsubvention
Quelle: Krugman / Obstfeld 2006: Internationale Wirtschaft – Theorie und Politik der Außenwirtschaft, S. 252

Der Verlust der Konsumentenrente[166] entspricht in Abbildung 1 der Fläche a + b, der Gewinn an Produzentenrente[167] der Fläche a + b + c. Die Höhe der staatlichen Subventionen (Exportvolumen x Subventionshöhe) ist durch die schraffierten Flächen b + c + d + e + f +g wiedergegeben. Saldiert ergibt sich somit ein

---

[165] Angenommen der Binnenmarktpreis für Äpfel liegt bei 2,5 €/kg und der Weltmarktpreis bei 2 €/kg, die Höhe der Subventionen betrage 0,8 €/kg. In diesem Fall würde der Apfelbauer also so lange seine Ware exportieren, bis der Binnenmarktpreis für Äpfel 2,8 €/kg übersteigt.

[166] Auf einem Markt gibt es für Konsumenten eine Differenz zwischen dem, was sie für ein Gut zu zahlen bereit sind, und dem, was sie aufgrund der Marktverhältnisse tatsächlich zahlen müssen. Diese Differenz wir als Konsumentenrente bezeichnet (vgl. Bass 2007b: 14).

[167] Analog dazu gibt es eine Differenz zwischen dem Preis, für das ein Produzent ein Gut anbieten würde, und dem höheren Preis, der im Markt erzielt wird. Dies stellt die Produzentenrente dar (vgl. Bass 2007b: 14-15).

Nettowohlfahrtsverlust aus der Summe der Flächen b + d + e + f + g. Als weiterer Effekt einer Exportsubvention stellt sich für das Exportland aufgrund des gesunkenen Preises im Importland eine Verschlechterung der Terms of Trade ein. Die Höhe dieses Verlustes entspricht der Fläche e + f + g und ergibt sich aus dem Produkt von (Pw - Ps*) und dem Exportvolumen, für das die Subvention gewährt wird (vgl. Krugman / Obstfled 2006: 252).

Als Beispiel dieser Handelspraxis sei auf die im Rahmen der Gemeinsamen Agrarpolitik (GAP) der EU gezahlten Agrarsubventionen verwiesen. Diese waren ursprünglich nicht ein Exportsubventionsprogramm, sondern ein Versuch, den europäischen Bauern hohe Preise zu garantieren, indem die Europäische Union immer dann, wenn die Preise unter ein bestimmtes Niveau sanken, Agrarprodukte aufkaufte. Um einen Anstieg der Importe zu verhindern, wurden landwirtschaftliche Erzeugnisse mit Einfuhrzöllen belegt, die den Agrarpreisen in Europa und auf dem Weltmarkt ausgleichen sollten. Die Mindestpreise sind jedoch derart hoch, dass mehr produziert wird als die Konsumenten zu kaufen bereit sind. Als Folge entstanden hohe Lagervorräte und Überschüsse, die um sie nicht völlig außer Kontrolle geraten zu lassen, mit Exportsubventionen belegt worden sind (vgl. Krugman / Obstfeld 2006: S. 253-254).

Ein ähnliches Beispiel ist der Zuckermarkt in den USA. Auch hier hat die Regierung seinen Produzenten eine Mindestpreisgarantie gegeben. Da die Binnennachfrage jedoch höher ist als das Binnenangebot, entstehen keine Überschussproduktionen. Dennoch kommt es auch hier zu einer Erhöhung des Preisniveaus und zwar durch einer Importquote, also einer mengenmäßigen Importbeschränkung. Nur eine bestimmte Gruppe von Ländern besitzt eine Genehmigung, Zucker in die USA exportieren. Unter Freihandelsbedingungen würden die amerikanischen Zuckerbauern nicht mit den Weltmarktpreis konkurrieren können. Nur der durch die Importquote künstlich hoch gehaltene Binnenpreis ermöglicht es Ihnen, weiter im Markt zu bestehen. Bei den Zuckerproduzenten der USA fällt dadurch ein Gewinn an, dem ein weitaus größerer Verlust der Konsumenten gegenübersteht (vgl. Krugman / Obstfeld 255-57).

Allgemeine Gleichgewichtsmodelle

Welche gesamtwirtschaftlichen Effekte würden nun durch eine Streichung der Exportsubventionen oder der Importquote auftreten? Dies lässt sich natürlich durch eine rückwärtsgewandte Interpretation der genannten Beispiele erahnen. So würde eine Streichung der Importquoten für Zucker den Konkurrenzdruck für amerikanischen Produzenten erhöhen. Andererseits würden Konsumenten und die zuckerverarbeitende Industrie der USA von Preissenkungen profitieren. Ähnlich verhält es sich bei einer Streichung der Agrarsubventionen. Diese würde staatliche Ausgaben verringern und zu veränderten Wettbewerbsbedingungen auf dem Weltmarkt führen. Solcherlei Auswirkungen werden in Modellen der allgemeinen Gleichgewichtstheorie simuliert.

Modelle der allgemeinen Gleichgewichtstheorie haben ihren Ursprung im 19. Jahrhundert. 1874 formulierte zunächst Walras ein allgemeines Gleichgewicht. Der Nachweis zur Existenz eines allgemeinen Gleichgewichts gelang allerdings erst Arrow, Debreu und McKenzie in den 1950er Jahren. Scarf entwickelte 1969 einen Algorithmus, der es ermöglichte, eine große Zahl von Gleichungen simultan in einem allgemeinen Gleichgewicht mittels Computer zu lösen (vgl. Blank et al. 1998: 207). Die Modelle der allgemeinen Gleichgewichtstheorie wurden im Laufe der Jahre mit neuen Erkenntnissen der Wirtschaftstheorie und nicht zuletzt auch aufgrund der gestiegenen Rechenleistungen weiterentwickelt und präzisiert und wurden so den computergestützten, allgemeinen Gleichgewichtsmodellen (computable general equilibrium, CGE-Modell) (vgl. Piermartini / Teh 2005: 10). In einem CGE-Modell werden Wechselbeziehungen mehrerer interagierender Wirtschaftssubjekte (Haushalte, Unternehmen und Staaten) in funktionalen Zusammenhängen abgebildet, um letztlich eine Volkswirtschaft als Ganzes in einem Modellrahmen aus mathematischen Funktionen zu betrachten. Der Aufbau des Modells folgt einem mikroökonomischen Ansatz, der eine Volkswirtschaft von unten nach oben beschreibt. Rational handelnde Konsumenten optimieren ihren Nutzen nach dem ihnen zur Verfügung stehenden Budget, während Unternehmen bei einer gegebenen Faktorausstattung ihre Profite maximieren. Zudem besteht Vollbeschäftigung der Produktionsfaktoren, d. h. es existiert keine Arbeitslosigkeit und Unternehmen nutzen Arbeit, Kapital, Boden und Wissen auf dem höchstmöglichen Effizienzniveau. Es entsteht ein Gleichgewicht, in dem die Güter- und Faktormärkte zu einem Gleichgewichtspreis vollständig geräumt werden (vgl. Francois et al. 2005: 362-364).

Diese Zusammenhänge können in Modellen der allgemeinen Gleichgewichtstheorie in einem Wirtschaftskreislauf abgebildet werden, wie er in Abbildung 2 dargestellt ist. Die Haushalte sind die Besitzer der Produktionsfaktoren Arbeit, Land und Kapital und verkaufen diese den Unternehmen (roter Pfeil), die daraus Güter produzieren und den Haushalten zum Kauf anbieten (pinkfarbener Pfeil). Der Wirtschaftskreislauf kann neben dieser Betrachtung eines Handels, auch als ein System der Ausgaben und Einkommen verstanden werden. Unternehmen erzielen Einkommen in Form von Umsätzen (blauer Pfeil), führen den Gewinn (falls vorhanden) an die Haushalte ab, die dadurch Zahlungen in Form von Renten, Löhnen und Zinsen erhalten (grüner Pfeil).

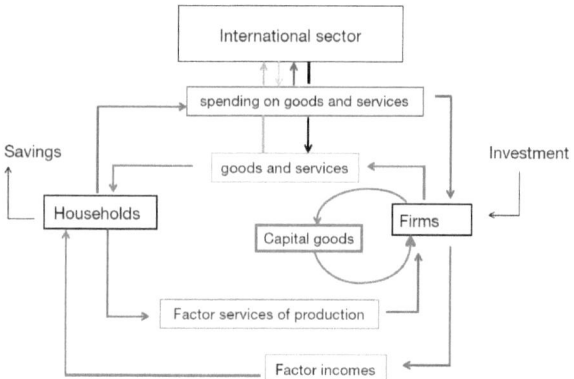

Abbildung 2: Der Wirtschaftskreislauf einer offenen Volkswirtschaft
Quelle: Piermartini / Teh 2005: Demystifying Modelling Methods for Trade Policy, S. 9

Wird eine geschlossene Volkswirtschaft zugrunde gelegt, entspricht der Wert der Einkommen dem Wert der Zahlungen und die Ersparnisse der Konsumenten entsprechen den Investitionen der Unternehmen. In einer dynamischen Betrachtungsweise eines Gleichgewichtsmodells zeigt sich, dass Investitionen ein maßgeblicher Faktor zur Generierung von Wirtschaftswachstum sind. Eine Unterscheidung zwischen Bestands- und Flussgrößen verdeutlicht dies. Ersparnisse der Konsumenten und Investitionen der Unternehmen sind Bestandsgrößen, während das Wohlstandsniveau und der Kapitalstock Flussgrößen darstellen. Erhöhen sich die Bestandsgrößen, führt dies zu einer Zunahme der Flussgrößen und damit zu Wirtschaftswachstum, der in der Erhöhung des Wohlstandsniveaus und des Kapitalstocks angezeigt ist (vgl. Piermartini / Teh 2005: 8).

CGE-Modelle, die die Auswirkungen von bilateralen oder multilateralen Handelsabkommen untersuchen, beziehen neben den Haushalten und Unternehmen den internationalen Sektor in ihre Analyse ein. Dieser tritt als Käufer (grüne Linie) und Verkäufer (schwarze Linie) von Gütern in Erscheinung. Analog dazu generiert er Einnahmen (brauner Pfeil) aus und leistet Zahlungen (gelber Pfeil) an die betrachtete Volkswirtschaft. Für den Fall, dass Kapitalverkehr zwischen der Volkswirtschaft und dem internationalen Sektor nicht möglich ist, entspricht die Höhe der Exporte der Höhe der Importe (vgl. Piermartini / Teh 2005: 9).

Der Aufbau von Modellen der allgemeinen Gleichgewichtstheorie variiert je nach Untersuchungsgegenstand, z. B. können eine unterschiedliche Anzahl von Ländern oder verschiedene Branchen betrachtet werden. Auch die gewählte Marktstruktur kann sich unterscheiden. CGE-Modelle mit der Marktstruktur eines vollkommenen Wettbewerbs zeichnen sich dadurch aus, dass Güter- und Faktormärkte vollkommen kompetitiv sind und weder Haushalte noch Unternehmen Einfluss auf dem im Markt herrschenden Gleichgewichtspreis nehmen können. Weiterhin bestehen keine Präferenzen der Konsumenten hinsichtlich der Güter, die als homogen und substituierbar angesehen werden. Unternehmen ist es daher nicht möglich, Gewinne zu erwirtschaften. In Modellen mit einem monopolistischen Wettbewerb bestehen hingegen Produktdifferenzierungen und Konsumentenpräferenzen, die es Unternehmen ermöglichen, Skalenerträge zu realisieren und mit ihrer Marktmacht das Verhalten anderer Marktteilnehmer zu beeinflussen (vgl. Piermartini / Teh 2005: 11).

Ältere Modelle des internationalen Handels, wie etwa das Heckscher-Ohlin-Modell, sehen Güter als homogen und substituierbar an. Handel zwischen Ländern wird hier allein durch unterschiedliche Faktorausstattungen begründet.[168] Intraindustrieller Handel, also der Import und Export gleicher Güter, kann hier nicht abgebildet werden (vgl. Blank et al. 1998: S. 209). CGE-Modelle mit vollkommenen Wettbewerb sehen Güter zwar ebenfalls als homogen an, unterscheiden sie jedoch nach ihrer Herkunft (Armington Annahme). CGE-Modellen mit einem monopolistischen Wettbewerb beziehen zwar die exogenen Armington Koeffizienten in ihren Modellaufbau ein, die Produktdifferenzierung ergibt sich hier aber eher innerhalb des Modells, indem beispielsweise Produkte wie Autos mit bestimmten Merkmalen (z. B. Limousine oder SUV) versehen (vgl. Piermartini / Teh 2005: S. 11).

CGE-Modelle mit einem monopolistischen Wettbewerb sind für die Bestimmung potentieller Effekte eines Freihandelsabkommens wie TTIP daher besser geeignet als die zuvor genannten Modelle versehen (vgl. Piermartini / Teh 2005: S. 11). Sie werden der großen Bedeutung des intraindustriellen Handels gerecht, der gerade auch im Handel zwischen der EU und der USA eine wichtige Rolle

---

[168] Das Heckscher-Ohlin-Modell erklärt Spezialisierungsmuster im internationalen Handel und baut dabei auf Ricardos komparative Kostenvorteile auf. Bei einer unterschiedlichen relativen Ausstattung mit Kapital und Arbeit, spezialisieren sich Volkswirtschaften mit einer relativ hohen Kapitalausstattung auf die Produktion kapitalintensiver Güter. Staaten, die über relativ viele Arbeitskräfte verfügen, spezialisieren sich auf die Herstellung arbeitsintensiver Güter. Ein Land exportiert daher jene Güter, in denen der relativ reichlich vorhandene Faktor vergleichsweise intensiv eingesetzt wird (vgl. Krugman / Obstfeld: 88).

einnimmt. Doch wie werden nun die Effekte eines politischen Integrationsprozesses in einem CGE-Modell simuliert? Zunächst einmal müssen Daten der in der Analyse einbezogenen Volkswirtschaften (BIP, Löhne, Importe und Exporte) zusammengetragen und auf ihre Konsistenz geprüft werden.[169] Hierzu gehört zum Beispiel die Angleichung der ausgewiesenen Einheiten, z. B. die Festlegung auf eine Währung. Zudem muss auch sichergestellt sein, dass die Daten dem gleichen Aggregationsniveau unterliegen, Branchen also einheitlich voneinander abgegrenzt sind (vgl. Piermartini / Teh 2005: S. 17).

Mit dem aufbereiteten Datensatz wird dann zunächst eine "normale" Entwicklung simuliert, in der sich die Handelspolitik nicht ändert und eine auf Vorhersagen beruhende Entwicklung der Wirtschaft angenommen wird. Das Ergebnis dieser Simulierung dient dann als Referenzszenario. Um die potentiellen Effekte einer Änderung der Handelspolitik zu bestimmen, wird der aufbereitete Datensatz in einer Entwicklung simuliert, die mögliche Änderungen der Handelspolitik, wie z. B. die Aufhebung eines Zolls, beinhaltet. Der Vergleich zwischen dem neuen Gleichgewicht und dem Referenzgleichgewicht zeigt die potentiellen ökonomischen Effekte der Implementierung einer veränderten Handelspolitik, die dann einer politischen Bewertung zugänglich gemacht werden können (vgl. Blank et al. 1998, S. 207-208).

Das Ergebnis einer Simulierung wird maßgeblich durch Elastizitäten beeinflusst, die in der Mikroökonomie eine zentrale Rolle einnehmen. Vereinfacht ausgedrückt, beschreibt eine Elastizität die Reaktion einer Variablen aufgrund der Änderung einer anderen Variablen (vgl. Nicholson und Synder 2010, S. 721). Für handelsbezogene Analysen ist die Frage von Bedeutung, um wie viel Prozent der Export eines Gutes steigt, wenn sein Preis um 1% sinkt. Diese Elastizität wird als Preiselastizität des Handels oder auch als Substitutionselastizität bezeichnet (vgl. Synder / Nicholson: 151).

Neben den Elastizitäten ist ein CGE-Modell durch sogenannte "closures" (Verschlussannahmen) geprägt. So sei angenommen, dass eine Regierung Importquoten auf ein bestimmtes Gut verhängt. Wie im vorigen Abschnitt am Beispiel des amerikanischen Zuckermarktes beschrieben wurde, erhöht die Importquote den inländischen Gleichgewichtspreis. Nun sei angenommen, dass statt der Importquote ein Einfuhrzoll verhängt wird. Was sind die Folgen? Sie

---

[169] Die Operationalisierung eines CGE-Modells erfolgt anhand einer Social Accounting Matrix (SAM), in der die Ausgaben und Einnahmen der Wirtschaftssubjekte abgebildet werden. Die Daten werden durch Quellen wie Handelsstatistiken oder volkswirtschaftlichen Gesamtrechnungen gewonnen. Weitere Informationen finden sich bei Piermartini und Teh 2005, S. 16-18.

ähneln sich, denn der Einfuhrzoll führt ebenfalls zu einer Erhöhung des amerikanischen Zuckerpreis. Daher kann der Analyst bei der Operationalisierung seines Modells die Importquoten auch als einen *äquivalenten Zollsatz* betrachten. Die Wahl zwischen der Verwendung von Quoten oder einem äquivalenten Zollsatz stellt dabei eine Verschlussannahme dar (vgl. Piermartini / Teh 2005, S. 15).
Arbeitet der Analyst mit einer Quote, ist die Importmenge exogen vorgegeben und der inländische Preis ist endogen. Wird hingegen ein äquivalenter Zollsatz verwendet, ist der Preis exogen vorgegeben und die Menge wird im Modell bestimmt. Eine andere Art dieser Verschlussannahme ergibt sich hinsichtlich des Arbeitsmarktes. Wird Vollbeschäftigung unterstellt, ist die Verschlussannahme, dass die Löhne endogen sind, während die Beschäftigung exogen ist. Wird hingegen das Bestehen von Arbeitslosigkeit berücksichtigt, ist die Verschlussannahme, dass die Höhe der Löhne exogen und die Beschäftigung endogen ist (vgl. Piermartini / Teh 2005, S. 15). Die Verschlussannahmen stellen somit eine Entscheidung dar, welche Variablen des Modells exogen und welche endogen sind. Diese Unterscheidung ist der Sicht der Dinge des Analysten überlassen und ist für den Ausgang der Modellsimulierung von fundamentaler Bedeutung (vgl. Grumiller et al. 2014: 37).
Die Effekte, die im CGE-Modell simuliert werden, basieren auf den gesamtwirtschaftlichen Zusammenhängen, wie sie in der Wirtschaftstheorie beschrieben werden. So lange sich Güter- und Faktorpreise sich nicht durch die Etablierung des Freihandels komplett angeglichen haben, besteht die Basis für einen wohlstandsmehrenden Handel. Die Öffnung von Märkten erlaubt es Konsumenten, Güter nachzufragen, die in einem anderen Land billiger produziert werden. Die Produzenten investieren in den Bereichen, in denen die internationale Nachfrage steigt. Die Grundlage für wohlstandsmehrende Produktions- und Handelsstrukturen ist daher eine Reallokation der Produktionsfaktoren (vgl. Piermartini et al. 2005, S. 16).
Liegt dem Modell eine monopolistische Marktstruktur oder eine andere Form des imperfekten Wettbewerbs zugrunde, entstehen Wohlfahrtsgewinne zudem durch Skalenerträge der Unternehmen, die sich durch eine Vergrößerung der Absatzmärkte ergibt. Senken die Unternehmen im Zuge der gesunkenen Produktionskosten ihre Preise, stellt dies auch die Haushalte besser (vgl. Piermartini / Teh 2005, S. 15).

Das Graviationsmodell

Die einem Gravitationsmodell zugrunde liegende Theorie lehnt an das Newtonsche Gravitationsgesetz an, nach dem sich die Anziehungskraft zwischen zwei Objekten proportional zum Produkt aus deren Masse verhält und mit zunehmender Entfernung zwischen ihnen abnimmt. Hinsichtlich des bilateralen Handels zweier Volkswirtschaften besagt die Extrapolation des Naturgesetzes in die Wirtschaftstheorie, dass das Handelsvolumen zweier Volkswirtschaften umso höher ist, je größer ihr BIP ist und je näher sie geografisch beieinander liegen. Abbildung 3 veranschaulicht diesen Zusammenhang. Sie zeigt die Größen von 15 europäischen EU-Mitgliedsländern (gemessen als prozentualer Anteil am BIP der EU) und setzt sie ins Verhältnis zum prozentualen Anteil des US-Handels mit der EU. An der Verteilung der Punkte entlang der 45-Grad-Linie ist die Korrelation zwischen der Größe des BIPs und dem Anteil am US-Handel zu erkennen. Der Anteil des jeweiligen Landes am Handel mit den USA entspricht also in etwa dem Anteil am BIP der EU.

Abbildung 3: Die Größe der europäischen Volkswirtschaften und der Wert ihres Handels mit den USA
Quelle: Krugman / Obstfeld 2006: Internationale Wirtschaft – Theorie und Politik der Außenwirtschaft, S. 40

Einer der wichtigsten Anwendungsbereiche des Gravitationsmodells liegt darin, Abweichungen von zu erwartenden Handelsströmen aufzudecken. Abbildung 3 zeigt, dass der Handel der USA mit den Niederlanden, Großbritannien und Irland größer ist, als es das Gravitationsmodell besagt. Diese Abweichungen werden durch eine andere Art der Nähe erklärt. Eine gemeinsame Sprache, eine gemeinsame Geschichte, ähnliche Rechtsetzungen oder auch die Mitgliedschaft in einem Handelsabkommen sind Beispiele hierfür (vgl. Piermartini et al. 2005: 37). Verwiesen sei hier auf die gemeinsame Sprache in den USA, Großbritannien und Irland. In Spanien, Frankreich und Italien wird hingegen eine andere Sprache gesprochen, was eine Teilerklärung für den geringeren Quotienten aus dem Anteil am US-Handel und dem BIP der EU ist (vgl. Krugman / Obstfeld 2006: 43).

Ein Blick auf Abbildung 4, die neben den Daten aus Abbildung 3 zusätzlich die Länder Mexiko und Kanada einbezieht, zeigt, dass diese beiden Länder weitaus mehr Handel mit den USA betreiben als die europäischen Volkswirtschaften. So kommt der Außenhandel Kanadas mit den USA demjenigen der gesamten EU gleich, obwohl das BIP Kanadas nur ungefähr dem Spaniens entspricht. Eine einfache Erklärung ist die geografische Nähe der Länder zueinander. Schätzungen, die aus Gravitationsmodellen hervorgehen, besagen, dass eine Vergrößerung der Entfernung um ein Prozent, einen Rückgang des Handels um 0,7 Prozent bedeutet (vgl. Krugman / Obstfeld 2006: 43). Kanada und Mexiko sind aber nicht nur Nachbarstaaten der USA, sondern haben auch ein Freihandelsabkommen mit ihnen unterzeichnet, das North American Free Trade Agreement (NAFTA).

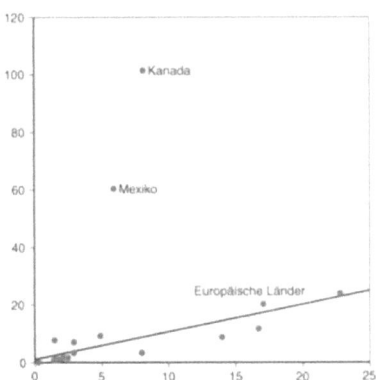

Abbildung 4: Größe der Volkswirtschaften und Handel mit den USA
Quelle: Krugman / Obstfeld 2006: Internationale Wirtschaft – Theorie und Politik der Außenwirtschaft, S. 44

Die Bewertung der Wirkung von Handelsabkommen stellt einen weiteren, wichtigen Anwendungsbereich der Gravitationsmodelle dar. Wenn ein Handelsabkommen seinen Zweck erfüllt, führt es zu einem höheren Handelsvolumen zwischen den Unterzeichnern, als auf Grundlage ihres jeweiligen BIPs und der Entfernung zwischen ihnen zu erwarten gewesen wäre (vgl. Krugman/Obstfeld 2006: 44). Wenn eine Variable, die eine Veränderung der Handelspolitik beschreibt, in das Gleichungssystem eines Gravitationsmodells hinzu geführt wird, kann es aufgrund ihrer Korrelation mit anderen Variablen des Modells sehr schwierig sein, nachzuvollziehen, welcher Anteil an den Simulierungsergebnissen auf die zusätzliche Variable zurückgeht (vgl. Piermartini et al. 2005: 37). Die Modelle werden daher in der Regel dazu verwendet, um die Veränderung von bilateralen Handelsströmen in ex post Untersuchungen abzubilden. Für die ex ante Bestimmung potentieller Wohlfahrtseffekte eignen sie sich hingegen weniger gut, da ihre Varianz in dieser Anwendung tendenziell hoch ausfällt (vgl. Piermartini et al. 2005: 52).

Das Transatlantische Freihandelsabkommen

Im den folgenden Ausführungen soll das transatlantische Freihandelsabkommen aus mehreren Perspektiven betrachtet werden. Zunächst erfolgt die Einordnung des transatlantischen Marktes (die Addition der makroökonomischen Variablen der EU und der USA) in die Weltwirtschaft und eine Beschreibung des bilateralen Handels zwischen den beiden Wirtschaftsräumen. Danach folgt eine Beschreibung der Inhalte von TTIP, wobei u.a. eine Beschreibung von NTBs in zehn, für den transatlantischen Handel bedeutenden Sektoren gegeben wird. Im nächsten Abschnitt erfolgt eine Auseinandersetzung mit aktuellen Studien, die sich mit den potentiellen ökonomischen Effekten von TTIP befassen. Im letzten Abschnitt des Kapitels werden dann einige Standpunkte zum geplanten Abkommen dargelegt.

Der transatlantische Markt
Bedeutung in der Weltwirtschaft

Im transatlantischen Markt werden bei einem Anteil an der Weltbevölkerung von 11,8% (vgl. Felbermayr et al. 2013: 21) fast 50% der weltweiten Wirtschaftsleistung und etwa ein Drittel des weltweiten Handels generiert (siehe

Abbildung 5).[170] Diese Vormachtstellung im Welthandel und der damit verbundene Einfluss in der Formulierung der Welthandelspolitik wird jedoch seit Beginn des 21. Jahrhunderts vor allem von den aufstrebenden Volkswirtschaften Asiens herausgefordert, die ihrerseits ökonomische Integrationsprozesse vorantreiben (vgl. Fontagne 2013: 2). Zu nennen ist hier neben China der Verband südostasiatischer Nationen[171] (Association of Southeast Asian Nations, ASEAN), der gegenwärtig mit den Staaten China, Indien, Japan, Südkorea, Australien und Neuseeland unter dem Begriff ASEAN+6 Verhandlungen zur Liberalisierung von Handel und Investitionen führt.

Der transatlantische Markt nimmt in der Weltwirtschaft nah wie vor eine bedeutende Rolle ein. Wie allerdings in Abbildung 5 ersichtlich wird, sind sowohl der Anteil am BIP der Welt, als auch die Anteile an den weltweiten Importen und Exporten von Gütern[172] zwischen 2000 und 2012 um jeweils etwa 10% gesunken. Dies ist neben dem starken Wachstum der oben genannten Staaten sicherlich auch auf die Weltfinanzkrise von 2008 und der folgenden Banken- und Schuldenkrise in Europa zurückzuführen. Bei den ausländischen Direktinvestitionen (ADI) ist ein noch deutlicherer Rückgang zu verzeichnen. Hier zeigen sich jedoch Unterschiede in den beiden Wirtschaftsräumen. Während sowohl die getätigten als auch die erhaltenen ADI in den USA angestiegen sind, ist in der EU ein Rückgang dieser Werte zu erkennen. Eine vertiefende Diskussion der Gründe hierfür soll jedoch nicht geführt werden. Festzuhalten bleibt, dass der transatlantische Anteile verloren hat und

---

[170] In 2011 belief sich der Anteil der EU und der USA an den weltweiten Importen und Exporte 43%. Dieser Wert schließt die Importe und Exporte der Länder der EU ein. Ohne den Intrahandel der EU beträgt dieser Wert 28% (vgl. Fontagne et al. 2013, S. 2).

[171] Die Mitgliedsländer sind: Brunei, Indonesien, Kambodscha, Laos, Malaysia, Myanmar, die Philippinen, Singapur, Thailand und Vietnam.

[172] Hier umfasst der Ausdruck „Güter" sowohl Waren als auch Dienstleistungen. Güter und Dienstleistungen werden teilweise als getrennte Begriffe geführt. Im weiteren Sinne umfasst der Begriff des Gutes in der Volkswirtschaftslehre aber auch Dienstleistungen (vgl. Bass 2007: 15). Im weiteren Verlauf werden unter Güter hier Waren und Dienstleistungen verstanden.

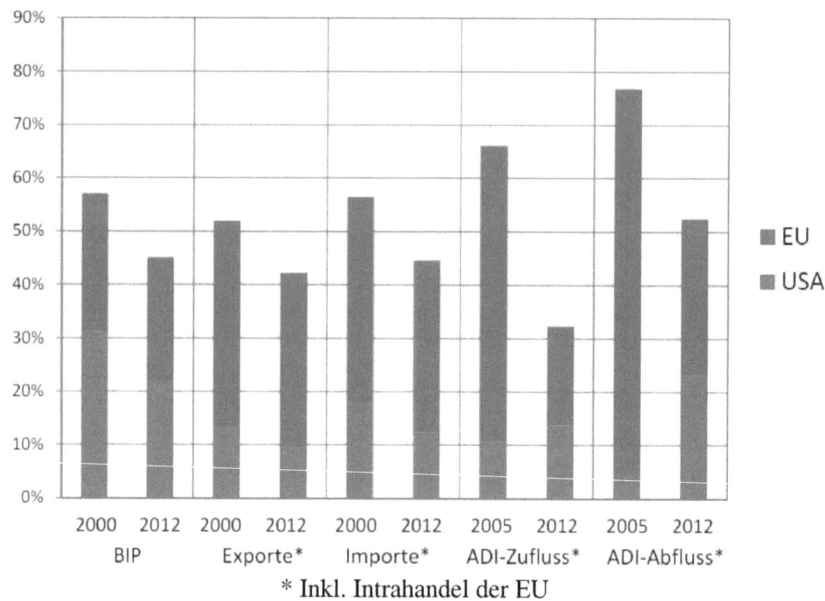

* Inkl. Intrahandel der EU

Abbildung 5: Anteile der EU und der USA am weltweiten BIP, den weltweiten Exporten und Importen für 2000 und 2012, ADI Zufluss und ADI-Abfluss für 2005 und 2012
Quelle: Eigene Berechnung und Darstellung, Daten von der Weltbank

Europäisch amerikanische Wirtschaftsbeziehungen

Die USA weist schon seit Jahren ein Handelsbilanzdefizit mit dem Rest der Welt und Europa auf. Bei einem Gesamtvolumen des EU-US-Warenhandels von 787 Mrd. USD in 2013, belief sich das Defizit der USA mit Europa auf 125 Mrd. USD (vgl. Hamilton / Quinlan 2014: X). In der Dienstleistungsbilanz zeigt sich indes ein anderes Bild. Hier bestand im Handel mit Europa im Jahr 2012 ein Überschuss von 67 Mrd. USD zugunsten der USA (vgl. Hamilton / Quinlan 2014: X). Während der Agrarhandel im Handel zwischen der EU und der USA von geringer Bedeutung ist, zeigt sich an den Daten der Handels- und der Dienstleistungsbilanz, dass die USA grundsätzlich einen komparativen Vorteil im Dienstleistungs-, die EU im Industriesektor besitzt (vgl. ifo, S. 25).

Um den Handel zwischen der USA und der EU abzubilden, kann eine Abgrenzung zwischen Produkten und Branchen sowie anhand einer Einteilung des Handels in den Dienstleistungs-, Industrie- und Agrarsektor vorgenommen werden. Im internationalen Handel werden die Warengruppen gemäß der Standard International Trade Classification (SITC) klassifiziert. Sie umfasst neun

Hauptgruppen, die das höchste Aggregationsniveau der Produkte darstellt. Die Untergruppen sind in einer Dezimalklassifikation in weiteren Klassifikationsebenen unterteilt (zweistellig, dreistellig, ...). Das SITC-System besteht mittlerweile in der 3. Fassung (SITC Rev. 3). Ein ähnliches Klassifikationsschema das Harmonisierten System zur Bezeichnung und Kodierung der Waren (HS).

In Tabelle 1 wird der Unterschied zwischen SITC und HS deutlich. Während der größte Anteil der Exporte von der EU in die USA bei SITC mit knapp 43% im Bereich "machinery und transport equipment" liegt, hat bei HS der Sektor "machinery and appliances" mit 25% den größten Anteil an den Exporten in die USA. Bei Betrachtung beider Klassifikationen zeigt sich der stark ausgeprägte intraindustrielle Handel zwischen den beiden Handelspartnern. Sowohl bei SITC, als auch bei HS sind die Produktgruppen mit den drei größten Anteilen am Export identisch mit den drei größten Anteilen am Import. Dabei können wiederum, selber eine Klassifikation vornehmend, der Maschinenbausektor und der Chemiesektor sowohl bei SITC und HS als die beiden wichtigsten Handelssektoren zwischen der USA und der EU benannt werden.

	Imports 2013				Exports 2013		
				Top 5 - HS sections			
	Product	Value (Mio €)	Share (%)		Product	Value (Mio €)	Share (%)
XVI	Machinery and appliances	51,802	26.4	XVI	Machinery and appliances	71,628	24.9
VI	Products of the chemical or allied industries	39,235	20.0	VI	Products of the chemical or allied industries	58,546	20.3
XVII	Transport equipment	20,919	10.7	XVII	Transport equipment	48,787	16.9
V	Mineral products	20,819	10.6	XVIII	Optical and photographic instruments, etc.	21,250	7.4
XVIII	Optical and photographic instruments, etc.	19,403	9.9	V	Mineral products	17,608	6.1
				Top 5 - SITC sections			
	Product	Value (Mio €)	Share (%)		Product	Value (Mio €)	Share (%)
7	Machinery and transport equipment	74,406	38.0	7	Machinery and transport equipment	122,750	42.6
5	Chemicals and related prod. n.e.s.	43,467	22.2	5	Chemicals and related prod. n.e.s.	62,107	21.6
8	Miscellaneous manufactured articles	25,031	12.8	8	Miscellaneous manufactured articles	35,745	12.4
3	Mineral fuels, lubricants and related materials	18,933	9.7	6	Manufactured goods classified chiefly by material	27,428	9.5
6	Manufactured goods classified chiefly by material	12,736	6.5	3	Mineral fuels, lubricants and related materials	17,331	6.0

Tabelle 1: Importe aus den USA und Exporte in die USA für 2013 nach SITC und HS
Quelle: Entnommen aus Europäische Kommission 2014a, European Union, Trade in goods with USA, S. 2

Gegenstand der Verhandlungen
Zollsenkungen

Die im bilateralen Handel zwischen der EU und der USA erhobenen Zölle auf einem sehr niedrigen Niveau. Bezogen auf den Gesamtwert aller Importe, beläuft sich der durchschnittliche Zolltarif in den USA auf 2,2%, für die EU auf 3,3%.

Wird nur der Agrarsektor betrachtet, beläuft sich der von US-Zollbehörden auf den Gesamtwert der Importe bezogene durchschnittliche erhobene Zoll auf Importe der EU auf 6,6%, die Importe aus der USA in die EU werden mit einem Wert von 12,8% fast mit einem doppelt so hohen Zollsatz belegt. Im Industriesektor sind die Zölle niedriger. Hier werden die Importe aus der EU in die USA (bezogen auf den Gesamtwert) mit einem durchschnittlichen Zollsatz von 1,7%, die Importe aus den USA in die EU mit durchschnittlich 2,3% belegt (vgl. Fontagne et al. 2013: 4-5).

Mögen die Zölle im bilateralen Handel also gering sein, so sind sie bei einigen Produkten und Produktgruppen relativ hoch. Auf amerikanischer Seite weisen zum Beispiel Milchprodukte, einer Produktgruppe, in der europäische Anbieter besonders wettbewerbsfähig sind, einem durchschnittlichen Importzoll von 22% auf. Für Joghurts und unreifen Käse sind sie mit 40 bzw. 33% besonders hoch. Zudem bestehen Einfuhrzölle von über 10% bei diversen Bekleidungsstücken, Textilien und einigen Kraftfahrzeugtypen. Auf europäischer Seite wird hingegen der Import von Fleischerzeugnissen mit einem durchschnittlichen Einfuhrzoll von 45% belegt. In dieser Produktgruppe besteht also ein (vermeintlicher) Wettbewerbsvorteil auf Seiten der Amerikaner, die im Jahr 2010 einen Anteil von 20% am weltweiten Exporte von Fleischerzeugnissen hatten (vgl. Fontagne et al. 2013: 5).

NTB-Abbau

Neben den genannten Importquoten und Exportsubventionen gibt es ein weites Spektrum an NTBs. Dazu zählen preisbezogene Maßnahmen (z. B. Exportsubventionen oder Ausfuhrsteuern), mengenbezogene Maßnahmen (z. B. Import- und Exportkontingente, freiwillige Exportbeschränkungen) und Handelshemmnisse, die aufgrund administrativer Regelungen auftreten. Außerdem werden auch Folgen unvollkommenen Wettbewerbs (Internationale Kartelle) sowie spezielle Formen von Dumping zu den nicht-tarifären Handelshemmnissen gezählt (vgl. Blank et al. 1998: 7). In den meisten Fällen haben NTBs einen legitimierten Hintergrund, etwa um die Sicherheit von Konsumenten zu gewährleisten oder die Umweltbelastung gering zu halten. Andere NTBs wie Technische Normen oder gemeinsame Rechnungslegungsstandards sind dagegen weniger ideologisch aufgeladen und können im Prozess der ökonomischen Integration angeglichen, gegenseitig anerkannt oder ganz neu gestaltet werden (vgl. Fontagne et al. 2013, S. 2).

Aus diesen NTBs und anderen Faktoren wie etwa Transportkosten oder Zölle, erwachsen Unternehmen, die am internationalen Handel beteiligt sind, sogenannte Handelskosten, die nach Anderson und van Wincoop folgendermaßen definiert sind:

> "Trade costs, broadly defined, include all costs incurred in getting a good to a final user other than the marginal cost of producing the good itself: transportation costs (both freight costs and time costs), policy barriers (tariffs and nontariff barriers), information costs, contract enforcement costs, costs associated with the use of different currencies, legal and regulatory costs, and local distribution costs (wholesale and retail)" (Anderson und van Wincoop 2004: 691).

Viele der Komponenten von Handelskosten sind nicht sichtbar und falls sie es doch sind, ist ihre Quantifizierung, also die Berechnung eines monetären Gegenwerts und die Bestimmung eines *äquivalenten Zollsatzes* mit den Worten von Anderson und von Wincoop "a scandal and a puzzle" (Anderson und van Wincoop 2004: 691). Das Konzept der Handelskosten wird im folgenden Abschnitt erneut thematisiert. Im Folgenden werden nun zehn von TTIP betroffene Wirtschaftszweige genannt und auf Möglichkeiten eingegangen, die zu einer regulatorischen Konvergenz führen und damit zu einer Senkung der Handelskosten führen können. Neben den genannten Branchen werden auch das öffentliche Beschaffungswesen und das Gebiet der Rechte am geistigen Eigentum angesprochen.

Automobilbranche
Der Anteil der Automobilbranche am BIP der EU beträgt etwa 6,5%, während in den USA etwa 11% der Wirtschaftsleistung in diesem Sektor generiert wird (vgl. Berden et al. 2009 2009: 83). Für die europäischen Autobauer ist die USA der wichtigste Exportmarkt. So gingen im Jahr 2006 gut 40% der gesamten EU-Exporte in der Automobilbaubranche in die USA. Im transatlantischen Markt ist diese Branche auch deshalb von großer Bedeutung, weil hier Spillovers zu anderen Sektoren, etwa im Transportgewerbe oder im Maschinenbau, bestehen. Möglichkeiten zum NTB-Abbau bestehen hier durch die Formulierung gemeinsamer Umweltstandards oder spezifischer formuliert, durch gemeinsame Normen für Abgase oder Geräuschbelästigung.

Aber auch eine Beilegung oder Lockerung des Buy American Acts[173] sowie gemeinsame Regelungen über die staatliche Beteiligung an der Forschung und Entwicklung (F&E) bieten hier Einsparungspotentiale (vgl. Berden et al. 2009: 43-52).

Luft- und Raumfahrtindustrie
Der Luft- und Raumfahrtsektor ist für die EU und die USA von wichtiger strategischer Bedeutung. Mit Airbus und Boeing beherbergen beide Regionen einen der beiden weltweit führenden Flugzeugbauer.[174] Die Hauptunterschiede in den jeweiligen Rahmenbedingungen des Marktes liegen im Bereich der öffentlichen Beschaffung (z. B. dem Buy American Act), in der staatlichen Unterstützung der F&E, Sicherheits- und funktionale Standards sowie in unterschiedlichen Patentsystemen. Gemeinsame Regelungen bieten hier nicht nur Möglichkeiten zur Kosteneinsparung, sondern würden die Basis für globale Standards im Flugzeugbau legen. Die Luft- und Raumfahrtindustrie in Ländern wie Japan, Brasilien, Kanada, China oder Russland könnten diese Standards adaptieren, was zu einer weltumspannenden verbesserten Einsatz von Ressourcen führen würde (vgl. Berden et al. 2009: 33-42).

Chemiesektor
Im Chemiesektor bestehen regulatorische Unterschiede im Bereich der Zulassung, Klassifizierung, Kennzeichnung, Vermarktung, Anwendung und bei Transport- und Rezyklieranforderungen. Hier wurden bereits Schritte zur regulatorischen Angleichung unternommen, indem bereits ein von den United Nations (UN) formulierter Standard ratifiziert wurde. Unterschiedliche rechtliche Rahmenbedingungen ergeben sich durch das Registration, Evaluation and Authorisation of Chemicals (REACH) in der EU und dem Toxic Substances Act der USA. Hier können Kosten über gemeinsame Zulassungsverfahren oder einer einheitlichen Klassifizierung und Kennzeichnung eingespart werden (vgl. Berden et al. 2009: 53-62).

---

[173] Der Buy American Act verpflichtet Regierungen von Bundesstaaten bis hin zu den Kommunen dazu, bei ihren Erwerbungen Produkte amerikanischer Unternehmen zu bevorzugen. Ein Angebot eines ausländischen darf nur dann angenommen werden, wenn es um einen bestimmten Prozentsatz unterhalb des günstigsten Angebots eines einheimischen Unternehmens liegt (vgl. Krugman / Obstfeld 2006: 260).

[174] Auf die europäische und amerikanische Luftfahrtbranche gehen fast 90% des weltweiten Umsatzes dieser Bracnhe zurück (vgl. Berden et al. 2009: XXV).

Kosmetika
Tierversuche sind in der Kosmetik-Forschung in der EU genauso wie bestimmte Inhaltsstoffe untersagt. Der Kosmetikmarkt ist in den USA weniger stark reguliert. Eine Angleichung der gesetzlichen Rahmenbedingungen könnte also auch in diesem Markt zu einer Verringerung der durch NTBs verursachten Kosten führen. Anzumerken sei an dieser Stelle auch, dass der Kosmetiksektor starke Interdependenzen mit dem Chemiesektor aufweist. Können letztere Kosteneinsparungen realisieren, könnten Kosmetikproduzenten durch niedrigere Inputpreise ihre Endverkaufspreise senken. Letztlich könnte der Verbraucher von niedrigeren Preisen und von einer breiteren Produktpalette profitieren (vgl. Berden et al. 2009: 63-70).

Pharmazeutika
Der Markt für Pharmazeutika ist in Europa stark reguliert. In diesem von kapitalintensiver Produktion gekennzeichneten Sektor, bestehen in verschiedenen Ländern Europas unterschiedliche Marktausprägungen. Das Nachfragemonopol des Staates ermöglicht es, die Marktpreise zu beeinflussen und die Gewinnmarge der Pharmaproduzenten zu schmälern. Kosteneinsparungen könnten durch die Beseitigung bestimmter Verbote von Chemikalien, gemeinsamer Kennzeichnungspflichten und Zulassungsverfahren sowie eine Angleichung des Patentverfahrens realisiert werden (vgl. Berden et al. 2009: 99-108).

Lebensmittel
Dieser Wirtschaftsbereich zeichnet sich einerseits durch eine stark divergierende Marktregulierung aus und ist charakterisiert durch eine starke Abhängigkeit von Rohstoffpreisen und der Ausnutzung von Skalenerträgen. Hier hat die USA aufgrund niedriger Rohstoffpreise und anderer Produktionsverfahren einen Wettbewerbsvorteil, während die EU diesen Markt mit protektionistischen Maßnahmen und aufgrund gesellschaftlicher Präferenzen abschottet. Neben Zöllen ist hier vor allem das Einfuhrverbot für hormonbehandeltes Schweine- und Rindfleisch oder mit einer Chlormischung gesäubertes Geflügelfleisch in die EU zu nennen. Hinzu kommen die unterschiedlichen Regelungen zur Handhabung von genmodifizierten Lebensmitteln und unterschiedlichen Kennzeichnungspflichten für Lebensmittel. Ein NTB-Abbau ist hier also aufgrund der gesellschaftlichen Präferenzen und auch aufgrund der Agrarsubventionen der EU schwer zu realisieren (vgl. Berden et al. 2009: 53-62).

Transportdienstleistungen
Transportdienstleistungen können zur Straße, zu Wasser, zur Schiene und zu Luft erbracht werden. Jeder dieser Verkehrsarten unterliegen in den USA und Europa ganz unterschiedlichen Marktstrukturen und Regulierungsniveaus. Für die EU und die USA sind die Schifffahrt und Luftfahrt von großer Bedeutung. In der Luftfahrt bestehen einige regulatorische Divergenzen, die im EU-US Open Skies Agreement angesprochen werden. Ziel des Abkommens ist eine marktwirtschaftliche Liberalisierung des jeweiligen zivilen Luftfahrtsektors. Hinzu kommt die Auflockerung der Besitzstrukturen von US-Fluggesellschaften[175] oder eine Lockerung oder Abschaffung des Fly America Act[176]. Interessant wird zu beobachten sein, wie das europäische Emissionshandelssystem sich entwickeln wird (vgl. Berden et al. 2009: 33-42).

Informations- und Kommunikationstechnologie
Im Markt für Elektronikartikel wie Computer oder Telefone besitzt die USA einen komparativen Vorteil. In diesem Sektor, dessen Produkte in einer mehrstufigen Wertschöpfungskette hergestellt werden, könnten über gemeinsame technische Normen, z. B. durch einheitliche Steckdosen und Adapter günstigere Produktions- und Absatzpreise realisiert werden. Zudem könnten Wohlfahrtseffekte über die Harmonisierung oder gegenseitiger Anerkennung von Standards, z. B. zur Entsorgung technischer Geräte realisiert werden (vgl. Berden et al. 2009: 91-98).

Finanzdienstleistungen
Der Finanzsektor spielt in einer Volkswirtschaft eine sehr wichtige Rolle. Er versorgt Unternehmen mit Kapital und soll dieses so verteilen, dass ein möglichst hohes Effizienzniveau erreicht wird. Hinsichtlich einer regulatorischen Kooperation kommen mehrere Ansätze in Betracht. So erstellen europäische Unternehmen ihre Rechnungslegung nach dem International Financial Reporting Standards (IFRS), während US-Unternehmen dem System der US Generally Accepted Accounting Principles (US GAAP) unterworfen sind. Auch das Basel III Abkommen wird in den beiden Finanzsystemen unterschiedlich implementiert. Außerdem bestehen mit der Europäischen Zentralbank (EZB) und der Federal Reserve zwei unterschiedliche Bankenaufsichten. Beseitigungen von NTBs im

---

[175] Es dürfen lediglich 25% der Aktienanteile einer amerikanischen Fluggesellschaft im ausländischen Besitz sein.

[176] Von der US-Regierung finanzierte Flüge dürfen nur von amerikanischen Fluggesellschaften erbracht werden, es sei in einem bilateralen Abkommen sind anderweitige Vereinbarungen getroffen worden (www.gsa.gov).

Finanzsektor kann die Allokation von Kapital effizienter machen und gemeinsame, transatlantische Standards könnten die Grundlage für einheitliche globale Rechnungslegungsstandards sein (vgl. Berden et al. 2009: 119-125).

Versicherungswirtschaft
Der Versicherungssektor erfüllt ebenfalls eine wichtige Funktion in einer Volkswirtschaft. Hier findet die Risikobewertung statt und ermöglicht es, Menschen sich gegen Krankheit und Alter abzusichern und zudem können vergleichsweise riskante Geschäftsvorhaben umgesetzt werden. Die Sektoren in der EU und der USA unterscheiden sich durch unterschiedliche Anforderungen zur Kapitaldeckung und Bildung von Sicherheiten. Zudem existieren in den USA keine national einheitlichen Gesetzgebungen für die Versicherungswirtschaft. Hier bestehen also innerhalb der USA Möglichkeiten, die Kosten für Versicherungsdienstleistungen zu senken. Von einer einheitlichen Marktstruktur könnten dann auch europäische Anbieter profitieren (vgl. Berden et al. 2009: 127-132).

Rechte an geistigem Eigentum
Bei den auch in der WTO verankerten Rechten am geistigen Eigentum unterscheiden sich die Märkte hinsichtlich der Beurteilung von Urheberrechten und dem Patentsystem. Letzteres ist in den USA dadurch charakterisiert, dass ausländische Anbieter schnell durch amerikanische Patenthalter vom Markt gedrängt werden können. Das Patentsystem der EU ist hingegen durch verschiedene nationale Systeme differenziert. Außerdem werden hier die Patentrechte wesentlich enger gefasst als in den USA (vgl. Berden et al. 2009: 189-197).

Öffentliches Beschaffungswesen
NTBs im öffentlichen Beschaffungswesen sind in verschiedenen Sektoren vorhanden. Auf Seiten der USA sei auf den bereits angesprochenen Buy American Act verwiesen. Die Verpflichtung zum Kauf amerikanischer Produkte benachteiligt ausländische Anbieter und stellt somit ein Handelshemmnis dar. Der EU wiederum wird zu Last gelegt, dass sie zu hohe bürokratische Anforderungen stellt und ihre Ausschreibungen an die Qualifikationen europäischer Unternehmen ausrichtet. Während insbesondere im Bausektor NTBs identifiziert werden können, sind diese auch im IT-Bereich, im Finanz- und Luftfahrtsektor sowie wie im Transport-, Maschinenbau-, Automobil und Pharmasektor anzufinden (vgl. Berden et al. 2009: 183-88).

Investorenrechte

Nach Angaben von Wallach zu Folge wurde das System einer Streitschlichtung zwischen Investoren und Staat (Investor-state dispute settlement, ISDS) ersonnen, um Investitionen in Ländern mit fragilen Justizsystemen zu schützen. Im Falle einer Enteignung ihrer Fabriken, Bergwerke oder Plantagen sollen Investoren beim einheimischen Staat das Recht haben, Entschädigungszahlungen geltend machen können (vgl. Wallach 2013). Das Schiedsgericht besteht aus einem dreiköpfigen Tribunal, einen der "Richter" stellt das betreffende Land, einen das Unternehmen und eine dritte Person bestimmen Staat und Kläger aus einer Liste geeigneter Kandidaten (vgl. Schiessl 2012).

Allein die EU-Mitgliedsländer haben seit Ende der 1980er Jahre in 1400 zwischenstaatlichen Verträgen einen Investorenschutz teilweise schon festgeschrieben (vgl. Schiessel 2014). Die Zahl der Schiedsverfahren ist im Zeitraum von 2000 - 2013 um das Zehnfache gestiegen. Es flossen bereits mehr als 400 Mio. USD an Steuergeldern an Unternehmen, die gegen Verbote giftiger Substanzen, Lizenzregeln, Gesetze über Wasserschutz oder Waldnutzung und andere investitionsfeindliche Regelungen geklagt hatten. Gegenwärtig sind in den Tribunalen Klagen mit einem Streitwert von mehreren Mrd. USD anhängig (vgl. Wallach 2013).

Die Klagen nehmen teils skurrile Dimensionen an. So klagen Unternehmen aus den USA und der EU gegen die ägyptische Regierung, weil diese einen Mindestlohn eingeführt hat oder gegen ein peruanisches Gesetz zur Kontrolle toxischer Emissionen (vgl. Wallach 2013). Ein anderes Beispiel ist die Klage, die von Vattenfall gegen den deutschen Staat angestrengt wurde. Da nach der Atomkatastrophe von Fukushima die Abschaltung mehrerer Kernkraftwerke beschlossen wurde, verlangt der schwedische Energiekonzern 3,7 Mrd. EUR Schadenersatz (vgl. Attac 2014). Im Verlauf der Arbeit werden die Investorenrechte weiter thematisiert. Da aber im Moment noch völlig unklar ist, in welcher Form oder ob sie überhaupt Bestandteil von TTIP sein werden, soll dieses Themengebiet des transatlantischen Freihandelsabkommen vorerst aus der Diskussion ausgeklammert werden.

Erwartete gesamtwirtschaftliche Effekte (12-14)
Methodik und Ergebnisse ausgewählterStudien

Die folgende Analyse der potentiellen Effekte von TTIP bezieht sich auf Studien von dem in London ansässigen Centre for Economic Policy Research (CEPR), dem Centre d'Etudes Prospectives et d'Informations Internationales (CEPII) aus Paris, dem Münchener Leibniz-Institut für Wirtschaftsforschung (ifo) und von

dem im Gebiet der Wirtschaftsforschung tätigen Unternehmen Ecorys aus Rotterdam. Nach einer Veranschaulichung ihrer Methodik und ihrer Ergebnisse, werden im nächsten Abschnitt Kritik an diesen Studien formuliert. Dafür wird insbesondere eine im März 2014 veröffentlichte Studie der Österreichischen Forschungsstiftung für Internationale Entwicklung (Austrian Foundation for Development Research, AFDR) herangezogen.[177]
Während in den CGE-Modellen von Ecorys, CEPR und CEPII die potentiellen Effekte *direkt* durch Senkungen der auf NTBs zurückgehenden Handelskosten simuliert werden, erfolgt im Gravitationsmodell des ifo-Instituts eine *indirekte* Bestimmung der Effekte. Letzteres stellt eine innovative Anwendung eines Gravitationsmodells dar, die üblicherweise bei ex post Untersuchungen angewendet werden. Hier wird das Gravitationsmodell dazu eingesetzt, um aus beobachteten Handelsdaten real existierender Abkommen ein Anstieg des bilateralen Handels zu schätzen. Auf Grundlage dieser Handelsschaffung werden dann für das geplante Abkommen die indirekten Effekte (Handelsumlenkung) und die Wohlfahrts- und BIP-Effekte abgeleitet (vgl. ifo 2013: 57). Der Unterschied der beiden Methoden liegt also darin, dass in den CGE-Modellen die mit Handelshemmnissen verbundenen Kosten individuell geschätzt werden, während sie im Gravitationsmodell aus bestehenden Handelsabkommen abgeleitet werden. Sind die Prozeduren zur Schätzung der Effekte bei beiden Modelltypen unterschiedlich, so besteht eine Gemeinsamkeit darin, dass die Effekte der Liberalisierung aufgrund von Preisänderungen auftreten. Die Kausalität lautet folgendermaßen: Als Folge der Beseitigung einer Handelsbarriere fällt das Preisniveau eines Landes. Fallende Preise reflektieren zum einen eine Erhöhung der Produktivität, da Arbeit und Kapital dort eingesetzt werden, wo das Land einen komparativen Vorteil besitzt. Anderseits kommt es zu einer Verschiebung der Produzenten- und Konsumentenrente, da Unternehmen sich einem erhöhten Wettbewerb ausgesetzt sehen.[178] Diese Veränderungen implizieren einen Erhöhung der Produktion, höhere Einkommen und höhere Reallöhne. Die Gewinne aus dem Handel sind also das Resultat der Beseitigung einer

---

[177] Im Literaturverzeichnis sind die Studien von CEPR unter Francois et al. (2013), von CEPII unter Fotagné/Gourdon/Jean (2013), vom ifo-Institut unter Felbermayr et al. (2013), von Ecorys unter Berden et al. (2009) und von AFDR unter Grumiller et al. (2014) aufgelistet. Im Folgenden erfolgt der Verweis der Einfachheit halber mit CEPR 2013, CEPII 2013, ifo 2013, Ecorys 2009 und AFDR 2014.

[178] Angemerkt sei an dieser Stelle, dass die Studien für den Agrarsektor die Marktstruktur eines vollkommenen Wettbewerbs unterstellen, während im Industrie- und Dienstleistungssektor monopolistischer Wettbewerb unterstellt wird.

Handelsbarriere unter der Voraussetzung, dass Arbeit und Kapital ungestört wandern können. Zu erkennen ist hier, dass die Effekte von der Angebotsseite ausgehen und angenommen wird, dass die Kräfte des Marktes die positiven Effekte generieren (vgl. AFDR 2014: 2).
Neben der gemeinsamen Kausalität im Zustandekommen der Effekte, ähneln sich die Szenarien und der betrachtete Zeitraum. So werden die Effekte bei Ecorys, CEPII und CEPR für einen Zeitraum von 10 Jahren, bei ifo für 10 - 20 Jahre simuliert. Weiterhin werden in den Studien weniger ambitionierte Szenarien, wie etwa für die bloße Eliminierung von Zöllen bei CEPII, CEPR und ifo oder für die separate Liberalisierung des öffentlichen Beschaffungswesens bei Ecorys, und ambitioniertere Szenarien definiert, die zusätzlich zum Zollabbau verschiedene Stufen des NTB-Reduktionen beinhalten. Ecorys simuliert die Effekte für sieben, ifo für drei, CEPII und CEPR jeweils für fünf Szenarien.[179] Die in Tabelle 2 ausgewiesenen Werte sind daher in Intervallen angegeben, die die Ergebnisse der Szenarien wiedergeben. Die Werte sind dabei als Differenz zwischen einer zuvor geschätzten, normalen Entwicklung (Referenzszenario) und der durch TTIP bewirkten Veränderungen zu verstehen.

	Ecorys (2009)	CEPII (2013)	CEPR (2013)	ifo (2013)
BIP EU	0,32 – 0,72	0,0 – 0,5	0,02 – 0,48	0,52 – 1,31**
BIP USA	0,13 – 0,28	0,0 – 0,5	0,01 – 0,39	0,35 – 4,82**
Exporte der EU in die USA	nicht bestimmt	49*	0,69 – 28	5,7 – 68,8**
Exporte der USA in die EU	nicht bestimmt	52,5*	1,4 - 37	k. A.
Reallöhne EU	0,34 – 0,78	k. A.	0,29 – 0,51	ca. 1,64*
Reallöhne USA	0,17 – 0,38	k. A.	0,21 – 0,38	2,15*
Arbeitslosenzahl EU in <Tsd.>	konstant	konstant	Konstant	- 125*

Tabelle 2: Ergebnisse von Ecorys, CEPII, CEPR und ifo (prozentuale Veränderung zum Basisszenario)
Quelle: Ecorys 2009, CEPII 2013, CEPR 2013 und ifo 2013
* Werte für das Referenzszenario
** Werte übernommen aus Tabelle 1 von AFDR 2014

---

[179] Eine Auflistung und Beschreibung der jeweiligen Szenarien findet sich bei Ecorys 2009 in Tabelle 3.2 auf S. 15, bei CEPR 2013 in Tabelle 4 auf S. 28, bei CEPII auf S. 9 und bei ifo auf S. 90 – 94.

Jede der vier Studien kommt hinsichtlich einer Umsetzung von TTIP zu positiven Ergebnissen. Sie prognostizieren sowohl für die EU und die USA eine Wachstumssteigerung, eine Erhöhung der Exporte und, mit Ausnahme der CEPII-Studie, eine Anhebung der Reallöhne. Der Großteil der Steigerung (AFDR nennt hier einen Wert von 80%, S. IV) geht bei den Studien mit CGE-Modellen auf den Abbau von NTBs und der damit verbundenen Senkung der Handelskosten zurück.[180] Die in Tabelle 2 präsentierten Ergebnisse sind dabei als prozentuale Steigerung der makroökonomischen Aggregate für den gesamten Prognosezeitraum zu verstehen. So besagt beispielsweise die im ambitioniertesten Szenario von Ecorys geschätzte Steigerung des BIPs der EU um 0,72%, dass in den Jahren von 2008 – 2018 das BIP der EU durch die Umsetzung von TTIP um insgesamt (nicht jährlich) 0,72% ansteigen wird.

Die Schätzungen hinsichtlich der Steigerung des BIPs und der Reallöhne sind bei Ecorys, CEPII und CEPR aufgrund der ähnlichen Methodik und durch die Wahl ähnlicher Parameter (siehe unten) relativ homogen. Die ifo-Studie weist hier deutlich höhere Werte auf. Weitere Unterschiede in den Ergebnissen zeigen sich in der CEPII-, CEPR- und der ifo-Studie hinsichtlich der geschätzten Steigerung der Exporte der EU in die USA. Für das ambitionierte Szenario weist die ifo-Studie mit einer Zunahme der Exporte um ca. 70% den höchsten Wert aus, gefolgt von der CEPII-Studie mit 49% und CEPR mit 28%. Und auch in Bezug auf das Beschäftigungsniveau sind die Angaben abweichend. Während in den CGE-Modellen von Ecorys, CEPII und CEPR aufgrund der Annahme der Vollbeschäftigung keine Arbeitsmarkteffekte auftreten, kommt das Gravitationsmodell vom ifo-Institut unter der Annahme des Vorhandensein eines imperfekten Arbeitsmarktes zu dem Ergebnis, dass ein Freihandelsabkommen zwischen der EU und der USA 125.000 Arbeitsplätze schaffen wird, wohlgemerkt in 10 – 20 Jahren.

Die Handelsschaffung, die durch den Anstieg der bilateralen Exporte zwischen der EU und der USA angezeigt ist, geht einher mit einer Handelsumlenkung im Intrahandel der EU. Billigere Importe aus den USA und dem ROW ersetzen Güter, die zuvor zwischen den EU-Mitgliedsländern gehandelt wurden (vgl. AFDR 2014: 5). Die Studien von CEPII, CEPR und ifo kommen hier zu unterschiedlichen Ergebnissen. In der CEPII- und der CEPR-Studie ist die Summe aus den Exportsteigerungen in die USA sowie in den RoW und den Exportrückgängen im EU-Intrahandel positiv (vgl. CEPII: S. 10; CEPR: vii und

---

[180] In der ifo-Studie resultieren die Effekte zwar auch auf eine Senkung der Handelskosten, methodisch gesehen gehen sind sie aber auf die Extrapolation vergangener Handelskosten zurückzuführen.

55). Die AFDR-Autoren kommen hingegen nach Berechnungen mit Daten der ifo-Studie zu dem Ergebnis, dass die im Zuge einer Umsetzung von TTIP bewirkten Handelsumlenkungseffekte höher sind als die Handelschaffungseffekte und dass sowohl das Exportvolumen des EU-Intrahandels, als auch die gesamten Exporte der EU sinken werden (vgl. AFDR 2014: 6).

Die Koautoren der ifo-Studie, Felbermayr & Larch, führen in einer ihrer Publikationen an, dass eine Reihe von Studien zu dem Ergebnis gelangen, dass bilaterale Handelsabkommen Drittländer aufgrund von Handelsumlenkungseffekten benachteiligen (vgl. Felbermayr / Larch 2013: 8). Und auch in der ifo-Studie werden einige Staaten als "Verlierer" (vgl. ifo 2013: 16) bezeichnet.[181] CEPR sieht hingegen aufgrund von Spillovern positive Effekte für Drittländer. So würde eine Senkung der Handelskosten im Handel zwischen der EU und der USA um 5% mit einer Senkung der Handelskosten für in die USA oder EU exportierende Drittländer um 1% einhergehen (vgl. CEPR: 29). Auch bei CEPII werden die Handelsumlenkungseffekte mit der Aussage "we can detect little trade diversion induced by a TTIP" (CEPII: 10) negligiert. Die AFDR-Autoren sehen darin den Versuch, sich vor der Auseinandersetzung mit der europäischen Kohäsionspolitik zu drücken, nach der die EU-Politik nicht mit den Zielen der Armutsbekämpfung in Entwicklungsländern kollidieren darf (vgl. AFDR 2014: 6-7).

Nachdem nun die Ergebnisse der Studien diskutiert wurden, sollen nun die Methoden der Studien näher betrachtet werden. Vermerkt sei an dieser Stelle, dass CEPII und CEPR die Schätzungen zu den NTBs von Ecorys übernehmen und - wie soeben veranschaulicht - zu ähnlichen Ergebnissen gelangen.[182] Die Methodik der Studien CEPII und CEPR wird daher nur am Rande diskutiert. Joseph Francois, der Hauptautor der Studien von Ecorys und CEPR, verwendet das CGE-Modell des Global Trade Analysis Project (GTAP).[183] Die Autoren der CEPII-Studie verwenden hingegen das CGE-Modell Modeling International Relationships in Applied General Equilibrium (MIRAGE), das von CEPII

---

[181] Hierzu zählen Länder, die bereits ein Freihandelsabkommen mit der USA oder EU abgeschlossen haben. Dazu zählen Mexiko, Kanada, Chile und auch einige Länder Nordafrikas (vgl. ifo 2013, S. 16)

[182] CEPII verwendet für den Warenhandel Schätzungen von Kee et al. 2009 und für den Dienstleistungsbereich die Schätzungen von Fontagne et al. 2011. Diese Schätzungen weichen jedoch kaum von den Ecorys-Schätzungen ab und sind daher ebenfalls höher als die Schätzungen von Anderson und van Wincoop 2003 ab (vgl. AFDR 2014: 42).

[183] GTAP ist ein globales Netzwerk von Forschern, die quantitative Analysen internationaler Handelspolitiken erstellen (www.gtap.agecon.purdue.edu).

entworfen und weiterentwickelt wird. Die Autoren des ifo-Instituts verwenden für die Schätzung und Simulation von Handelsschaffungs-, Handelsumlenkungs- und Wohlfahrtseffekten ein Gravitationsmodell, für die Effekte der einzelnen Wirtschaftssektoren verwenden sie das MIRAGE-Modell.
Zunächst soll nun die Methodik von Ecorys erläutert werden. Hier wurden aus europäischen und amerikanischen Studien, Unternehmensumfragen, Expertenbefragungen und aus Konsultationen mit staatlichen Behörden der EU und der USA NTBs für insgesamt 20 Sektoren[184] identifiziert. Wie bereits angesprochen wurde, verursachen diese NTBs Handelskosten, deren Absenkung zu Wohlfahrtsgewinnen führt. Da aber nicht alle NTBs abgebaut werden können, weil sie zum Beispiel wirtschaftspolitische Ziele (public policy goals) repräsentieren, haben die Autoren von Ecorys das Konzept der "actionability" entworfen. Die actionability (Grad der Abbaumöglichkeit) "is the degree to which an NTM or regulatory divergence can potentially be reduced (through various methods) by 2018, given that the political will exists to address the divergence identified" (Ecorys 2009: 15).
Für den Grad der Abbaumöglichkeit werden verschiedene Kriterien angeführt, u.a. der Standpunkt der Gesellschaft zu einer bestehenden NTB (etwa zur Einfuhr von hormonbehandeltem Fleisch). Auch die rechtlichen Rahmenbedingungen werden bei der Bestimmung der Abbaumöglichkeit einbezogen. Dabei gilt, je tiefer die Änderung in die Gesetzgebung eines Staates eingreift, desto niedriger ist die Abbaumöglichkeit der NTB. Ein weiteres Kriterium ist die Höhe des bürokratischen Aufwands, der mit einem Abbau einer NTB verbunden ist (vgl. Ecorys 2009: 15-16). Nach diesen Kriterien werden die Abbaumöglichkeiten der NTBs für die jeweiligen Sektoren eingestuft. Die Werte liegen mit einer Standardabweichung von 8% (vgl. AFDR 2014: 41) zwischen 30 und 70%, wobei die Abbaumöglichkeit der NTBs im Durchschnitt aller Sektoren für EU-US-Exporte auf 50% und für US-EU-Exporte auf 48% bemessen wird (vgl. Tabelle 3.3 bei Ecorys 2009: 16).
Die Daten zu den Handelskosten werden dann als äquivalente Zollsätze[185] mit weiteren Daten in einem NTB-Index zusammengefasst und in das CGE-Modell von GTAP eingespeist. In einem ambitionierten Szenario wird ein 50%iger Abbau, in einem weniger ambitionierten ein 25%iger Abbau der NTBs

---

[184] Die Bildung der Sektoren erfolgte auf der Datenbasis von GTAP. Eine Übersicht dieser Sektoren bietet Tabelle 3.1 auf S. 14 bei Ecorys 2009.

[185] Die äquivalenten Zollsätze sind in einem NTB-Index wiedergegeben, der durch Umfrageergebnisse von Ecorys in einer Gravitationsanalyse für einzelne Sektoren bestimmt wird (vgl. Ecorys 2009: Anhang III).

angenommen. Neben den oben gezeigten Ergebnissen kommen die Autoren der Ecorys-Studie zu dem Schluss, dass TTIP möglichst weitläufig umgesetzt werden sollte. So addieren sich die BIP-Effekte bei 50%igen NTB-Abbau unter partieller Betrachtung der Sektoren auf 30,8 Mrd. EUR (bei 50%igen NTB-Abbau). Unter Berücksichtigung von Spillovers addieren sich die BIP-Effekte aller Sektoren dagegen auf 122 Mrd. EUR (vgl. Ecorys 2009: 27).

Die Autoren der ifo-Studie nutzen ökonometrisch gemessene Handelseffekte vergangener Abkommen und fügen diese Daten in ein Gravitationsmodell ein. Dem Modell liegt ein Neo-Keynesianischer Arbeitsmarkt mit Sucharbeitslosigkeit zugrunde, der es ermöglicht, Effekte auf dem Arbeitsmarkt zu simulieren. Auf der Grundlage der abgeleiteten Effekte vergangener Abkommen werden dann die Wohlfahrtseffekte im Gravitationsmodell simuliert, wobei die Effekte als äquivalente Einkommensvariation angegeben werden. Diese geben eine Änderung des Realeinkommens an, das bei gleichbleibendem Nutzenniveau durch Preisänderungen resultiert (vgl. Blank et. 1998: 209). Da aber Preise im Zuge der Handelsliberalisierung fallen und das Gleichgewicht daher empirisch gehaltlos ist, sind die Änderungsraten des BIPs von Bedeutung. Sie sind im Gegensatz zu den Wohlfahrtseffekten niedriger und erscheinen für eine Bewertung angebrachter als die Wohlfahrtseffekte. So sind die ausgewiesenen Wohlfahrtssteigerungen im Durchschnitt zehnmal höher als die Veränderungen des BIPs (vgl. AFDR: 46).

Das Gravitationsmodell unterliegt der Heterogenität von Firmen und erweitert es mit einem Neo-Keynesianischen Arbeitsmarkt a la Pissarides. Dieser lässt Sucharbeitslosigkeit und Suchkosten für Firmen zu und beinhaltet eine "matching Funktion", die die Verhandlungen zwischen Arbeitgeber und Arbeitnehmer beschreibt. Das Modell lässt auch unfreiwillige Arbeitslosigkeit zu und stellt damit eine entschiedene Verbesserung zu GTAP und MIRAGE dar. Das Vorhandensein von Arbeitslosigkeit beruht auf imperfekten Arbeitsmärkten, in denen Unternehmen Geld ausgeben, um qualifizierte Arbeitnehmer zu finden (vgl. AFDR 2014: 46).

Der kausale Zusammenhang zwischen den Gewinnen aus Handel und den Arbeitsmarkteffekten, die aus dem veränderten Handelsaufkommen resultieren, lautet wie folgt: Zunächst besteht Heterogenität von Unternehmen aufgrund unterschiedlicher Produktivitätsniveaus. Nur die produktivsten exportieren. Im Zuge einer Absenkung der Handelskosten exportieren nun auch die Firmen, die zuvor kurz davor waren, zu exportieren. Aufgrund sinkender Preise, die durch eine Absenkung der Handelskosten entstehen, und einer Zunahme des Wettbewerbs durch ausländische Unternehmen, die auf den inländischen Markt drängen, verlassen unproduktive Unternehmen den Markt. Der Schlüsselfaktor zur Realisierung von Wohlfahrtssteigerungen durch Handel ist der Reallokationseffekt von relativ unproduktiven zu produktiveren Unternehmen. Letztere verlassen den Markt, die produktiven Unternehmen wachsen. Da die produktiven Unternehmen wachsen, kommt es zu einer Zunahme der Beschäftigung (vgl. AFDR 2014: 46).

Wie hoch sind nun die Effekte in der langen Frist? Im bevorzugten NTB-Szenario wird angenommen, dass TTIP im Durchschnitt den Handel so stark ansteigen lässt, wie der Durchschnitt der betrachteten Handelsabkommen, nämlich 76%. Die Handelskosten werden im Referenzszenario dann so lange gesenkt, bis dieses um 76% gestiegene Handelsaufkommen erreicht ist. Als Resultat der Handelsschaffung ergibt sich dann ein Wirtschaftswachstum von 2%. Dieser bezieht sich auf den Zeitraum von 10 - 20 Jahren. Das jährliche durch TTIP bewirkte Wirtschaftswachstum ist also trotz der Zunahme des Handelsaufkommens von 76% relativ gering. (vgl. AFDR: 47).

Kritik an den Einschätzungen

Alle betrachteten Studien unterliegen einer komparativ-statischen Betrachtungsweise, d. h. es wird ein Vergleich zwischen dem Referenzgleichgewicht und dem projizierten Gleichgewicht vorgenommen. Dynamische Effekte, die im Anpassungsprozess zum neuen Gleichgewicht auftreten können, werden außer Acht gelassen. Der Übergang hin zum neuen Gleichgewicht ist jedoch mit der Entstehung von makroökonomischen Anpassungskosten und Sozialkosten verbunden, deren Einbeziehung in die Analyse die simulierten Effekte hätte niedriger ausfallen lassen. Neben der Vernachlässigung dieser Kosten, richtet sich die Kritik der AFDR an eine Reihe weiterer Punkte, die sich auf die technische Ausgestaltung der verwendeten Modelle bezieht. Zusammengefasst, ergeben sich folgende Kritikansätze:

- Vernachlässigung makroökonomischer Anpassungskosten
- Vernachlässigung von Sozialkosten der regulatorischen Änderung
- Unzureichende Auseinandersetzung zu den Gefahren des freien Kapitalverkehrs und des Investorenschutzes
- Schätzung der Handelskosten fällt sehr hoch aus
- Wahl einer hohen Substitutionselastizität
- Stark abstrahierende Annahmen des CGE-Modells
- Mikroökonomische Abbildung makroökonomischer Zusammenhänge
- Ifo: Extrapolation vergangener Handelsabkommen auf TTIP fragwürdig

Die potentiellen Vorteile von TTIP können nur umgesetzt werden, wenn eine sektorale Reallokation von Arbeit und Kapital stattfindet. Durch die Liberalisierung der Märkte sehen sich die relativ unproduktiven inländischen Firmen unmittelbar billigeren Importen gegenüber und verlassen den Markt. Eine Ausweitung der Exporttätigkeit der inländischen, produktiven Firmen nimmt hingegen mehr Zeit in Anspruch, da zunächst Personal gefunden und eingearbeitet werden muss. Der Reallokationsprozess führt also zu kurz- und mittelfristigen Arbeitsplatzverlusten und zu einem Rückgang der Produktion. Dadurch kommt es zu sinkenden staatlichen Einnahmen und steigenden Ausgaben und letztlich zu einer Gefährdung der Haushaltsstabilität. In den Studien werden diese makroökonomischen Anpassungskosten jedoch vernachlässigt (vgl. AFDR 2014: 15-16).

Die Vernachlässigung der Arbeitsmarkteffekte ist durch die Annahme der Vollbeschäftigung im CGE-Modell begründet. Arbeitslosigkeit ist in der Modellwelt des CGE nur ein temporär auftretendes Phänomen. Durch kurzfristige Arbeitslosigkeit entstehende Kosten werden durch erhöhte Einkommen kompensiert, die im Zuge der Produktivitätssteigerungen generiert werden (vgl. AFDR 2014: 16). Bezüglich der Arbeitsplatzverluste im Reallokationsprozess und der Einkommenssteigerungen kommt eine Studie der Organisation for Economic Co-operation and Development (OECD) zu den Anpassungskosten im Arbeitsmarkt zwar zu dem Ergebnis, dass eine Vielzahl der freigesetzten Arbeitskräfte eine Anstellung im gleichen oder einem anderen Sektor gefunden hat (in der USA schneller als in der EU), jedoch niedrige bis hohe Einkommenseinbußen hinnehmen mussten (vgl. OECD 2005).[186]

Neben den beschriebenen auftretenden Kosten der Arbeitslosigkeit (sinkende Steuereinnahmen, Arbeitslosenunterstützung oder Kosten für Umschulungsprogramme) kommt es durch die Herabsetzung oder Eliminierung von Zöllen zu Einnahmeverlusten. Da diese Einnahmen Teil des Haushalts der EU sind, müssen sie kompensiert werden und stellen daher ebenfalls makroökonomische Anpassungskosten dar. Die Autoren der AFDR-Studie stellen eine Kalkulation für diese Kosten auf und errechnen für einen Zeitraum von zehn Jahren bei konservativer Schätzung einen akkumulierten Wert von 33 Mrd. EUR,

---

[186] Die Autoren der ifo-Studie, die als einzige den Arbeitsmarkt explizit in ihre Untersuchungen einbeziehen, kommen gar zu dem Ergebnis, dass durch die Umsetzung von TTIP (im NTB-Szenario) die Arbeitslosenquote der EU um fast einem halben Prozent sinken würde und die Reallöhne um etwa 1,6% ansteigen werden (vgl. ifo 2013, S. 100).

bei einer großzügigen Schätzung von 60 Mrd. EUR.[187] Diese Summen scheinen angesichts der ausgewiesenen Wachstumsraten nicht ins Gewicht zu fallen. In Anbetracht der Gelder, die im Europäischen Fonds für die Anpassung an die Globalisierung (150 Mio. EUR) und dem Europäischen Sozialfonds (10 Mrd. EUR) für Arbeitsmarktprogramme auf europäischer Ebene zur Verfügung stehen, erhalten diese Summen aber einen höheren Stellenwert (vgl. AFDR 2014: 18-19). Mit der Umsetzung des Abkommens entstehen zudem Sozialkosten, die in den Studien ebenfalls keine Berücksichtigung finden. Hierunter fallen beispielsweise die Kosten für die Angleichung technischer Standards oder erhöhte Informationskosten für Verbraucher. So verursacht die Angleichung technischer Standards administrativer Kosten, etwa aufgrund neuer Zulassungsverfahren oder Sicherheitsvorschriften. Zudem sind Firmen gezwungen, ihren Produktionsprozess den veränderten Standards anzupassen. Informationskosten entstehen deshalb, weil der Verbraucher Zeit benötigt, um Informationen über das durch neue Standards und Marktöffnungen veränderte Produktangebot zu bewerten. Sozialkosten treten zudem auf, wenn gesellschafts- und wirtschaftspolitische Ziele (public policy goals) herabgesetzt werden. Hierzu zählen Standards im Gesundheitswesen, Sicherheitsvorschriften oder Umweltauflagen. Werden zum Beispiel die Standards zur Handhabung giftiger Chemikalien auf ein niedrigeres Niveau gesetzt, kann dies aufgrund eines vermehrten Auftretens von Allergien zu höheren Gesundheitsausgaben führen (vgl. AFDR 2014: 19-20).

Ein mit der Umsetzung eines FHAs einhergehender freier Kapitalverkehr kann zu dazu führen, dass verstärkt ADIs in ein Land fließen. Wird die mit der Investition erzielte Rendite aus dem Zielland abgeführt, stellt dies eine Verknappung von Ressourcen dar. Weiterhin können kurzfristige, spekulative Kapitalbewegungen, ausgelöst etwa durch plötzliche Abzüge von Portfolioinvestitionen, dazu führen, dass Unternehmen in Finanzierungsschwierigkeiten geraten und staatliche Hilfsmaßnahmen erforderlich werden. Sowohl die mit ADIs als auch mit Portfolioinvestitionen verbundenen Gefahrenpotentiale werden nach Ansicht der AFDR-Autoren nur unzureichend thematisiert (vgl. AFDR 2014: S. 14). Moniert werden kann auch, dass keine der Studien den Investorenschutz in ihre Untersuchung einbezieht. Wie bereits angeführt, können erfolgreiche Klagen den

---

[187] Dabei schätzen sie den jährlichen Einnahmeverlust durch Zollsenkungen auf 3 - 6 Mrd. EUR, die durch die Arbeitslosigkeit entstehenden Ausgaben auf 0,5 - 1,4 Mrd. EUR und die wegfallenden Steuereinnahmen und Sozialversicherungsbeiträge auf 0,4 - 1 Mrd. EUR (vgl. AFDR 2014: 18).

Staatshaushalt stark belasten und die positiven Effekte der Senkung der Handelskosten relativieren (vgl. AFDR 2014: 47).
Ecorys zieht für die Bildung des NTB-Index Ergebnisse einer Umfrage heran, in der Unternehmen auf einer Skala von 0 - 100 einschätzen sollten, als wie frei sie den Handel mit den USA bewerten. 0 steht dabei für einen vollkommen freien Handel und 100 für einen vollkommen geschlossenen Markt (vgl. Ecorys 2009: 10). Die Antworten flossen dann als Form eines Indexes in die ökonometrischen Schätzungen ein. Unter Einbeziehung dieser subjektiven Einschätzungen ermitteln die Autoren von Ecorys, dass der Anteil der Handelskosten an den Gesamtkosten für den Handel eines Gutes zwischen der EU und der USA 17% beträgt (vgl. AFDR 2014: 35-36). Damit liegt der Wert deutlich über den auf konsistenten Schätzungen beruhenden Wert von 3 – 4 Prozent von Anderson und van Wincoop (vgl. Anderson / van Winccop 2004: 693).
Im voherigen Abschnitt wurde bereits das Konzept der Elastizität angesprochen. Wie sind nun die gewählten Elastizitäten in den Studien zu bewerten? Zunächst sei darauf verwiesen, dass sich die Elastizitäten auf ein bestimmtes Produkt oder eine Produktgruppe beziehen, die sich im Falle der Wahl eines vollkommenen Wettbewerbs nur nach ihrer Herkunft unterscheiden (Armington-Elastizität), im Falle eines monopolistischen Wettbewerbs unterscheiden sie sich darüber hinaus nach bestimmten Merkmalen. Die Preiselastizität des Handels bzw. die Substitutionselastizität gibt an, wie sich das Import- oder Exportvolumen eines Produktes oder einer Produktgruppe ändert, wenn sich der Preis für diese in einem anderen Land um einen gewissen Prozentsatz ändert. Wenn nun also die Senkung der Handelskosten zu Preisänderungen führt, hat dies Auswirkungen auf die Importnachfrage und das Exportangebot. Das Handelsvolumen steigt.
Folgendes Gedankenbeispiel solle diese Kausalität verdeutlichen. Angenommen für die Nachfrage nach Soja würde eine Preiselastizität von sechs unterstellt. Der Wegfall einer Handelsbarriere, beispielsweise die Erteilung einer Einfuhrerlaubnis für genverändertes Soja, bedeutet nun, dass die Handelskosten und damit der äquivalente Zollsatz sinken. Es kommt zu einem sechs prozentigem Anstieg des europäischen Sojaimports und im Falle eines monopolistischen Wettbewerbs können die Sojaexporteure Skalenerträge realisieren. Weiterhin sinken die Futtermittelpreise, Fleisch wird billiger, etc.
Bei Ecorys und CEPR nimmt die ungewichtete durchschnittliche Substitutionselastizität einen Wert von sechs an. CEPII hat zwar keine Werte veröffentlicht, es kann aber angenommen werden, dass die ungewichtete durchschnittliche Substitutionselastizität mindestens fünf beträgt (vgl. AFDR 2014: 42). Diese Werte basieren auf disaggregierten Daten, die bis hinunter zum

Einzelprodukt reichen. Generell werden auf gesamtwirtschaftlichen Aggregationsniveau Werte für Substitutionselastizitäten zwischen 0,5 und 2 gewählt (vgl. Kwack et al. 2007). Die gewählte Höhe der Elastizitäten lässt also darauf schließen, dass die Handelseffekte in den Studien überschätzt werden (vgl. AFDR 2014: 43).

Ein Kritikpunkt am CGE-Modell leitet sich aus der Annahme rational handelnder Individuen ab. So besagt die Gleichgewichtstheorie, dass die Nachfrage sinkt, sobald der Preis steigt. Nach dem Sonnenschein-Mantel-Debreu-Theorem kann das Verhalten eines Individuums aber nicht einfach zu einer gesamtwirtschaftlichen Nachfragefunktion aggregiert werden. Es können multiple Gleichgewichte auftreten, die zudem nicht stabil sind. Auch die Annahme eines Gleichgewichtspreises ist dann nicht mehr hinnehmbar. Weiterhin beruht ein Modell des allgemeinen Gleichgewichts auf mikroökonomische Theorieansätze wie die Realisierung von Skalenerträgen oder einen imperfekten Wettbewerb. Die Beschreibung der makroökonomischer Aggregate wie Unternehmen, Haushalte, Regierungen und Konsum erfolgt hier also auf den Grundlagen mikroökonomischer Theorie, ohne dass dabei makroökonomische Einflüsse etwa durch staatliche Arbeitsmarktprogramme oder Konjunkturpakete einbezogen werden. Allein die Kräfte des Marktes würden die bestmögliche Allokation herbeiführen (vgl. AFDR 2014, S. 30).

Die Annahme, das Güter- und Faktormärkte zu einem Gleichgewichtspreis vollständig geräumt werden, impliziert einen Preismechanismus, in dem sich die Preise für Güter und Produktionsfaktoren sich so lange anpassen bis ein simultanes (allgemeines) Gleichgewicht erreicht ist. Wenn also alle Märkte durch Preisanpassungen geräumt werden, lässt dies kein Raum für Mengenanpassungen in der Produktion. Und da im Gütermarkt keine Mengenanpassungen möglich sind, ist auch beim Produktionsfaktor Arbeit keine Anpassung möglich. Preise ändern sich so lange, bis die Märkte geräumt sind, d. h. Reallöhne sinken so lange bis eine Vollbeschäftigung erreicht ist. Aufgrund dieser Kausalität, lassen CGE-Modelle keine Aussagen zur Bildung regionaler Disparitäten zu (vgl. AFDR 2014: 38-39).

Weiterhin wird die Regierung in der neoklassischen Modellwelt von CGE-Modellen den Haushalten zugeordnet. Die staatlichen Einnahmen etwa durch Steuern oder Zölle werden als Einkommen der Haushalte betrachtet, die damit wiederum bestimmte Bereiche der Wirtschaft wie den Agrarsektor subventionieren. Die Annahme eines gleichgewichtigen privaten und öffentlichen Konsums unterstellt ein konstantes Haushaltsdefizit. Falls die Einnahmen der Regierung sinken, muss sie die Ausgaben an anderer Stelle kürzen (GTAP) oder eine Kompensationssteuer einführen (MIRAGE). Damit sind CGE-Modelle nicht in der Lage, die Gefahren von Haushaltsdefiziten zu berücksichtigen (vgl. AFDR 2014: 39). Das Schätzverfahren der ifo-Studie beruht auf der Extrapolation der Effekte vergangener Handelsabkommen. Darunter fallen z. B. auch gemeinsame Infrastrukturprojekte oder Abkommen, die auf dem Weg zur Bildung der Europäischen Union geschlossen wurden. Naheliegend ist hier die Vermutung, dass die extrapolierten Effekte für TTIP als zu hoch eingeschätzt werden, da die ökonomischen Effekte der europäischen Integration nicht mit denen von TTIP gleichgesetzt werden können. Daher sind die ausgewiesenen Effekte der ifo-Studie mit einer begründeten Skepsis zu betrachten (vgl. AFDR: 45).

Standpunkte zu TTIP aus Politik, Wirtschaft und Gesellschaft

Da mit dem sich in Verhandlung befindenden Abkommen viele Wirtschaftsbereiche und sensible Sozial- und Umweltstandards angesprochen werden, existieren dementsprechend viele Standpunkte in Politik, Wirtschaft und Gesellschaft. Eine Fülle aus europäischer und amerikanischer Parteien, internationale Organisationen, Unternehmen und ihre Verbände sowie NGOs und Vertreter zivilgesellschaftlicher haben ihre Meinung zu den transatlantischen Liberalisierungsbemühungen. Da eine umfassende Ausführung zu den Standpunkten der involvierten Parteien, Institutionen, Unternehmen und Organisationen nicht möglich ist, beschränkt sich die folgende Darlegung auf die offiziellen Stellungnahmen von den deutschen Bundestagsparteien, den wichtigen deutschen Wirtschaftsverbänden und dem deutschen Gewerkschaftsbund sowie von verschiedenen NGOs und Akteuren der Zivilgesellschaft.[188]

Akteure der Zivilgesellschaft

Lobby Control kritisiert die Verschwiegenheitspflicht der Verhandlungsführer und dass im Rahmen der TTIP-Verhandlungen nahezu ausschließlich Gespräche mit Unternehmensvertretern geführt werden und übrige Gesprächsteilnehmer wie Gewerkschaften, Verbraucherschutzorganisationen und andere zivilgesellschaftliche Akteure nur marginal beteiligt seien. Lobbyverbände wie die Bertelsmann-Stiftung, Business Europe, Forum Europe und zahlreiche Anwaltskanzleien würden ihren privilegierten Zugang zu politischen

---

[188] Auf den Internetseiten der WTO, der Weltbank, des Internationale Währungsfonds und der International Labor Organization sowie der Vereinten Nationen wurden keine offiziellen Stellungnahmen zu TTIP ausfindig gefunden.

Entscheidungsträgern dazu nutzen, eine positive Stimmung für TTIP zu erzeugen. So bestünden die Expertengruppen der EU-Kommission hauptsächlich aus wirtschaftsfreundlichen Lobbyisten (vgl. Bank 2014).

In ihrem Beitrag "TAFTA[189] - die große Unterwerfung" beklagt Lori Wallach, Handelsexpertin der Verbraucherschutzorganisation Public Citizen, neben der Verschwiegenheit der Verhandlungen und dem großen Einfluss der Wirtschaftslobbyisten die mögliche Implementierung der Investorenrechte, die mit einem Verlust staatlicher Souveränität einhergehen würden. Demnach können fremdländische Unternehmen - außerhalb des nationalen Rechtsweges - Staaten in einem dreiköpfigen Schiedsgericht[190] auf Entschädigungszahlungen verklagen, wenn befunden wird, dass die Politik oder bestimmte Maßnahmen einer Regierung die erwarteten künftigen Profite eines Unternehmens schmälern. Letztlich dürfe das staatliche Regelwerk daher nach einer getätigten Investition nicht mehr verändert werden (vgl. Wallach 2013).

Wallach sieht zudem die von sozialen Bewegungen im 20. Jahrhundert durchgesetzten Fortschritte gefährdet. Regierungen würden im Namen der regulatorischen Konvergenz dazu bewegt werden, Produkte und Dienstleistungen zuzulassen, die den jeweiligen einheimischen Standards nicht genügen. Als Beispiel nennt Wallach die Einfuhr gentechnisch veränderter Organismen (GMO) oder bisher verbotener US-Fleischerzeugnisse in die EU, den ungehinderten Abfluss persönlicher Daten aus der EU in die USA und die Deregulierung des amerikanischen Finanzsektors, die vor allem seitens der deutschen Banken angestrebt wird. Zudem würde der mächtige Verband Airlines for America die Abschaffung des europäischen Emissionshandelssystem fordern und auch in einigen anderen Bereiche des Dienstleistungssektors gebe es Absichten, die durch eine Begrenzung der staatlichen Regulierungsmöglichkeiten gekennzeichnet sind. (vgl. Wallach 2013).

Die weltweit agierende NGO Attac vertritt ebenfalls eine ablehnende Haltung gegenüber TTIP und äußert einige der bereits genannten Kritikpunkten. Ergänzend sei hier die Kritik an der Liberalisierung des öffentlichen Beschaffungswesens angeführt. Diese würde eine regionale Wirtschaftsförderung

---

[189] TAFTA steht fürTransatlantic Free Trade Agreement. Unter diesem Begriff wurde TTIP zu Beginn der Verhandlungen diskutiert. Mittlerweile hat sich aber der Begriff TTIP etabliert.

[190] Nach Angaben von Wallach besteht ein Schiedsgericht aus drei Juristen, die normalerweise für den Privatsektor arbeiten. Gegenwärtig würden die Schlichtungskammern von 15 Rechtsanwaltsbüros dominiert, die mit 55% aller bisherigen Investitionsklagen gegen Staaten befasst waren. Eine Berufungsmöglichkeit ist nicht vorhanden (vgl. Wallach 2013).

erschweren und letztlich auch als Einfallstor dienen, die Wasserversorgung, die auch in den USA noch überwiegend auf kommunaler Ebene bereitgestellt wird, zu privatisieren. Außerdem moniert Attac eine mögliche Umkehrung des Vorsorgeprinzips. So gelte in der EU das Prinzip, dass ein Verfahren oder ein Produkt nur dann durchgeführt bzw. angeboten werden dürfe, so lange die Unschädlichkeit wissenschaftlich nachgewiesen ist. Befürchtet wird, dass sich dieses Prinzip bei einem Abschluss von TTIP umkehren würde und Verfahren oder Produkte zulässig werden, deren Unschädlichkeit nicht wissenschaftlich bestätigt ist (vgl. Attac 2014).

Der Direktor des Hamburgischen Weltwirtschaftsinstituts (HWWI), Thomas Straubhaar, spricht sich hingegen für TTIP aus. Er argumentiert, dass Freihandel von zentraler Bedeutung für Wohlstand und Beschäftigung sei, dieser aber nicht über einen Konsens der WTO-Mitglieder zu erreichen sei, sondern über eine Annäherung von Ländern mit ähnlichen wirtschaftlichen Strukturen und gesellschaftlichen Vorstellungen. Für die übrige Welt sieht er zwar aufgrund der Handelsumlenkung eine kurzfristig nachteilige Entwicklung, langfristig würde aber die ganze Welt von den Wohlfahrtseffekten der EU und USA profitieren. Deshalb, so Straubhaar, "sollte die Weltwirtschaft das Scheitern und nicht den Erfolg von TTIP fürchten" (vgl. Straubhaar 2014).

Für einen erfolgreichen Abschluss von TTIP seien, so Straubhaar, einige Streitpunkte zu lösen. Der Abhörskandal der National Security Agency (NSA) müsse beigelegt werden. Hier erkennt Straubhaar einen politischen Richtungswechsel der USA, die mittlerweile die Schäden einer Partnerschaft erkennen würden, wenn nicht nur Feinde, sondern auch Freunde abgehört würden. Weiterhin müsse auch eine Lösung bezüglich gentechnisch veränderter Lebensmittel gefunden werden, die von den Amerikanern als Segen im Kampf gegen den Hunger angesehen würden, in Europa jedoch weiterhin abgelehnt werden. Auch müsse Klarheit bei den Sozial- und Umweltstandards geschaffen werden. Alles in allem sollten in den folgenden Verhandlungsphasen Kompromisse gefunden werden, die beide Seiten als fair und akzeptabel bewerten können (vgl. Straubhaar 2014).

Die Bundestagsparteien

Die CDU spricht sich klar für ein transatlantisches Freihandelsabkommen aus und benennt einige positive Auswirkungen ökonomischer Integration. Auch die in potentielle ökonomische Effekte von TTIP finden sich hier wieder. So ist die Rede von der Schaffung 1,3 Mio. Jobs in Europa oder einer jährlichen Zunahme der jährlichen Wirtschaftskraft um fast ein Prozent (vgl. CDU 2014a). Zudem argumentiert die CDU in einem Thesenpapier namens "Mythen und Fakten zu TTIP", dass viele der Kritikansätze an TTIP ungerechtfertigt seien. So würden die Verhandlungen durch Transparenz gekennzeichnet sein, der Abbau von Qualitäts- und Sicherheitsstandards sei nicht zu befürchten und es wird angeführt, dass das ISDS nicht zu staatlichen Souveränitätseinbußen führen würde (vgl. CDU 2014b).

Die SPD spricht sich grundsätzlich für das geplante Abkommen aus und führt an, dass eine Abstimmung von Vorschriften und Regeln in der Wirtschaft Europas und der USA Chancen für Wachstum, Beschäftigung und sozialen Ausgleich biete und auch auf globaler Ebene Fortschritte bei der Berücksichtigung von Nachhaltigkeitsaspekten, Verbraucherschutz und Arbeitnehmerrechten erzielt werden könnten. Hinsichtlich der Investorenrechte vertritt die SPD den Standpunkt, dass spezielle Investitionsschutzvorschriften zwischen der USA und der EU nicht erforderlich seien, da beide Partner hinreichend Rechtsschutz vor nationalen Gerichten gewähren würden (vgl. SPD 2014b). Um mehr Transparenz in den TTIP-Verhandlungen zu schaffen, hat Wirtschaftsminister Gabriel einen Beirat gegründet, der den Kritikern von TTIP in den Verhandlungen mehr Gewicht verleihen soll. Mitglieder sind u.a. IG-Metall-Chef Detlef Wetzel oder der Vorsitzende des Bundes für Umwelt und Naturschutz, Hubert Weigner (vgl. SPD 2014a).

Die Grünen beanstanden die Verschwiegenheit der Verhandlungen und kritisieren Wirtschaftsminister Gabriel, weil dieser lediglich öffentliche Bekenntnisse gegen die Investorenrechte abgebe und sich nicht aktiv für deren Ausklammerung in den Verhandlungen einsetze. Weiterhin wird angeführt, dass der Schutz und Ausbau von Verbraucherschutz-, Sozial-, Umwelt-, Lebensmittel- und Gesundheitsstandards nicht verhandelbar seien und nicht einer Harmonisierung zum Opfer fallen dürfe. Grundsätzlich stehe man einer Vertiefung des transatlantischen Handels positiv gegenüber, allerdings unter der Voraussetzung, dass Standards auf beiden Seiten des Atlantik gestärkt und das europäische Vorsorgeprinzip nicht umgekehrt werden (vgl. Bündnis 90/Die Grünen 2014).

Die Linke ist der Auffassung, dass TTIP nur einigen wenigen Profite beschere, während die meisten Menschen Nachteile zu erleiden hätten. Die Verschwiegenheit der Verhandlung zeige, dass das Abkommen nicht zu aller Nutzen sein kann, da es sonst keine Geheimhaltung bräuchte. Weiterhin werden die Ergebnisse der CEPR- und der ifo-Studie relativiert. So seien die vom CEPR geschätzten jährlichen Zuwachsraten des europäischen BIPs von jährlich 0,03% im optimistischen Szenario kein echter Wachstumsimpuls (Schlecht 2014). Die im optimistischen Szenario der ifo-Studie genannte Schaffung von Arbeitsplätzen würde lediglich einem Anstieg der deutschen Beschäftigung um jährlich 0,4%

bedeuten. Zudem wird eine Herabsetzung von Gesundheits- und Sozialstandards befürchtet. Die provokante Forderung der Linken lautet: "TTIP im Atlantik versenken!" (Schlecht 2014).

Wirtschaftsverbände und Gewerkschaften

Der Deutsche Industrie- und Handelskammertag (DIHK)[191] betont die Wichtigkeit der US-Märkte für die deutsche Exportwirtschaft. TTIP würde zu einer Belebung des transatlantischen Handels und einer Verbesserung der Wettbewerbsfähigkeit der Partner auf globaler Ebene führen. Die wechselseitig vereinbarten Regeln könnten als globaler Maßstab dienen und die weltweite Dynamik zum Abbau von Handelshemmnissen wieder in Gang bringen bzw. den seit der Finanzmarkt- und Wirtschaftskrise einsetzenden Aufbau von NTBs entgegenwirken. TTIP solle dabei den WTO-Regeln entsprechen und als Stärkung des multilateralen Handelssystems dienen. Gefordert wird ein "zügiger Abschluss eines ambitionierten Abkommens", ohne dabei jedoch bestehende Schutzniveaus für Verbraucher, Umwelt und Arbeitnehmer zu gefährden (vgl. DIHK 2014b). Hinsichtlich des ISDS sagt der DIHK, dass Schiedsgerichtsbarkeit zwar ein einfaches und effektives Mittel zur Streitbeilegung sei. Zwischen Ländern, die über entwickelte Rechtssysteme verfügen, sei aber die Verbindung zwischen Handels- und Investitionsschutz nicht zwingend notwendig. Sollte ISDS einbezogen werden, müsse es klar definierte Regelungen für Enteignung, Diskriminierung und unfaire Behandlung geben. Die Regulierungsfreiheit eines Staates dürfe nicht ausgehebelt werden. Das Investitionsschiedsverfahren müsse – anders als die Handelsschiedsgerichtbarkeit – dem öffentlichen Interesses wegen, das sich aus der Beteiligung von Staaten ergibt, möglichst transparent gestaltet werden, wobei Geschäftsgeheimnisse jedoch weiterhin zu wahren seien (vgl. 1). Der dem DIHK nahestehende Bundesverband der Deutschen Industrie (BDI) setzt sich deutlicher für die Einbeziehung eines ISDS in TTIP ein. Er sieht in den aktuellen Verhandlungen die Gelegenheit, den Investorenschutz zu reformieren und einen globalen "gold standard" zu etablieren, der bei zukünftigen Verhandlungen, auch zwischen Drittländern, gelten würde (vgl. DIHK 2014a). Der Bankenverband erhofft sich von TTIP eine bessere Abstimmung der Regulierungsmaßnahmen und Erleichterungen beim Marktzugang in den USA. Durch TTIP könnten wichtige Grundsätze wie die gegenseitige Anerkennung vergleichbarer Regeln zur Finanzmarktregulierung neu verankert werden. Diese

---

[191] Der DIHK ist eine Dachorganisation der 80 Industrie- und Handelskammern (IHKs) und vertritt mehr als 3,6 Mio. Mitgliedsunternehmen verschiedener Größen und verschiedener Branchen (vgl. www.dihk.de).

fehlende gegenseitige Anerkennung führe gerade bei europäischen Instituten zu zahlreichen Doppelbelastungen und Benachteiligungen im internationalen Wettbewerb (vgl. Bankenverband 2014a). Bisher würden die USA aber verbindliche Regeln für ihre Regulierungsbehörden ablehnen und deren lockere Abstimmung mit der EU-Kommission und den europäischen Aufsichtsbehörden über den bestehenden Finanzmarktregulierungsdialog sowie international über das FSB und die Foren der Aufsichtsbehörden bevorzugen (vgl. Bankenverband 2014b).

Der Bundesverband der Energie- und Wasserwirtschaft (BDEW) äußert sich zum EU-Emissionshandelssystem und benennt dies als zentrales Instrument zur Treibhausgasminderung. Während auf amerikanischer Seite eine Abschaffung dieses System angestrebt wird, spricht sich der BDEW dafür aus, dass langfristig ein weltweites Emissionshandelssystem aufgebaut werden sollte. Hinsichtlich der Wasserwirtschaft wird geäußert, dass der kürzlich gefundene politische Konsens zur Herausnahme der Wasserwirtschaft aus dem Geltungsbereich der verabschiedeten Konzessionsvergaberichtlinie nicht durch TTIP gefährdet werden dürfe (vgl. BDEW 2014).

Die Bundesvereinigung der Deutschen Ernährungsindustrie (BVE) befindet, dass Handelsabkommen, die den deutschen Lebensmittelherstellern einen verbesserten Marktzugang und eine Erleichterung des Warenverkehrs einbringen, grundsätzlich zu begrüßen sind. Wichtiger als der Abbau von Zöllen, die bei einzelnen Lebensmittelprodukten nach wie vor hoch seien, sei der Abbau von NTBs, die zum Beispiel in Form von aufwändigen oder langwierigen Betriebszulassungsverfahren oder undurchsichtigen Importvorschriften in den verschiedenen US-Bundesstaaten bestehen. Auch die Anerkennung von in der EU geschützten geografischen Angaben durch die USA sei anzustreben (vgl. Deutscher Bundestag 2014: 2-3).

Im Bereich der Umwelt- und Tierschutzgesetze ist aus Sicht der BVE eine regulatorische Kooperation grundsätzlich zu begrüßen, da diese das gegenseitige Verständnis über Verfahren und Standards verbessere und letztlich die Kosten für Unternehmen senke. Bezüglich einer Zulassung von hormon- und genveränderter Lebensmittel, drückt die BVE ihre Zufriedenheit darüber aus, dass die Europäische Kommission mehrfach klargestellt habe, dass eine Abschwächung oder Aushöhlung europäischer Standards nicht zur Verhandlung stehen würden. Hinsichtlich des ISDS sagt die BVE, dass ein Investitionsschutzabkommen zwischen der EU und USA nicht erforderlich sei (vgl. Deutscher Bundestag 2014: 3-5).

Der Bundesverband des Deutschen Groß- und Außenhandels (BGA) spricht sich für eine umfassende Liberalisierung des Handels aus. TTIP sollte möglichst keine Sektoren ausschließen und insbesondere auch den Agrarsektor einschließen. Zölle sollten vollkommen abgeschafft werden, da diese immer noch ein Hindernis im bilateralen Handel seien und die Gewinnnmarge von Unternehmen verringern würden. Weiterhin sollten die Verfahren der Zollabfertigung etwa durch einheitliche Zolldokumente effizienter gestaltet werden. Eine gegenseitige Anerkennung der Verbraucherschutz-, Gesundheits-, Umwelt-, Qualitäts- und Sicherheitsstandards würde einen großen Teil der NTBs beseitigen. Weiterhin könne TTIP die multilateralen Verhandlungen auf WTO-Ebene wiederbeleben und dürfe nicht zur Errichtung eines abgeschotteten Handelsblocks führen (vgl. Schwenke 2014).

Der Verband der Automobilindustrie (VDA) steht dem geplanten FHA positiv gegenüber. Ein großer gemeinsamer Markt führe nicht nur zu geringeren Kosten, günstigeren Produkten, einer größeren Produktvielfalt oder zu mehr Transparenz, sondern würde auch auf weitere Regionen der Weltwirtschaft ausstrahlen. Umwelt- und Sicherheitsstandards sollten durch das Abkommen keineswegs aufgeweicht, sondern angeglichen oder zumindest anerkannt werden. So würden sie im weltweiten Kontext mehr Bedeutung erlangen (vgl. VDA 2014: S. 42). Der VDA erkennt allerdings die Schwierigkeiten des Unterfangens an und verweist auf einer von der EU- und US-Automobilindustrie gemeinsam angestoßenen Studie zur Vergleichbarkeit von Standards. Diese soll folgende Fragen beantworten: Wie kann regulatorische Äquivalenz analysiert und festgestellt werden? Führen unterschiedliche Standards zu abweichenden Sicherheitsniveaus, sind EU- und US-Fahrzeuge also vergleichbar sicher? Wenn über die Methodik der Untersuchungen Einigkeit bestehe, so der VDA, würden sich die Ergebnisse leicht ableiten lassen und die Regulierer sollten handeln (vgl. VDA 2014, S: 42).

Der deutsche Gewerkschaftsverbund, dem u.a. die Industriegewerkschaft Metall (IG-Metall) und die Vereinte Dienstleistungsgewerkschaft (ver.di) angehören, spricht sich gemeinsam mit der Verbraucherzentrale Bundesverband (vzbv) dafür aus, dass mit TTIP verbesserte Arbeits-, Sozial-, Verbraucher- und Umweltstandards auf beiden Seiten des Atlantiks herbeigeführt werden sollen. Gegenwärtig würden die Verhandlungen nach wie vor einseitig auf Marktliberalisierung, Deregulierung und eine Ausweitung von Investorenrechten zielen. Gefordert wird u.a., dass Arbeits- und Sozialstandards nicht als Handelshemmnisse bewertet werden sollten und in einem Freihandelsabkommen die Umsetzung und Einhaltung der grundlegenden Arbeitsnormen der

International Labor Organization (ILO) festgeschrieben wird.[192] Zudem wird gefordert, dass das ein Europa geltende Vorsorgeprinzip zum Maßstab für die transatlantischen Beziehungen zu machen und die Transparenz der Verhandlungen noch zu erhöhen (vgl. DGB 2014b).

Der Investitionsschutz wird vom Gewerkschaftsverbund mit der Begründung abgelehnt, dass daraus zahlreiche Gefahren für die Regulierungsfähigkeit von Parlamenten und Regierungen entstehen würden und der Investorenschutz keine erkennbaren Vorteile mit sich bringe. Im Gegenteil, zusätzliche Investitionsschutzbestimmungen für ausländische Investoren würden eine Besserstellung gegenüber inländischen Investoren darstellen. Als weiteres Argument wird angeführt, dass die EU und die USA über hochentwickelte Rechtssysteme verfügen und das hohe Maß an transatlantischen Direktinvestitionen zeige, dass Investoren sich bislang nicht in ihrer Investitionssicherheit bedroht sehen würden. Auch das Argument, dass Investorenschutz in TTIP bei Abkommen mit anderen Ländern als Wegweiser dienen könnte, wird als haltlos angesehen. Eine Reform des Investitionsschutzes solle eher auf multilateraler, etwa im Rahmen der United Nations Conference on Trade and Development UNCTAD, stattfinden und nicht über ein einzelnes Abkommen (vgl. DGB 2014a: 2).

Weiterhin wird kritisiert, dass der ISDS stelle eine Umgehung der ordentlichen nationalen Gerichtsbarkeit dar und müsse daher abgelehnt werden. Ungenaue Definitionen von Ansprüchen der Investoren wie " 'Faire und Gerechte Behandlung' " oder Kompensation bei " 'indirekter Enteignung' " führten dazu, dass beliebige staatliche Regulierungen als Verstoß gegen diese Investorenansprüche gewertet werden können. Außerdem seien die Verfahren des ISDS absolut intransparent. Es wäre daher notwendig, eine umfangreiche Untersuchung bisheriger Abkommen und ihre Erfolge und Probleme von Investitionsschutzverträgen anzustellen. Auf Grundlage der Ergebnisse könne dann geprüft werden, inwieweit Investitionsschutzregeln tatsächlich notwendig und sinnvoll sind. Ein entsprechender Ansatz beim Investitionsschutz könne dann auf internationaler Ebene entwickelt und etabliert werden. Denkbar wäre zudem eine Koppelung von Investorenpflichten an die Investorenrechte (vgl. DGB 2014a: 2-4).

---

[192] Die USA hat bisher nur zwei der acht Kernarbeitsnormen der ILO ratifiziert.

Abwägung und Ausblick

Die Ausführungen haben gezeigt, dass durch ökonomische Integration und der damit einhergehenden Implementierung von Freihandel positive Wohlfahrtseffekte aufgrund einer Senkung von Handelskosten erzielt werden können. Im geplanten Freihandelsabkommen könnte eine Absenkung dieser Kosten durch Veränderungen bewirkt werden, die in der Gesellschaft auf großen Widerstand treffen. Es ergibt sich somit ein Trade-off zwischen der Generierung von Wachstumsimpulsen und den public policy goals. Als Beispiel kann die Herabsetzung von Abgasnormen oder toxischer Grenzwerte genannt werden. Diese senkt zwar die Kosten, etwa für die Rezyklierung chemischer Stoffe, führt aber zu einer erhöhten Umweltbelastung und verursacht daher Sozialkosten, die die positiven Effekte der Handelsliberalisierung zunichte machen können.
TTIP ist aber nicht zwangsweise mit der Herabsetzung von Standards gleichzusetzen. Bei der regulatorischen Konvergenz geht es darum, sie anzugleichen. Dies kann auch bedeuten, dass höhere Standards etabliert werden. Theoretisch bestünde also die Chance, den europäischen Finanzsektor den strengeren amerikanischen Regeln zu unterwerfen. Andererseits könnten in den USA Standards etabliert werden, die zu einer geringeren Umweltbelastung führen. Dies hört sich zugegebenermaßen nach Wunschdenken an. Für die Erhaltung hoher Standards sollte jedoch in den Verhandlungen gekämpft werden. Eine gute Wendung ist jedenfalls, dass nun vermehrt auch Akteure der Zivilgesellschaft in die Verhandlungen einbezogen werden.
Die bisherige Verschwiegenheit und die starke Einbeziehung von Lobbyisten in den Verhandlungen hat in der Bevölkerung Ablehnung gegen das Abkommen geschürt. Es besteht die Gefahr, dass TTIP, ähnlich wie im Fall des Anti - Counterfeiting Trade Agreement (ACTA) durch ein Volksbegehren abgelehnt wird und die Möglichkeit vertan wird, transatlantische Standards zu etablieren, die sich langfristig zu weltweiten Standards entwickeln könnten. Kommt kein Abschluss des Abkommens zustande, würden diese Standards möglicherweise von anderen Volkswirtschaften und Integrationsräumen gesetzt werden. Ein auf globaler Ebene stattfindender Wettlauf nach unten bei Löhnen, Steuern, Sozial- und Umweltstandards könnte die Folge sein.
Wie gezeigt wurde, berührt TTIP viele Bereiche der Wirtschaft. Es werden viele Interessen angesprochen und die Diskussion um das Abkommen ist in mancherlei Hinsicht polarisiert. Ein Abschluss des Abkommens, in denen alle Bereiche einbezogen werden, scheint ein sehr kompliziertes Unterfangen zu sein. Denkbar wäre daher auch eine segmentierte Umsetzung der Inhalte. Angefangen bei der

Angleichung technischer Normen, die nicht auf gesellschaftlichen Widerstand treffen und hitzige Diskussion auslösen, könnten nach und nach zu weiteren Inhalten Übereinkünfte erzielt werden. Hier mag zwar die Signalwirkung für den RoW weniger stark sein als ein umfassender Abschluss des Abkommens. Teilkompromisse sind aber immer noch besser als ein vollständiges Scheitern der Annäherung.

Zu den Debatten um die Einfuhr amerikanischer Fleischerzeugnisse, sei zunächst gesagt, dass auch die konventionelle Fleischproduktion in Europa nicht gerade am Wohle der Tiere orientiert ist. Und was würde eigentlich ein liberaler Vegetarier von der Einfuhr von US-Fleischerzeugnissen halten? – Es dürfte ihm egal sein. Die US-Fleischprodukte stellen für ihn lediglich eine Erweiterung der Produktpalette um Produkte dar, die er nicht konsumiert. Weiterhin ist zu bemerken, dass in Niedriglohnländern der EU wie Rumänien oder Bulgarien möglicherweise ein Bedarf an billigerem Fleisch besteht. Eine Öffnung der europäischen Märkte für US-Fleischerzeugnisse sollte jedoch mit einer Kennzeichnungspflicht einhergehen, die deutlich vermerkt, woher das Fleisch stammt. Außerhalb des Rahmens von TTIP sollten hier zudem strengere Kontrollen stattfinden, um Vorkommnisse wie den „Pferdefleisch-Skandal" im vorigen Jahr zu vermeiden.

Am Beispiel der Öffnung der Märkte für US-Fleischerzeugnisse soll an dieser Stelle noch einmal der kausale Zusammenhang zwischen dem Abbau von NTBs und den daraus resultierenden Wohlfahrtssteigerungen geschildert werden: Angenommen die USA könnten ihr billigeres Fleisch in die EU exportieren. Bei einer konstanten Nachfrage nach Fleisch verringert sich der Gleichgewichtspreis auf dem europäischen Markt, da die billigen Importe heimische Erzeugnisse vom Markt drängen. Unter der Annahme, dass die Produktionskosten der USA unter denen der EU liegen, wird der Fleischbedarf somit zu niedrigeren Kosten gedeckt. Die Differenz zwischen den ursprünglichen und den neuen Kosten repräsentiert einen Wohlfahrtsgewinn, der in relativ produktive, inländische oder ausländische Firmen aus dem gleichen oder einem anderen Sektor investiert werden kann. Es erfolgt eine Allokation der Produktionsfaktoren entlang der komparativen Kostenvorteile, die eine Steigerung des Wachstums, eine Ausweitung des bilateralen Handels und höhere Reallöhnen impliziert.

Ein ähnlicher kausaler Zusammenhang besteht für die Angleichung von Zulassungsverfahren oder technischer Standards. Hier resultieren die Wohlfahrtseffekte jedoch nicht aus einer Marktöffnung, sondern sind das Resultat gesunkener Handelskosten. Es stellt sich nun die Frage, ob die von den in dieser Arbeit behandelten Studien ausgewiesenen Ergebnisse realistisch sind. Dies lässt sich momentan natürlich nicht beantworten. Ein Blick in die Vergangenheit lässt jedoch darauf schließen, dass die Schätzungen möglicherweise zu hoch ausfallen. Denn auch vor dem Abschluss von NAFTA wurden in einer Reihe von Untersuchungen mit CGE-Modellen ähnlich hohe Ergebnisse ausgewiesen. Ex post Untersuchungen zu den Auswirkungen von NAFTA kamen jedoch zu dem Ergebnis, dass die ausgewiesenen Effekte als zu hoch ausgewiesen wurden oder teilweise sogar negative Entwicklungen angestoßen wurde. So gingen in den USA durch mexikanische Importe mehr Arbeitsplätze verloren als durch Exporte nach Mexiko geschaffen wurden. Und auch die von ADI erwarteten positiven Effekte traten nicht ein. Es kam zwar zu einem gestiegen Zufluss von ADI nach Mexiko, dabei handelte es sich jedoch meistens um Übernahmen mexikanischer Unternehmen durch amerikanische Investoren (vgl. AFDR 2014: 23-29).

Aus dem Blickwinkel von Unternehmen betrachtet, erhöhen Investorenrechte den Anreiz, eine Investition zu tätigen, da diese die Möglichkeit bieten, in einem unkomplizierten Verfahren Entschädigungen für exekutive Entscheidungen zu erhalten, die ihrer Investition geschädigt haben. Hat beispielsweise ein Unternehmen, das auf Schiefergas-Bohrungen (Fracking) spezialisiert ist, Lizenzen für Bohrungen in einem Land erhalten und bereits einige Investitionen getätigt, um mit der Gasförderung beginnen zu können, das lizenzerteilende Land dann aber ein Fracking-Moratorium erlässt und das Unternehmen zum Einstellen seiner Arbeiten zwingt, mag die Forderung nach Schadenersatzzahlungen seitens des Bohrunternehmens verständlich sein. Weniger verständlich wäre es hingegen, wenn im Beispiel zu bleiben, ein Unternehmen, das keine Lizenz erworben hat, das Moratorium-erlassende Land nun auf entgangene Gewinne verklagt.

Die Etablierung eines Investorenschutzes ist also auf der einen Seite nachvollziehbar, auf der anderen Seite birgt sie die Gefahr, dass Regierungen in ihrer Gesetzgebung zu sehr durch Wirtschaftsinteressen abgelenkt werden. Denkbar wäre beispielsweise ein spezieller Verfahrensweg für Unternehmen, deren Investitionen durch staatliche Entscheidungen direkt gemindert wurden. Dieser sollte jedoch das jeweilige nationale oder supranationale Justizsystem eingebettet werden. Zudem sollte dann auch gleiche Rechte für inländische und ausländische Unternehmen gelten, denn Sonderrechte für ausländische Unternehmen stellen eine Diskriminierung inländischer Unternehmen dar.

In den vergangenen Jahren hat sich zwar die Datenverfügbarkeit und die Rechenleistungen verbessert. An CGE-Modellen kann jedoch grundsätzlich kritisiert werden, dass sie eine unbestimmte Zukunft voraussagen und dabei fragwürdige Annahmen treffen, insbesondere die Annahme der Vollbeschäftigung. In der Operationalisierung der CGE-Modelle von Ecorys,

CEPII und CEPR ist weiterhin die Bestimmung des NTB-Index kritisch zu bewerten. In diesen fließen die subjektiven Bewertungen von Unternehmen hinsichtlich ihrer Wahrnehmung von NTBs ein, wobei angenommen werden kann, dass die Einschätzungen nicht auf einem theoretisch fundierten Verständnis von NTBs beruhen. Und auch die Wahl der Substitutionselastizität deckt sich nicht mit den Angaben der in der Wirtschaftstheorie üblich gewählten Höhe. Aus diesen Gründen sind die Ergebnisse der Studien von Ecorys, CEPII und CEPR anzuzweifeln.

An der ifo-Studie, die zwar einen methodischen Fortschritt darstellt und in ihrer Untersuchung Unterbeschäftigung berücksichtigt, ist zu kritisieren, dass sie Effekte vergangener Handelsabkommen auf das geplante Abkommen zwischen den USA und der EU extrapoliert. Frühere Abkommen fanden in einem ganz anderen Kontext statt, zum Beispiel im Rahmen der Bildung der Europäischen Union. Außerdem hatten frühere Handelsabkommen insbesondere den Abbau von Zöllen zum Inhalt, die tendenziell höhere Handelseffekte hervorrufen als die Angleichung von Zulassungsverfahren. Und auch die ausgewiesene Höhe der Arbeitsplatzschaffung ist kritisch zu sehen. So ist zu vermuten, dass zwar im Zuge der wachsenden exportorientierten Unternehmen Arbeitsplätze entstehen, durch Verdrängungseffekte der Importe zugleich aber auch Arbeitsplatzverluste eintreten.

In einer komparativ-statischen Sichtweise empfand ich vor der Arbeit eine starke Ablehnung gegenüber dem Abkommen mit den USA. Es schien, als würden Vertreter der Wirtschaft einen Weg suchen, wie sie Richtlinien zum Umweltschutz umgehen können, um letztlich Kosten zu sparen und Profite zu steigern. Im Laufe der Auseinandersetzung mit dem Thema konnten einige gewonnene Erkenntnisse diese Haltung ändern. Insbesondere die Angleichung von Standards ist nicht gleichzusetzen mit einer Herabsetzung der selbigen. Ein erfolgreicher Abschluss des Abkommens mit akzeptablen Umwelt- und Sozialstandards wäre daher zu begrüßen und würde sicherlich ein entscheidender Baustein auf dem Weg zu einem vollkommenen liberalisierten Welthandelssystem sein.

Literaturverzeichnis

Anderson, J.E./van Wincoop, E. (2004): Trade Costs. In: Journal of Economic Literature, 42/3, 691-751.

Attac (2014): Freihandelsabkommen EU-USA – Konzerne profitieren, Menschen verlieren!, Kampagnen, Freihandelsfalle TTIP. Gesichtet am 02.03.2014 unter: http://www.attac.de/kampagnen/freihandelsfalle-ttip/hintergrund/

Balassa, B. (1961): The Theory of Economic Integration, London.

Balassa, B. (1973): The Theory of Economic Integration, 4th Impression, London.

Bank, M. (2014): Reise durch den Brüsseler Lobby-Dschungel während der TTIP-Verhandlungen, Lobby Control. Gesichtet am 20.02.2014 unter: https://www.lobbycontrol.de/2014/03/reise-durch-den-bruesseler-lobby-dschungel-waehrend-der-ttip-verhandlungen/

Bankenverband (2014a): Bankenverband begrüßt Transatlantische Handels- und Investitionspartnerschaft mit den USA. Gesichtet am 14.08.2014 unter: http://bankenverband.de/presse/presse-infos/bankenverband-begruesst-transatlantische-handels-und-investitionspartnerschaft-mit-den-usa

Bankenverband (2014b): US-Finanzmarktregulierung. Gesichtet am 14.08.2014 unter: http://bankenverband.de/themen/fachinformationen/internationales/us-finanzmarktregulierung

Bass, H.H. (2007a): Außenwirtschaft, Lerneinheit 1: Welthandel und internationale Faktorbewegungen, Band VWL 401, AKAD, Stuttgart.

Bass, H.H. (2007b): Außenwirtschaft, Lerneinheit 2: Außenwirtschaftspolitik (realwirtschaftlich), Band VWL 402, AKAD, Stuttgart.

Baßeler, U./Heinreich, J./Techt, B. (2010): Grundlagen und Probleme der Volkswirtschaft, 19. Auflage, Schäffer-Poeschel Verlag Stuttgart.

BDEW (2014): Energiepolitik braucht mehr Europa. Gesichtet am 10.08.2014 unter: http://www.bdew.de/internet.nsf/id/20140526-pi-energiepolitik-braucht-mehr-europa-de?open&ccm=900030

Berden, K.G./Francois, J./Thelle, M./Wymenga, P./Tamminen, S. (2009): Non-Tariff Measures in EU-US Trade and Investment - An Economic Analysis, Rotterdam.

Blank, J. E./Clausen, H./Wacker, H. (1998): Internationale ökonomische Integration, WiSo Kurzlehrbücher, Reihe Volkswirtschaft, Verlag Fran Vahlen, München.

Bundesministerium für Wirtschaft (2014): Das Wunder von Bali: die multilaterale Handelspolitik ist zurück, Monatsbericht 01/2014, S. 9-15. Gesichtet am 15.03.2014 unter: http://www.bmwi.de/Dateien/BMWi/PDF/Monatsbericht/Auszuege/01-2014-handelspolitik,property=pdf,bereich=bmwi2012,sprache=de,rwb=true.pdf

Bündnis 90/Die Grünen (2014): Nur fairer Handel ist freier Handel. Gesichtet am 14.08.2014 unter: http://www.gruene-bundestag.de/themen/eu-usa-freihandelsabkommen_ID_4390951/nur-fairer-handel-ist-freier-handel_ID_4392410.html

CDU (2014a): Das haben wir alle von TTIP – Fakten zum Transatlantischen Freihandelsabkommen. Gesichtet am 14.08.2014 unter: https://www.cdu.de/sites/default/files/media/dokumente/140722-flugblatt-das-haben-wir-alle-von-ttip.pdf

CDU (2014b): Mythen und Fakten – Transatlantisches Freihandelsabkommen EU-USA. Gesichtet am 14.08.2014 unter: https://www.cdu.de/sites/default/files/media/dokumente/140722-argupapier-mythen-fakten-ttip.pdf

Denning, U. (1996): „Kapitalmarktintegration in der Europäischen Union", in: Internationale Integration der Devisen-, Finanz- und Kapitalmärkte, Hg.: Fischer, B., Reszat, B., Baden-Baden, S. 110-144.

Deutscher Bundestag (2014): Stellungnahme Bundesvereinigung der Deutschen Ernährungsindustrie e.V. (BVE), Ausschussdrucksache 18(10)120-G, Berlin.

DGB (2014a): Stellungnahme des Deutschen Gewerkschaftsbundes (DGB) zur öffentlichen Konsultation zu den Modalitäten des Investitionsschutzes und der Investor-Staat-Streitbeilegung im Rahmen der TTIP, Berlin.

DGB (2014b): TTIP: DGB und vzbv fordern Kurswechsel für hohe Arbeits-, Sozial-, Verbraucher- und Umweltstandards. Gesichtet am 05.08.2014 unter: http://www.dgb.de/themen/++co++163bbf32-0b30-11e4-925f-52540023ef1a/@@dossier.html

DIHK (2014a): Stellungnahme der deutschen IHK-Organisation zur EU-Konsultation zu den Modalitäten des Investitionsschutzes und der Investor-Staat-Streitbeilegung im Abkommen über eine Transatlantische Handels und Investitionspartnerschaft (TTIP), Berlin.

DIHK (2014b): Transatlantische Handels- und Investitionspartnerschaft (TTIP) – eine starke Partnerschaft für die Zukunft des Welthandels, Berlin.

Dür, A. (2006): Regionalism: Stepping Stone or Stumbling Block for Globalisation?, in: Schirm, Stefan A. (Hg.), Globalisation: State oft the Art and Perspectives, S. 215-233, Routledge. Gesichtet am 21.03.2014 verfügbar unter: https://www.researchgate.net/publication/235330170_Regionalism_in_the_World_Economy_Building_Block_or_Stumbling_Stone_for_Globalization?ev=prf_pub

Enquete-Kommission (2002): Globalisierung der Weltwirtschaft – Herausforderungen und Antworten, Schlussbericht, S. 191-200, Deutscher Bundestag, Drucksache 14/9200.

Europäische Kommission (2014a): European Union, Trade in Goods with USA. Gesichtet am 12.08.2014 unter: http://trade.ec.europa.eu/doclib/docs/2006/september/tradoc_113465.pdf.

Europäische Kommission (2014b): State of Play of TTIP negotiations after the 6th round. Gesichtet am 10.08.2014 unter: http://trade.ec.europa.eu/doclib/docs/2014/july/tradoc_152699.pdf.

Felbermayr, G.J./Larch, M. (2013): Transatlantic Free Trade: Questions and Answers from the Vantage Point of Trade Theory, in: CESifo Forum, 4/2013, 3-17.

Felbermayr, G./Flach, L./Larch, M./Yalcin, E. (2013): Dimensionen und Auswirkungen eines Freihandelsabkommens zwischen der EU und den USA, Studie im Auftrag des Bundesministeriums für Wirtschaft und Technologie. Gesichtet am 12.02.2014 unter: http://www.bmwi.de/BMWi/Redaktion/PDF/Publikationen/Studien/dimensionen-auswirkungen-freihandelsabkommens-zwischen-eu-usa,property=pdf,bereich=bmwi2012,sprache=de,rwb=true.pdf

Fontagne, L./Gourdon, J./Jean, S. (2014): Transatlantic Trade: Whither Parnership, Which Economic Consequences?, Centre D'Etudes Propectives et d'Informations Internationales, Paris.

Francois, J./Manchin, M./Norberg, H./Pindyuk, O./Tomberger, P. (2013): Reducing Transatlantic Barrieres to Trade and Investment, Centre for Economic Policy Research, London. Gesichtet am 20.03.2014 unter: http://trade.ec.europa.eu/doclib/docs/2013/march/tradoc_150737.pdf

Francois, J./van Meijl, H/van Tongeren, F. (2005): Trade liberalization in the Doha Development Round. In: Economic Policy, April, 349-391.

Grumiller, J./Raza, W./Taylor, L./von Armin, R. (2014): Assess_TTIP: Assessing the Claimed Benefits of the Transatlantic Trade and Investment Partnership (TTIP), Austrian Foundation for Development Research. Gesichtet am 14.05.2014 unter: http://guengl.eu/uploads/plenary-focus-pdf/ASSESS_TTIP.pdf

Hamilton, D. S./Quinlan, J. P. (2014): The Transatlantic Economy 2014: Annual Survey of Jobs, Trade and Investment between the United States and Europe, Volume 1/2014, Headline Trends, Center for Transatlantic Relations, Washington, DC. Gesichtet am 20.05.2014 unter: http://transatlantic.sais-jhu.edu/publications/books/TA2014/TA2014_Vol_1.pdf

Kindleberger, C.P. (1974): Economic Integration via External Markets, in: International Trade and Finance", Hg.: Sellakaerts, W., New York, S. 103-115.

Krugman, P. R./Obstfeld, M. (2006): Internationale Wirtschaft – Theorie und Politik der Außenwirtschaft, 7. aktualisierte Auflage, Pearson Education Deutschland GmbH, München.

Kwack, S.Y./Ahn, C.Y./Lee, Y.S./Yang, D.Y. (2007): Consistent estimates of world trade elasticities and an application to the effects of Chinese Yuan (RMB) appreciation. In: Journal of Asian Economics, 18, 314-330.

Myrdal, G. (1958): Internationale Wirtschaft: Probleme und Aussichten, Berlin.

OECD (1998): Kein Wohlstand ohne offene Märkte – Vorteile der Liberalisierung von Handel und Investitionen.

OECD (2005): Employment Outlook 2005. Paris.

Pauly, C./Schiessl, M./Seith, A. (2014): Zahltag für die Geier, in: Der Spiegel, Nr. 11/10.03.2014, S. 70-71.

Piermartini, R./Teh, R. (2005): Demystifying Modelling Methods for Trade Policy, WTO Discussion Papers, No. 10. Gesichtet am 31.03.2014 unter: http://www.wto.org/english/res_e/booksp_e/discussion_papers10_e.pdf

Predöhl, A./Jürgensen, H. (1961): Europäische Integration, in: Handwörterbuch der Sozialwissenschaften, 3. Bd, Tübingen/Göttingen.

Ricardo, D. (1817): On the Principles of Political Economy and Taxation, London, 1817.

Schiessl, M. (2014): Der Freifahrtschein, in: Der Spiegel, Nr.4/20.01.2014, S. 60-62.

Schlecht, M. (2014): Freihandel gegen die Menschen. Gesichtet 14.08.2014 unter: http://www.die-linke.de/index.php?id=55&tx_ttnews[tt_news]=32873&tx_ttnews[backPid]=9&no_cache=1

Schwenke, M. (2014): Die Notwendigkeit eines Freihandelsabkommen EU-USA - Wachstum und Arbeitsplätze durch Liberalisierung des transatlantischen Handels, Bundesverband des Deutschen Groß- und Außenhandels, Berlin. Gesichtet am 08.08.2014 unter: http://www.bga.de/fileadmin/freigabe/Downloads/Publikationen/Aussenwirtschaft/Positionspapier_BGA_TTIP_EU_-_USA.pdf

Smith, A. (1776): Über den Wohlstand der Nationen: Eine Untersuchung über seine Natur und seine Ursachen, Erster Band, Leipzig 1924 (deutsche Übersetzung von The Wealth of Nations, 1776).

SPD (2014a): Gabriel sorgt für Transparenz bei TTIP. Gesichtet 14.08.2014 unter: http://www.spd.de/aktuelles/120548/20140522_gabriel_ttip_beirat.html

SPD (2014b): Globalisierung gestalten!. Gesichtet am 14.08.2014 unter: http://www.spd.de/aktuelles/119794/20140506_ttip_start.html

Straubhaar, T. (2013): Das Ende der WTO, HWWI-Standpunkt. Gesichtet am 02.03.2014 unter: http://www.hwwi.org/uploads/tx_wilpubdb/HWWI_Standpunkt_223_WTO.pdf

Straubhaar, T. (2014): Transatlantische Partnerschaft ist wichtiger denn je!, HWWI-Standpunkt. Gesichtet am 15.05.2014 unter: http://www.hwwi.org/uploads/tx_wilpubdb/HWWI_Standpunkt_242_01.pdf

Tinbergen, J. (1965): „International Economic Integration", 2nd ed., Amsterdam.

VDA (2014): Jahresbericht 2014.

Viner, J. (1950): The Customs Union Issue, New York.

Wallach, L. (2013): TAFTA – die große Unterwerfung, in: Le Monde diplomatique, Nr. 10255/08.11.2013. Gesehen am 05.03.2014 unter: http://www.monde-diplomatique.de/pm/2013/11/08.mondeText1.artikel,a0003.idx,0

Side effects of an economic treaty on national security policy

Von Stephanie Theresa Trapp, 2014

Introduction

> *"And tonight, I am announcing that we will launch talks on a comprehensive Transatlantic Trade and Investment Partnership with the European Union – because trade that is free and fair across the Atlantic supports millions of good-paying American jobs".*
> State of the Union Address, President Obama, 12 February 2013.

The Transatlantic Trade and Investment Partnership (TTIP) which is intensely discussed in the media as well political and economic interest groups and political parties seems to have the potential to become "the largest bilateral trade and investment negotiation ever undertaken"[193] between two major politico-economic blocks, namely the United States of America and the European Union. Its presumable effects will not only be visible on the economic level, but also profoundly affect judicial, political, social[194], and security issues. Due to the financial and Euro zone crises, the pact is about to be reshuffled, politico-economical powers have to be balanced anew and governments look for innovative and sustainable ways to reinvigorate their economies to position their industries and enterprises in the most competitive way on a global level. In this paper, the question of to what extent will potential effects of the Transatlantic Trade and Investment Partnership (TTIP) Program affect (1) U.S. and (2) European Security Policy attitudes will be answered and the ways to get to this answer will be explained.

This paper consists of four major parts. To begin with, the two partners and their individual economical development and significance will be presented in brief. Secondly, the TTIP will be expounded with regard to its development, the ongoing negotiations, and the core elements of the contract. In order to evaluate this "geo-economic alignment"[195], a selection of obvious and academically proven

---

[193] **Tuncak**, Baskut, Trans-Atlantic Trade and Investment Partnership (TTIP) Monitor, in: *CIEL* (Center for International Environmental Law) 1/2013, p. 1.

[194] Cf. **Menzel**, Christoph, Dimensionen und Auswirkungen eines Transatlantischen Freihandelsabkommens, retrieved from: http://www.bmwi.de/Dateien/BMWi/PDF/Monatsbericht/Auszuege/04-2013-freihandel,property=pdf,bereich=bmwi2012,sprache=de,rwb=true.pdf, p. 1, date of access: 11.04.2014.

[195] **Zeneli**, Valbona, The Transatlantic Trade and Investment Partnership: A Historic Deal?, in: *Security Insights* (George C. Marshall European Center for Security Studies), 9/2013, p. 1.

effects will be illuminated. This paper does not intend to promote or reject the TTIP initiative in a biased way, but to factually show potential positive and negative effects it would have and to what extent it would affect the United States and the European Union. The third part will be dedicated to effects that have been mentioned introductorily, thus on other areas than economies. Here, two major political areas have been selected: foreign policies and diplomacy as well as security politics. Fourthly, a critical and analytical outlook seeks to highlight necessary steps to curtail negative effects as much as possible and increase positive effects and most importantly public support and acceptance. In a conclusion, the overall results will be summed and recap the side effects of an economic treaty on national security policy.

The partners – a historical review

The United States of America (U.S.) and the European Union (EU) are doubtlessly two of the world's major economical players. The EU, for instance, accounts "for 22% of its GDP and more than one-quarter of global consumption, with high levels of GDP per capita and relevant purchasing power."[196] It also represents one of the U.S.'s most important economic partners. Both political entities "share a large, dynamic, and mutually beneficial trade and economic relationship"[197] and invest more than US-$3.7 trillion in each other's economies. This chapter aims at presenting the development of the EU from a merely economic union to a political entity as it is today as well as the U.S.'s role on a international level in order to underline the dimensions of the TTIP initiative.

History: EU as an economic and political entity

This brief discussion of the road the European Union has taken so far will focus on the aftermath of World War II. Nonetheless it is important to note that European civil societies of the 19th century already aligned themselves to the elements of peace, the rule of law and democracy and openly spoke their mind.[198] Revolutions in many European countries, aiming at establishing a constitution,

---

[196] **Zeneli**, Valbona, The Transatlantic Trade and Investment Partnership, p. 1.

[197] **Akhtar**, Shayerah Ilias/**Jones**, Vivian C., Transatlantic Trade and Investment Partnership (TTIP) Negotiations, Congressional Research Service, Washington, D.C. 2014, p. 2.

[198] Cf. **Schmale**, Wolfgang, Geschichte und Zukunft der Europäischen Identität, Bonn 2010, p. 103.

demanding the right to participate, and asking for civil rights to be legally acknowledged may be used to illustrate this fact.

The European continent has suffered from wars and national hatred for centuries; it was far from being a singular entity in any way until the beginning of the 20th century. After World War I, a primary stage of a pacifistic European idealism grew out of the rubble.[199] "[B]ereft of a firm psychological basis"[200] and under the Nazi-occupation of Europe, the merits of the idea of Europe became ambiguous.[201] Ravaged by war and destruction, bemoaning the loss of millions of people and economically devastated, Europe experienced its zero hour in the aftermath of World War II. The founding fathers of the European unification primarily initiated this project to restore peace in Europe[202] and "to eradicate unnecessary suffering from Western Europe whether caused by interstate war or by economic collapse"[203]. However, the occupying powers, namely the United States of America and the Soviet Union, were not interested in fostering an independent Europe[204] and aimed at a restoration on a nation-state level instead. Given the amount of challenging tasks, the European national governments' point of interest was their own country at first, not the seminal ideas of Europe. It was imperative to rebuild entire nations, including their societies, economy, political structure, and international relations, too. In this environment, considerable courage and dedication was needed to achieve a European unification[205], given the tremendous dimension of fragmentation and devastation.

One first step to foster closer cooperation and interaction took place in Geneva in 1947 when the United Nations Economic Commission for Europe (UNECE or

---

[199] Cf. **Szyszko**, Agata, Die kulturelle Identität Europas als ideen- und begriffsgeschichtliches Konzept, in: **Birk**, Eberhard (Ed.), Aspekte einer europäischen Identität, Fürstenfeldbruck 2004, p. 16.

[200] **Checkel**, Jeffrey T., **Katzenstein**, Peter J., The politicization of European identities, in: **Checkel**, Jeffrey T./**Katzenstein**, Peter J. (Eds.), European Identity, Cambridge 2009, p. 4.

[201] Cf. **Schäfers**, Bernhard, Sozialstruktur und sozialer Wandel in Deutschland, Stuttgart 2002, p. 296.

[202] Cf. **Westerwelle**, Guido, Der Wert Europas: Vier Thesen zum Zukunftsprojekt Europa, in: integration, 2012 (2), pp. 90-93, p. 91.

[203] **Linklater**, Andrew, A European Civilising Process, in: **Hill**, Christopher/**Smith**, Michael (Eds.), International Relations and the European Union, New York, NY 2005, p. 376.

[204] Cf. **Gruner**, Wolf D., **Woyke**, Wichard, Europa-Lexikon. Länder – Politik – Institutionen, München 2004, p. 42.

[205] Cf. **Szyszko**, Agata, Die kulturelle Identität Europas als ideen- und begriffsgeschichtliches Konzept, p. 16.

ECE) was founded[206]. It was the first supraregional sub-organization of the United Nations. Just one year later, 18 European states joined the Organization for European Economic Cooperation (OEEC).[207] In the very same year, the Hague Congress took place. It was the first meeting of such a kind, presided over by former British Prime Minister Winston Churchill, in which 800 politicians of Western European countries came together to explore future framework requirements of a unified Europe.[208] Simultaneously launched, the Marshall Plan contributed much to the European unifying process in the economic sphere. It should be noted that the U.S. was in a position to impose more pressure which could have resulted in the creation of a common European political structure.[209] The next decisive step was the Schuman Declaration of May 9th 1950[210]. French Foreign Minister Robert Schuman proposed the establishment of a community working supranationally, organizing coal and steel industries in France, Germany and other European countries willing to join.[211] His forward-looking plan was implemented through the foundations of the European Coal and Steel Community (ECSC) and the Treaty of Paris.[212] In the field of military unification, the treaty of a European Defense Community (EDC), based on a proposal by René Pleven, then-French Prime Minister regarding a pan-European defense force was signed on May 27th 1952 by the members of the ECSC[213], but the French Parliament denied its ratification. Thus, the idea of the EDC was never realized. With the Treaty of Rome (the Treaty establishing the European Economic Community), signed on May 25th 1957, the European Economic Community (EEC) and the European Atomic Energy Community (EAEC or EURATOM) were founded.[214]

---

[206] Cf. **Janz**, Louis, Die Geschichte der europäischen Einigung nach den Zweiten Weltkrieg, p. 83.

[207] Cf. ibid.

[208] Cf. **Hick**, Alan, Die Europäische Bewegung, in: **Loth**, Wilfried (Ed.), Die Anfänge der Europäischen Integration 1945-1950, Bonn 1990, p. 241.

[209] Cf. **Janz**, Louis, Die Geschichte der europäischen Einigung nach den Zweiten Weltkrieg, p. 84.

[210] This date is regarded as the *hour of birth* of the EU and is celebrated as the Europe Day since 1986, commemorating Schuman's far-reaching idea and speech.

[211] Cf. **Janz**, Louis, Die Geschichte der europäischen Einigung nach den Zweiten Weltkrieg, p. 86.

[212] Cf. ibid., p. 89.

[213] Cf. ibid., pp. 89 f.

[214] Cf. ibid., p. 93.

The division of Germany and the iron curtain, an ideological as well as a physical boundary, led to a separation between Western and Eastern Europe in a hitherto unknown intensity.[215] The bipolarity between the Soviet-dominated Warsaw Pact on the one hand and the European Community and NATO member states on the other hand, as well as the subsequent political, economic, military and social tensions made history. The Cold War dominated the second half of the 20th century. But it also "gave way to debate in terms of Europe"[216] due to the geographical closeness and the gradually defining of the European Community's role. With the reunification of Germany in 1989 and the collapse of the Eastern Bloc, Europe witnessed "a historic turning point in [its] history"[217]. From then on, its actions were no longer reactive, but started showing constructive and forming traits[218], giving a hand to "post-socialist societies which were struggling to achieve economic prosperity and political stability"[219]. Thus, a multitude of new EU member states' incentives to join the EU was initially based upon mere economic calculations rather than on the founding ideas of the post-World War II momentum.[220] The Maastricht Treaty, signed on February 7th, 1992, legally avouched the four great freedoms (freedom of trade, passenger traffic, services and capital) and presented the Three Pillars of the European Union.[221] With the Lisbon Treaty, signed on December 13th, 2007, which adopted, with regard to contents, the 2005 Treaty establishing a Constitution for Europe, the EU now has a constitution-like legal framework. Even today, no proper term has been found to describe the political nature of the EU – which makes it one of a kind, "sui generis"[222].

The face of Europe has changed remarkably over the last five decades. Never has this continent seen a comparable era of peace, stability, prosperity, and harmony.

---

[215] Cf. ibid., p. 80.

[216] **Wæver**, Ole, **Kelstrup**, Morten, Europe and its nations, p. 64.

[217] **Weidenfeld**, Werner, **Janning**, Josef, After 1989: The Emerge of a new Europe, in: **Weidenfeld**, Werner, **Janning**, Josef (Eds.), Global Responsibilities: Europe in Tomorrow's World, Gütersloh 1991, p. 12.

[218] Cf. **Wæver**, Ole, **Kelstrup**, Morten, Europe and its nations, p. 64.

[219] **Linklater**, Andrew, A European Civilizing Process, p. 368.

[220] Cf. **Kielmannsegg**, Peter Graf, Integration und Demokratie, in: **Jachtenfuchs**, Markus, **Kohler-Koch**, Beate (Eds.), Europäische Integration, Opladen 2003, p. 50.

[221] Cf. **Hänsch**, Klaus, Perspektiven der europäischen Integration, in: **Leiße**, Olaf (Ed.), Die Europäische Union nach dem Vertrag von Lissabon, Wiesbaden 2010, p. 70.

[222] **McCormick**, John, Understanding the European Union. A Concise Introduction, New York, NY 2011, p. 22.

The number of its member states has more than quadruplicated since the foundation of the ECSC. Given its constant advancements and adjustments to internal and external requirements, the EU today is "clearly far more than a conventional international organization".[223] Forging a common destiny[224] on various levels, the EU has developed far beyond mere economic integration traditionalists envisioned.

The USA as a global player

At this point, the entire history of the U.S. shall not be presented in detail. The nation can be considered to be an economical entity which stands for "the most productive and wealthiest large economy in the world by a wide margin, attracting more foreign direct investment (FDI) than any other single national economy ($227 billion in 2011 alone)."[225] With regards to the EU, one can state that the presently existing economical interaction is already immense. In terms of investment, these two partners are "each other's largest investors and together they comprise nearly 60% of the total global inward stock of FDI and almost 75% of the outward stock."[226] This makes the EU one of the U.S.'s most significant trade partners.[227] For instance, in 2012, "U.S. investment in the Netherlands [...] was 14 times larger than in China" thus vitiating common assumptions.[228] The U.S. as well as the EU export a remarkable percentage of their goods and service into the respective other market. At this juncture, the U.S. can largely be considered to form a politico-economic entity with "little variability across the fifty states in services exports to the EU"[229] which is all tightly interwoven with mainly individual nation members of the EU. A respectable number of Americans

---

[223] Ibid.

[224] Cf. **Weidenfeld**, Werner, **Turek**, Jürgen, Wie Zukunft entsteht, **Weidenfeld**, Werner/**Turek**, Jürgen, Wie Zukunft entsteht. Größere Risiken – weniger Sicherheit – neue Chancen, München 2002, p. 178.

[225] **Zeneli**, Valbona, The Transatlantic Trade and Investment Partnership, p. 1.

[226] **AMCHAM EU** (The American Chamber of Commerce to the European Union), The Transatlantic Opportunity. Why we need a Transatlantic Trade & Investment Partnership, Dublin/Brussels 2013, p. 5.

[227] Cf. **Menzel**, Christoph, Dimensionen und Auswirkungen eines Transatlantischen Freihandelsabkommens, p.1.

[228] **Zeneli**, Valbona, The Transatlantic Trade and Investment Partnership, p. 2.

[229] **Barker**, Tyson/**Collett**, Anne/**Workman**, Garrett, TTIP and the Fifty States: Jobs and Growth from Coast to Coast, Washington, D.C. 2013, p. 3.

are "employed in positions directly linked to trade and investment"[230] with the EU. Many of these jobs were created and are assured because of existing internationalization and globalization incentives of enterprises on both sides of the Atlantic. Vice versa, the U.S. represents a major economic outlet for EU member states' economies "with an export share of 23 percent of total EU exports and an import share of 20 percent of EU imports."[231]

Politically, the ever increasing trade with the EU, especially after the crises both partners had to pull through, has been perceived in a positive way by Congress, organized labor, and the general public. To exemplify the political support for economic treaties, one can refer to Congress's call for Trade Promotion Authority (TPA) in the course of the TTIP negotiations.[232] The EU, aware of the importance of the U.S. as a long-term and reliable trading partner, sent United Kingdom deputy Prime Minister Nick Clegg "to the USA in September 2013 with a specially prepared booklet designed to convince each of the 50 US states of the potential gains that TTIP might bring to them."[233] On the other hand, the U.S. also relies on credible partners of good repute in the future. There has always been intensive trade with the EU which can now be even enhanced with a new treaty. The U.S. depends "on networks, which had made [it] more efficient, [but] had also made the country more susceptible to danger."[234] Hence, in order to maintain its strong position at the present time, the U.S. should envisage further tightening economical cooperation and partnership with familiar and reliable partners.

TTIP

The three most important people representing the negotiating parties on TTIP are President Barack Obama, Jose Manuel Barroso (President of the EU Commission), and Herman Van Rompuy (President of the EU Council). Once established, it will "represent the latest evolution in the relationship between the

---

[230] **Barker**, Tyson/**Collett**, Anne/**Workman**, Garrett, TTIP and the Fifty States, p. 2.

[231] **Kommerskollegium** (National Board of Trade, SWE), Global Value Chains and the Transatlantic Trade and Investment Partnership, Stockholm 2013, p. 2.

[232] Cf. **Barker**, Tyson/**Workman**, Garrett, The Transatlantic Trade and Investment Partnership: Ambitious but Achievable. A Stakeholder Survey and Three Scenarios, Washington, D.C. 2013, p. 1.

[233] **Hilary**, John, The Transatlantic Trade and Investment Partnership, Brussels 2104, p. 14.

[234] **Jarmon**, Jack A., The New Era in U.S. National Security. An Introduction to Emerging Threats and Challenges, Lanham, MD 2014, p. 55.

two blocs that have been leading pioneers of free trade,"[235] namely the U.S. and the 28 members of the EU. Hence, the program will comprise 29 individual nations at present and allows for an increasing number, given multiple potential candidate countries who seek to join the EU. As mentioned before, both sides are aware of "the need to stimulate their stagnant economies in the aftermath of the financial and Eurozone crises"[236] in order to maintain their citizens' economic status and living standard as well as to conserve their political strength. In its contours, TTIP "is a timely political, economic and cultural partnership that will boost world economic development, strengthen the natural partnership of the west, and create an international level playing field for fair competition."[237] One can note that a program of that extent and ramification is unique It represents an estimated value of over US-$4.7 trillion in combined bilateral trade and investment, which ascends into a hitherto unknown dimension. [238] Despite the tremendous extent and impact of TTIP on various mainly economical sectors, environment, intellectual property rights, and labor rights, "little is known about the content of the TTIP proposals, since the governments involved have stated that they will not publish a draft text" or make it available to the public online or in paper. [239] The prior-ranking aim, however, is not to reduce tariffs on imports between the U.S. and the EU since these are already at extraordinarily low levels; instead, representatives of both sides "acknowledge that the main aim of TTIP is instead to remove regulatory 'barriers' which restrict the potential profits to be made by transnational corporations in US and EU markets."[240] To present the TTIP concisely, a short introductory part of this chapter is tripartite. At first, it will explain the development of the idea. Subsequently, the ongoing negotiations will be analyzed. In a final step, the core elements of the contract will be illustrated.

---

[235] **AMCHAM EU** (The American Chamber of Commerce to the European Union), The Transatlantic Opportunity, p. 5.

[236] **Barker**, Tyson/**Workman**, Garrett, The Transatlantic Trade and Investment Partnership, p. 1.

[237] **Zeneli**, Valbona, The Transatlantic Trade and Investment Partnership, p. 4.

[238] Cf. **Barker**, Tyson/**Workman**, Garrett, The Transatlantic Trade and Investment Partnership, p. 1.

[239] **Hansen-Kuhn**, Karen/**Suppan**, Steve, Promises and Perils of the TTIP. Negotiation a Transatlantic Agricultural Market, Berlin 2013, p. 5.

[240] **Hilary**, John, The Transatlantic Trade and Investment Partnership, p. 11.

Development of an idea

Long before the TTIP in its current form–which is still modifiable–was created, there have been several attempts to develop a transatlantic trade agreement. The former German Minister of Foreign Affairs, Klaus Kinkel,[241] was one of the first to advocate such plans in 1995 in the aftermath of the Cold War and during the ongoing political and economical reorganization of Europe. However, his idea did not gain further traction. In 1998, the European Commission proposed a draft to the Council of Ministers entitled 'The New Transatlantic Marketplace' (NTM). This proposal "was effectively vetoed by France in April 1998" as the French apparently worried about a bilateral agreement undermining the current multilateral trade liberalization process.[242] Just In September 1998, the European Commission started a new attempt, the Plan for Transatlantic Economic Partnership, which envisaged a "a regular dialogue in order to ensure closer EU-US cooperation in the run up to the 1999 Ministerial Conference in the WTO."[243] Hence it can be considered to be very different from the previous attempts. These plans of cooperation did not come into effect until the Transatlantic Economic Council in 2007. This institution allows for transatlantic business dialogues "to press for a free trade area based on the deregulation of markets in both the EU and USA."[244] In 2011, the High Level Working Group on Jobs and Growth (HLWG) was assigned to conduct "a thorough exploratory analysis to identify policies and measures to increase transatlantic trade and investment with the goals of supporting mutually beneficial job creation, economic growth, and international competitiveness."[245] The HLWG consisted of experienced representatives and experts of both parties and was led by the U.S. Trade Representative and the EU Trade Commissioner. Their interim as well as their final report both suggest a comprehensive transatlantic trade and investment agreement which has been officially enacted to be negotiated at the G-8 Summit in Northern Ireland in June 2013, when the U.S. and the EU "announced plans to open negotiations on a long sought deal to create a unique market between the world's two strongest economic

---

[241] **Felbermayr**, Gabriel J./**Larch**, Mario, The Transatlantic Trade and Investment Partnership (TTIP): Potentials, Problems and Perspectives, in: *CESifo Forum* 2/2013, pp. 49; **Hindley**, Brian, New Institutions for Transatlantic Trade?, in: *International Affairs*, Vol. 75, No. 1 (Jan. 1999), p. 45.

[242] **Hindley**, Brian, New Institutions for Transatlantic Trade?, p. 46.

[243] Ibid.

[244] **Hilary**, John, The Transatlantic Trade and Investment Partnership, p. 10.

[245] **Zeneli**, Valbona, The Transatlantic Trade and Investment Partnership, p.1

regions."[246] President Obama "formally notified Congress of its intent to launch negotiations on the TTIP" in March 2013 already, after having announced the start of negotiations on TTIP in his State of the Union address of February 2013 before.[247]

Negotiations

There have been four considerable rounds of negotiations on TTIP so far. The first round took place in July of 2013 in Washington, D.C. when "EU and U.S. negotiators set out respective approaches and ambitions in some twenty areas covered by the TTIP" and framed the guidelines for subsequent meetings.[248] Originally, solidly text-based negotiations were planned to be held in October 2013, but the second round had to be postponed into mid-November 2013 because of the U.S. government shutdown, followed by a third round in mid-December in Washington, D.C. shortly after.[249] The fourth round took place in early March 2014 in Brussels. Until now, no dates for future meetings have been published.

One can definitely see a clear difference in the state of consensus of the two negotiating parties. Whilst the U.S. is able to speak in a large part unanimously, the representatives of the EU have to take into consideration the individual demands, interests, and capabilities of commitment of 28 sovereign states. Economically strong states zealously support the TTIP initiative and strive to promote it in the most favorable way to gain public support. Member states with comparably less competitive economies show a greater degree of reluctance.[250] A potential successful outcome thence mainly depends on the ability of the EU leadership as well as on the willingness of the respective EU member states to negotiate.

A major issue is the high level of secrecy the negotiations have been conducted so far. The general public, journalists, interest groups, and even politicians who were not directly involved did not have the possibility to contribute or to access relevant documents related to the content negotiations, a fact that until now "contrast[s] markedly with the relatively transparent financial and commodity

---

[246] Ibid.

[247] **Barker**, Tyson/**Workman**, Garrett, The Transatlantic Trade and Investment Partnership, p. 2.

[248] **Tuncak**, Baskut, Trans-Atlantic Trade and Investment Partnership (TTIP) Monitor, p. 2.

[249] Cf. ibid.

[250] Cf. **Zeneli**, Valbona, The Transatlantic Trade and Investment Partnership, p. 3.

market ruling making process."[251] The results of the negotiations are provided to the public only afterwards in extracts. Hence, the way the negotiations have been conducted so far is widely "inconsistent with basic principles of good governance and with the public's right to informed, meaningful participation in what amounts to a public policy dialogue of profound national consequence on both sides of the Atlantic."[252] Particularly interest groups have complained about the opacity and barely democratic practice. This issue will be discussed later on in this paper, especially with regard to the broad effects of TTIP on various parts of civil society.

Core elements of the contract

Itemizing the core elements of TTIP already show the momentousness of this contract. Apart from mere economical, its content affects the social and political spheres as well. The entire negotiations were aiming at covering trade plus topics, "including rules for public procurement, investment, intellectual property protection and patents, competition, data protection, and environmental and social safeguards" in order to level out existing varieties that might be an obstacle to economic interests. Four major economic components will be presented in the following.[253]

Given antecedent ideas that have been mentioned before, one might assume that "TTIP will serve primarily as an opportunity to reduce regulatory barriers to trade" in order to enhance market access through the elimination of barriers to trade and investment.[254] Although tariffs are already quite low in transatlantic transactions, the removal of obvious financial obstacles can certainly considered to be one of the major elements of TTIP.

Moreover, it intends to enhance regulatory cooperation and compatibility. A "greater regulatory alignment and increased access to services and procurement markets" will foster the elimination of bureaucratic duplication and simplify transatlantic trade.[255]

---

[251] **Hansen-Kuhn**, Karen/**Suppan**, Steve, Promises and Perils of the TTIP, p. 15.

[252] **Tuncak**, Baskut, Trans-Atlantic Trade and Investment Partnership (TTIP) Monitor, p. 4.

[253] **Mildner**, Stormy-Annika/**Schmucker**, Claudia, Trade Agreement with Side Effects. European Union and United States to Negotiate Transatlantic Trade and Investment Partnership, in: SWP (Stiftung Wissenschaft und Politik) Aktuell 26/2013, pp. 1.

[254] **Tuncak**, Baskut, Trans-Atlantic Trade and Investment Partnership (TTIP) Monitor, p. 1.

[255] **Barker**, Tyson/**Workman**, Garrett, The Transatlantic Trade and Investment Partnership, p. 1.

TTIP also has the potential to open "up public services and government procurement contracts to competition from transnational corporations" which might lead to another increase in privatization of pivotal sectors such as health or education.[256]

Furthermore, TTIP aims includes plans to strengthen and develop "new rules in areas such as intellectual property rights (IPR), investment, trade facilitation, labor, the environment, and emerging '21st century' issues (e.g., digital trade, localization barriers to trade in the digital environment, and state-owned enterprises)."[257] This is a remarkable step as there are little transnational regulations regarding IPR. Consolidating and harmonizing trade and investment between two globally leading entities such as the U.S. and the EU will create an incentive and worthwhile example for international competitiveness.[258]

Effects of TTIP on both sides

In this chapter, a selection of positive as well as negative effects TTIP might have on the U.S. and EU member states will be presented and discussed. These analyses will go beyond mere economical effects again because TTIP "will also address the issue of protectionism behind borders, for example the rules of origin, subsidies, regulations, government procurement and the role of state-owned enterprises"[259] and consequently have a remarkable impact on citizens' lives.

Positive effects

Proponents of TTIP are convinced of the favorable economic, social, and political stimuli the incentive and visionary program will have on the U.S. and the European partners. Generally speaking, a recent survey of the Bertelsmann Stiftung and the Atlantic Council found out that stakeholder on both sides of the Atlantic "have expressed deep optimism for the success of this endeavor" that is being negotiated momentarily.[260]

---

[256] **Hilary**, John, The Transatlantic Trade and Investment Partnership, p. 11.

[257] **Akhtar**, Shayerah Ilias/**Jones**, Vivian C., Transatlantic Trade and Investment Partnership (TTIP) Negotiations, p. 2.

[258] Cf. **Zeneli**, Valbona, The Transatlantic Trade and Investment Partnership, p. 4.

[259] **Irawan**, Tony/**Welfens**, Paul J.J., Transatlantic Trade and Investment Partnership: Sectoral and Macroeconomic Perspectives for Germany, the EU and the US, Bonn 2014, p. 31.

[260] **Barker**, Tyson/**Workman**, Garrett, The Transatlantic Trade and Investment Partnership, p. 8.

In this section, four major positive effects of TTIP will be presented. The first two advantages are tightly interconnected. Firstly, a transatlantic treaty which is officially detached from politics is considered to still strengthen the overall U.S.-EU strategic relationship, including of course transatlantic economic relations. By reducing existing trade frictions between the partners, the U.S. and the EU are able to realign their economic "competitiveness that they lost relative to emerging countries like China and India."[261] The TTIP signees will obtain the possibility to maintain their position as the world's strongest players in the economic field.[262] Doing so, the U.S. and the EU can exert increasing pressure on competing and economically rising countries like "China, India and other key emerging economies to follow suit" regarding international standards and procedures. [263]
But TTIP does not only have regulatory effects on other states that are not part of the treaty. Given the fact that the U.S. and the EU will be speaking "with one voice on trade, investment and innovation will have a tremendous influence on third country governments" who will perceive them as a respectable economic unity.[264] Thence, the TTIP partners can serve as a role model and encourage other countries to increase their efforts and adjust to their standards. This enables them to sell their products on the U.S.-EU market and "third countries can minimize the trade diversion effects that are harmful to them."[265] By doing so, these countries can sustainably profit from TTIP-initiated rules in future multilateral trade and foster their own economy. [266] This cannot be described as a free riding effect, but as an ambitious endeavor to create globally valuable standards.
Thirdly, the elimination of tariffs as has been mentioned before is one of the core elements of TTIP. Transatlantic economic growth and jobs will experience an immense boost by reducing costly tariff and non-tariff barriers that hitherto decrease the competiveness of the U.S. and EU economies. Even though tariffs

---

[261] **Felbermayr**, Gabriel J./**Larch**, Mario, The Transatlantic Trade and Investment Partnership (TTIP), p. 49.

[262] Cf. **Zeneli**, Valbona, The Transatlantic Trade and Investment Partnership, p. 1.

[263] **Tuncak**, Baskut, Trans-Atlantic Trade and Investment Partnership (TTIP) Monitor, p. 4.

[264] **AMCHAM EU** (The American Chamber of Commerce to the European Union), p. 12.

[265] **Felbermayr**, Gabriel/**Heid**, Benedikt/**Lehwald**, Sybille, Transatlantic Trade and Investment Partnership (TTIP). Who benefits from a free trade deal?, Gütersloh 2013, p.27.

[266] Cf. **Akhtar**, Shayerah Ilias/**Jones**, Vivian C., Transatlantic Trade and Investment Partnership (TTIP) Negotiations, p. 3.

between the TTIP partners are already near to the ground,[267] further decreases would have considerable effects.[268] To eliminate tariffs, the negotiators have to overcome influences of "[i]ndustry lobby groups and their political allies [who] continue to launch strident attacks on both sides of the Atlantic on rules that limit their ability to buy and sell goods and services."[269] Any agreements on tariffs written down in the final version of TTIP regarding tariffs should be neutrally phrased and they should be unbiased. The second and probably even more important project in this area is the removal of non-tariff barriers (NTB), in particular varying quality standards. This does not contradict the first argument of this section that promoted and praised mutual standards. Indeed, it rather supports mainly small and middle-sized enterprises that produce high-quality products but lack of financial means to meet individual countries' standard requirements; e.g. German exports are supposed to increase by 94% if NTB were removed.[270] Larger and globally settled enterprises who meet international quality standards would mainly profit from the elimination of tariffs.

Another enormous gain of TTIP is the potential "elimination of bureaucratic duplication, reduction of red tape, improvement of regulatory alignment, and increased access to services and procurement markets"[271] which will make trade efficient and more competitive. Moreover, the protection of intellectual property will be significantly improved and supervised.[272]

What is a combination of already mentioned advantages, with mutual standards and lower prices due to the tariff reduction of the final price, there will be "an increase in the purchasing power of income, which ultimately result in overall gains for consumers,"[273] namely efficiency gains and welfare gains.[274] Due to

---

[267] Cf. **Tuncak**, Baskut, Trans-Atlantic Trade and Investment Partnership (TTIP) Monitor, p. 3.

[268] So, a market that is wholly free of tariffs and barriers could generate an extra $150 billion per year for the EU, $120 billion for the U.S., and provide similar growth for the rest of the world, cf. **Zeneli**, Valbona, The Transatlantic Trade and Investment Partnership, p.1.

[269] **Hansen-Kuhn**, Karen/**Suppan**, Steve, Promises and Perils of the TTIP, p. 3.

[270] Cf. **Menzel**, Christoph, Dimensionen und Auswirkungen eines Transatlantischen Freihandelsabkommens, p. 2.

[271] **Zeneli**, Valbona, The Transatlantic Trade and Investment Partnership, p. 3.

[272] Cf. **Tuncak**, Baskut, Trans-Atlantic Trade and Investment Partnership (TTIP) Monitor, p. 3.

[273] **Zeneli**, Valbona, The Transatlantic Trade and Investment Partnership, p. 3.

[274] Cf. **Irawan**, Tony/**Welfens**, Paul J.J., Transatlantic Trade and Investment Partnership, p. 37.

politico-economical spillover effects, in the long run, there will be an average increase of prosperity on a global level of 3.3% because of TTIP. [275] Eventually, TTIP has the potential to create new jobs and thus to increase the standard of living.

In the U.S., Congress showed signals that TTIP could pass the legislative process on the fast track through the Trade Promotion Authority (TPA) that is linked with the U.S. Trade Promotion Authority Act of 2002. [276] Thus, Congress would still retain its ultimate oversight over this far-reaching transatlantic trade agreement.

Negative effects

Various interest groups, political parties, and individuals have raised their voice against TTIP as soon as concrete details were finally published after secretive negotiations. In the following, some of the key arguments against the agreement will be analyzed.

Opponents do not deny that TTIP will enforce transatlantic standards for goods and services; however, they believe that "the standard-setting process will be cumbersome and slow, if not paralyzed, on important public health and environmental issues, delaying progress at the global level."[277] Especially with regards to the EU, which consists of 28 sovereign states, there is still a lack of mutual standards. It will be particularly difficult to agree on and subsequently implement respective standards across and signee states of TTIP.

Secondly, the passage of the latest TTIP draft regarding Investor State Dispute Settlement (ISDS) courted intense resentment amongst opponents. ISDS allows "foreign corporations to bypass domestic courts and sue governments in private tribunals over laws and policies that the corporations allege reduce their expected future profit."[278] This means that whenever a country's laws might minimize an enterprise's profit, the enterprise will be given the chance to sue the respective government to get the money and subsequently to get that obstacle law changed eventually.[279] Consequently, the democratic sovereignty of the people is in danger, if the government agrees on giving the economy the opportunity to

---

[275] Cf. **Menzel**, Christoph, Dimensionen und Auswirkungen eines Transatlantischen Freihandelsabkommens, p. 4.

[276] Cf. **Barker**, Tyson/**Workman**, Garrett, The Transatlantic Trade and Investment Partnership, p. 1.

[277] **Tuncak**, Baskut, Trans-Atlantic Trade and Investment Partnership (TTIP) Monitor, p. 4.

[278] Ibid. p. 3.

[279] Cf. **Irawan**, Tony/**Welfens**, Paul J.J., Transatlantic Trade and Investment Partnership, p. 32.

influence legislative action. It is irresponsible to legally settle potential actions such as ISDS in a treaty since it causes a severe and sustainable erosion of democracy.

An example for this threat as well as another negative effect, one has to mention existing regulations that were established on both sides of the Atlantic in order to protect the citizens from any harm. The EU has created restrictive laws on Genetically Modified Organisms (GMOs). Thence, many U.S. produced food must not be sold in the EU because it does not meet the food safety requirements. U.S. food companies in particular expressed their desire to enhance their markets. So, "the US government has explicitly stated that it will use the TTIP negotiations to target EU regulations that block US food exports, in particular the food safety regulations that European citizens have fought to defend over decades."[280] The EU food standards would be significantly lowered through TTIP. At this point, especially the European food industry and interest groups have formed an opposition as the U.S. agricultural biotechnologies not being compatible with EU law and its citizens' expectations.[281] TTIP also contains proposals on Sanitary and Phytosanitary standards (SPS)[282] and Technical Barriers to Trade (TBT), e.g. product labeling. It seeks to include pressure to subject SPS and TBT standards to Investor State Dispute Resolution.[283]

Another subject that seems particularly threatening in the aftermath of the Euro crisis is the dislocation of workers. Although the European Commission has confirmed that TTIP might cause a significant flow of workforce into the EU, there will also be the danger of job loss.[284] Enterprises will rationally choose their place of production where wages are low, conditions are favorable, and unions have little influence.

---

[280] **Hilary**, John, The Transatlantic Trade and Investment Partnership, p. 19.

[281] Cf. **Hansen-Kuhn**, Karen/**Suppan**, Steve, Promises and Perils of the TTIP, p. 8.

[282] Cf. **Akhtar**, Shayerah Ilias/**Jones**, Vivian C., Transatlantic Trade and Investment Partnership (TTIP) Negotiations, p. 45.

[283] Cf. **Hansen-Kuhn**, Karen/**Suppan**, Steve, Promises and Perils of the TTIP, p. 3.

[284] Cf. **Hilary**, John, The Transatlantic Trade and Investment Partnership, p. 16.

Further effects on other areas than economics

Overall, the negotiating parties "have rightly pushed for as few exceptions as possible and have called for comprehensive trade negotiations and avoidance of special treatment."[285] Thus, no individual country, branch of industry, or person could profit excessively from TTIP and its positive effects. The U.S. as well as the EU have both put a lot of effort, time, and money in this project. Although governments might have the most interest in exports, investment, job, and profit, the substantial core value of TTIP must not be forgotten.[286]

The multitude of commonly shared values creates "a strong, closely knit political and economic relationship that is driven by close cooperation [...] and mutual interests."[287] This cultural unanimity leads to a close transatlantic cooperation and coordination with regard to challenges both have to face. So, there are already existing tight "links between agriculture, food security, financial services and commodity market regulation" TTIP can rely on and that can be fruitfully enhanced and solidified.[288]

However, TTIP will also have profound effects on areas that are not merely economic. The creation of new jobs will go along with a flow of qualified and skilled personnel to meet the investors' expectations.[289] The influence on the mobility of citizens will be tremendous. Given the comparable and mostly similar living and industry standards, people are likely to accommodate quickly and easily. Hence, one of the areas TTIP will definitely change is the social composition of people.

Moreover, experts expect "an extra 11 million metric tons of CO_2 to the atmosphere, challenging the EU's own emission reduction commitments under the Kyoto Protocol" as a negative outcome of TTIP.[290] This increasing greenhouse gas emission will have a sustainability effect on an ecological as well as on a political level. Here, the development of new technology and attractive

---

[285] **Zeneli**, Valbona, The Transatlantic Trade and Investment Partnership, p. 3.

[286] Cf. **Deutsch**, Klaus Günter, Transatlantischer Freihandel: Die wirtschaftlichen Chancen von T-TIP (*Deutsche Bank Research*), Frankfurt 2013, p. 61.

[287] **AMCHAM EU** (The American Chamber of Commerce to the European Union), The Transatlantic Opportunity, p. 4.

[288] **Hansen-Kuhn**, Karen/**Suppan**, Steve, Promises and Perils of the TTIP, p. 14.

[289] Cf. **Kommerskollegium** (National Board of Trade, SWE), Global Value Chains and the Transatlantic Trade and Investment Partnership, p. 3.

[290] **Hilary**, John, The Transatlantic Trade and Investment Partnership, p. 22.

incentives for economies to work and produce in environmentally friendly ways are likely to help control this negative outcome.

Eventually, the U.S. and the EU already "cooperate closely on a wide range of foreign policy, international security, and economic issues."[291] The obligations and commitments TTIP imposes directly and indirectly on the signees, have the potential to create the framework for the most influential, largest trading and investment relationship in the world. Any kind of approval of economic measures demands a large overall political consent.

The following section will focus on three particular political areas TTIP will challenge: foreign policies, diplomacy, and security policy.

Foreign politics and diplomacy

Both, the U.S. as well as the EU are seeking public support for TTIP. The respective negotiators aim at phrasing the TTIP contract in a way that ensures that it will be passed in the U.S. Congress and the European Parliament.[292] Hence, it has to combine both partners' needs and concerns to be successfully approved. One of the major issues causing reluctance in the legislative representations definitely is the fact that the negotiations are not public. Elected parliamentarians only have restricted access to documents showing the results of the talks.[293] Given the fact that the EU is a conglomerate of 28 individual nations and the U.S. is a single country, potential negative outcomes of TTIP on a few EU members might lead to a deterioration of foreign policy relations. The EU member states might particularly fear losing more of their sovereignty when public services will be opened up to foreign public procurement contractors in the private sector through TTIP. This "means that several local government procurement policies in support of important social and environmental goals will no longer be allowed."[294] As the EU member states have individual diplomatic representations in the U.S., an

---

[291] **Akhtar**, Shayerah Ilias/**Jones**, Vivian C., Transatlantic Trade and Investment Partnership (TTIP) Negotiations, p. 48.

[292] Cf. **Tuncak**, Baskut, Trans-Atlantic Trade and Investment Partnership (TTIP) Monitor, p. 5.

[293] The European Commission's protocols say, that even government officials from EU member States will be denied access to significant documents, except in designated reading rooms from which they must not be removed nor copied. What is even more, even democratically elected parliamentarians from EU member States will not be allowed any sight of the demands being made on their countries by the USA, although the potential impact on the lives of their constituents will be enormous, cf. **Hilary**, John, The Transatlantic Trade and Investment Partnership, p. 13.

[294] **Hilary**, John, The Transatlantic Trade and Investment Partnership, p. 27.

outcome of whatever intensity will have a profound influence on these relations. What currently discourages most EU members and provides opponents of TTIP with reasonable arguments is the lack of transparency.[295] The transatlantic talks that started so promising thus become likely to threaten to overstretch both executives.

Another reason why TTIP will have an impact on foreign policy as well as diplomacy is the fear of the EU of losing a strong and reliable business partner. The U.S. is in a position right now where it can decide whether it put its focus on Latin America and its rising industry, on East Asia, or whether it falls back into the isolationism that has shaped the country's face for more than a century before World War I.[296] TTIP is a unique and precious mean to tighten the existing economical and political relations between the U.S. and Europe sustainably. However, both partners should not forget about the influence of TTIP on their relations with other countries as well. TTIP might "tie up a considerable proportion of EU and US negotiating capacity" with regard to either future similar contracts with other states or their intention to eventually join TTIP as equal members to equal conditions.[297] Direct neighboring states such as Mexico, Canada, or Japan and Turkey. Especially the current Customs Union of the EU might have an immense impact on official candidates for EU membership such as Turkey, as "countries with which the EU has signed FTAs have access to Turkey's market without having to reciprocate (e.g., the United States, if TTIP is concluded)" which might lead to displeasure and deterioration of diplomatic relationships with both the U.S. and the EU and an uneven interference with the Turkish economy.[298]

Security policies

The political sector of national security policy is a particularly delicate and sensitive area for every sovereign nation. Each one of them intends to create the most sustainable and reliable system of security measures possible. This includes security guidelines for national armed forces and their equipment, intelligence agencies, their respective interconnections, and information in general. Any international contract between different nations inevitably affects this sector on

---

[295] Cf. **Hansen-Kuhn**, Karen/**Suppan**, Steve, Promises and Perils of the TTIP, p. 4.

[296] Cf. **Hindley**, Brian, New Institutions for Transatlantic Trade?, p. 58.

[297] **Mildner**, Stormy-Annika/**Schmucker**, Claudia, Trade Agreement with Side Effects, p. 4.

[298] **Akhtar**, Shayerah Ilias/**Jones**, Vivian C., Transatlantic Trade and Investment Partnership (TTIP) Negotiations, p. 47.

the national level, depending on the number of partners involved and the profoundness of the issue. For instance, both NATO and the EU have 28 members at the moment. This means, however, that not all NATO members are simultaneously members of the EU and vice versa. Both organizations are open to new members. Thus they can change the entire composition of defense policy, economic policy, and security policy as each individual country will keep its sovereignty.

The EU in particular is eager to tighten its relations with the U.SA. right now. In the aftermath of the Euro crises, many EU states are still struggling to get their economies revitalized and to foster international outlet markets. Favorable agreements have to be made as the U.S. "is speaking with Australia, Brunei, Chile, Malaysia, New Zealand, Peru, Singapore and Vietnam about a 'high-standard' agreement" about a Transpacific Partnership (TPP) at the same time. [299] So, more favorable conditions have the ability to outrival competitors economically as business partners in the first place, but also as military and strategic partners as none of the potential TPP countries is a member of NATO, but most of the EU members are. This fact can be a pivotal one when it comes to agenda setting and international coordination. NATO members agreed on taking over specific tasks to contribute effectively and in a cost-saving way to the organization. This has created a certain degree of interdependence among NATO members over the years.

The impact of TTIP on the private sector and its future entanglement with public assignments will bring further effects on security policy to light. In the U.S., the private sector owns more than 85% of the national critical infrastructure and often clashes with requirements for investment in security. This model of multi-layered matrix of state defense, private-sector interests, and economics that already exists in the U.S. will be transferred to the EU member states to a remarkable degree. [300] More than ever before, private enterprises will have the chance to shape and design state defense and to henceforth influence security policy indirectly as they provide the means and tools that allow for its implementation. It is the private industry who provides material, vehicles, and weapons to the armed forces. TTIP gives the defense industry the chance to enhance their field of operations internationally and to submit proposals to other nations than their original one. There is a potential chance that the private sector might participate in security policy matters and may increase through TTIP lifts this contract to a new level.

---

[299] **Mildner**, Stormy-Annika/**Schmucker**, Claudia, Trade Agreement with Side Effects, p. 3.
[300] Cf. **Jarmon**, Jack A., The New Era in U.S. National Security, p. 65.

Another delicate area in this regard is data privacy. The EU has granted its citizens a high degree of data privacy and security so far, yet, it has "already watered down EU rules on data privacy in order to pave the way for regulatory coherence under TTIP, removing a key safeguard against U.S. intelligence agencies' spying on European citizens."[301] Whilst U.S. citizens have never been as aware of the importance of privacy as EU citizens due to different developments, many U.S. enterprises have a lead of many EU industries that do not have the same experience in individually targeted customer approaches. By undermining data privacy laws sustainably, TTIP will make it easier for U.S. companies in the first place to gather knowledge on their clientele whereas most EU businesses, especially smaller ones, will still have to develop their techniques. It will undoubtedly take some time for EU companies to catch up with their American competitors. Especially in the defense industry, this might provide U.S. companies a head start that will have a profound impact on the respective EU member states' security policy. By lowering or eliminating the few remaining barriers between them, the U.S. and the EU create the unique chance to revitalize their own economies with TTIP. If they eventually succeed after further negotiations then they will "agree to a single set of rules, the rest of the world will likely follow."[302] The impact on the global design of security policy cannot be estimated today. It will be significantly influenced and shaped through TTIP. It will curb the emerging markets and force them to adapt to the set of standards set by the partners who represent over a third of global trade. Future defense industry deals on a global level will follow the rules TTIP set for the transatlantic trade. The level of data privacy security will most likely be adapted as an international standard as well. Eventually, U.S. intelligence services and intelligence services of the individual EU member states will be able to collaborate more organized and effectively in the future as the base of their work will be the same. This, demands certain acknowledgements regarding accessibility and procedures from the 29 TTIP states. Then they can reach the degree of compatibility that will allow for a successful cooperation on a professional as well as friendly level.

---

[301] **Hilary**, John, The Transatlantic Trade and Investment Partnership, p. 30.

[302] **Barker**, Tyson/**Collett**, Anne/**Workman**, Garrett, TTIP and the Fifty States, p. 1.

Outlook

The list of potential positive effects has shown that TTIP can bring substantial advantages and profits for both the U.S. and the EU. On the other hand, the list of potential negative effects allows for an early enough analyses of weaknesses and flaws of the content. It is not too late to make corrections, improve the outcome and "make the EU and the U.S. regulatory systems more compatible and to help shape global rules in trade."[303] Given the increasing number of opponents who have already pointed out the negative effects and tried to make them known to the public, the time to act is now. Especially "[p]ublic health, environmental and social justice campaigners are joining forces with trade unions and consumer groups in both the EU and U.S. to oppose TTIP's deregulation agenda" and to maintain existing standards.[304] If the negotiators want to increase public support and the acceptance of the content, they can still take public concerns into consideration and make changes in the TTIP documents. The dimension of people —over 800 million people—and the effects it will have on other nations will oblige the negotiators to listen to advices and demurs, to take their opponents' opinion seriously. Hansen-Kuhn and Suppan state that "any efforts to develop coherent approaches need to achieve a delicate balance on at least three dimensions: the appropriate level of decision-making (subsidiarity); the right risk assessment and technical capacity; and fair and sustainable livelihoods and prices for farmers and consumers."[305] Any part of the content of the TTIP contract therefore has to be enduring, visionary, and reasonable. Moreover, it has to aim at keeping the living standard for the people that are concerned at the same level and to increase it remarkably in the most favorable case. The schedule previews that TTIP should be ratified by December 2016 in the U.S. Due to presidential elections in November 2016, the grand part of the negotiations has to be terminated by December 2015. This will allow for a sufficient period of time to specify technical and judicial terms. It also increases to pressure to conduct successful talks in the future rounds of negotiation. However, the support for TTIP in the U.S. Congress is above party lines and it should be ratified without problems. Moreover, there are scant interest groups or NGOs who might have enough sway over Congress.[306] TTIP will most probably be passed on the Fast

---

[303] **Tuncak**, Baskut, Trans-Atlantic Trade and Investment Partnership (TTIP) Monitor, p. 2.
[304] **Hilary**, John, The Transatlantic Trade and Investment Partnership, p. 35.
[305] **Hansen-Kuhn**, Karen/**Suppan**, Steve, Promises and Perils of the TTIP, p. 16.
[306] Cf. **Deutsch**, Klaus Günter, Transatlantischer Freihandel, p. 61.

Track which "removes Congress' exclusive constitutional authority to 'regulate Commerce with foreign nations' by circumventing ordinary Congressional review, debate and amendment procedures."[307] Hence, Congress will ratify TTIP as it has been negotiated. Here, it loses a large amount of its accountability as members of Congress are denied access to draft negotiating positions and cannot exert any influence on the content. By the exclusion of U.S. policymakers, the American public has less opportunity to influence the negotiations as their voices cannot be heard. This "lack of transparency is already a major issue of concern for legislators and civil society" and should be addressed in an appropriate way. [308] The only way members of Congress can access outcomes of TTIP is through drafts that are "shared with corporate advisers to the US government, who will then be free to share them in turn with their European business counterparts."[309] However, they do not have a possibility to influence ongoing negotiations. By the same token, members of the European Commission and the European Parliament are denied access to further and more current information. Future rounds of negotiations should therefore be held more transparently. On the one hand, this will increase the negotiators credibility and trustworthiness; on the other hand, it is likely to increase public support for the idea and to satisfy the citizens' interest. So far, no specific dates for a new round of negotiations have been published. As there will be an adequate amount of time to prepare the frame of the event, interest groups, the media, and democratically elected officials of course should be granted access to meetings that discuss vital contents and regulations that will have a profound public effect.

---

[307] **Tuncak**, Baskut, Trans-Atlantic Trade and Investment Partnership (TTIP) Monitor, p.3.
[308] **Hansen-Kuhn**, Karen/**Suppan**, Steve, Promises and Perils of the TTIP, p. 5.
[309] **Hilary**, John, The Transatlantic Trade and Investment Partnership, p. 14.

Conclusion

This paper presented the two TTIP partners, the U.S. and the EU as well as the TTIP initiative. The geo-economic alignment has been highlighted though the outlines of the positive and negative effects. It did not intend to promote or reject the TTIP initiative in a biased way, but to present simple facts and show potential outcomes. In particular the negative effects should be taken into consideration when it comes to making suggestions how TTIP could be shaped more efficiently and sustainably. Moreover, some other areas that are not primarily related to business have been presented. The analyses showed that TTIP has the potential to significantly influence security policy, but also foreign policy and diplomacy. Terminatory a critical and analytical outlook is aimed at highlighting necessary steps to curtail negative effects as much as possible. It increases positive effects and most importantly public support and acceptance. Therefore, the research question of to what extent will potential effects of the Transatlantic Trade and Investment Partnership (TTIP) Program affect (1) U.S. and (2) European Security Policy attitudes has been answered. TTIP can be considered "the West's last best opportunity to set global rules as the emerging markets continue to gain ground," especially in Southeast Asia and South America. [310] If the TTIP negotiations can be brought to a successful conclusion, they can "provide both a powerful signal of intent on global trade rules, and offer a significant stimulus to the transatlantic community" that can create new jobs, increase prosperity, and improve transatlantic cooperation on various levels. [311] It doubtlessly can be considered as "a new visionary plan for a unified and harmonized West founded on common ideals and interests, not confined by borders or national anthems but based on free trade and innovation."[312] The elimination of tariffs and NTBs can sustainably revitalize transatlantic trade and contribute to the creation of new outlet markets for goods of the same standard. These standards have the potential to be transferred into economies whose nations are not members of TTIP, but want to keep on doing business with them. Higher standards can have a remarkable effect on international security, safety, and product reliability. It will certainly take some time until less developed countries are able to completely adapt their standards. The consequences of doing so will be favorable and help them in their overall

---

[310] **Zeneli**, Valbona, The Transatlantic Trade and Investment Partnership, p. 1.

[311] **AMCHAM EU** (The American Chamber of Commerce to the European Union), The Transatlantic Opportunity, p. 5.

[312] **Zeneli**, Valbona, The Transatlantic Trade and Investment Partnership, p. 2.

economical and political development. The only thing that will be interesting with regard to TTIP is to see "to which extent the transatlantic market will be more determined by US legal approaches or by EU legal standards."[313] Especially in the field of food safety and the use of GMOs, the EU has created stricter standards and most protests aim at keeping them up to protect EU citizens from harmful nutrition.

Sadly, TTIP and its relevance have not reached the amount of attention it deserves given its impact. It is important to bring this topic to international attention and to discuss it more publicly. This increases the pressure on the negotiators to open up their discussion to the public and it allows for a possible exchange of concerns and solutions in return. The motto of the European Union, *In varietate Concordia* (*United in diversity*), can be transferred to the intentions of TTIP: There are many links that unite nations on both sides of the Atlantic. TTIP can tighten, strengthen, and consolidate these bonds for the future.

---

[313] **Irawan, Tony/Welfens**, Paul J.J., Transatlantic Trade and Investment Partnership, p. 31.

References

Akhtar, Shayerah Ilias/**Jones**, Vivian C., Transatlantic Trade and Investment Partnership (TTIP) Negotiations, Congressional Research Service, Washington, D.C. 2014.

AMCHAM EU (The American Chamber of Commerce to the European Union), The Transatlantic Opportunity. Why we need a Transatlantic Trade & Investment Partnership, Dublin/Brussels 2013.

Barker, Tyson/**Collett**, Anne/**Workman**, Garrett, TTIP and the Fifty States: Jobs and Growth from Coast to Coast, Washington, D.C. 2013.

Barker, Tyson/**Workman**, Garrett, The Transatlantic Trade and Investment Partnership: Ambitious but Achievable. A Stakeholder Survey and Three Scenarios, Washington, D.C. 2013.

Checkel, Jeffrey T./**Katzenstein**, Peter J., The politicization of European identities, in: **Checkel**, Jeffrey T./**Katzenstein**, Peter J. (Eds.), European Identity, Cambridge 2009.

Deutsch, Klaus Günter, Transatlantischer Freihandel: Die wirtschaftlichen Chancen von T-TIP (*Deutsche Bank Research*), Frankfurt 2013.

Felbermayr, Gabriel J./**Larch**, Mario, The Transatlantic Trade and Investment Partnership (TTIP): Potentials, Problems and Perspectives, in: *CESifo Forum* 2/2013, pp. 49-60.

Felbermayr, Gabriel/**Heid**, Benedikt/**Lehwald**, Sybille, Transatlantic Trade and Investment Partnership (TTIP). Who benefits from a free trade deal?, Gütersloh 2013.

Gruner, Wolf D./**Woyke**, Wichard, Europa-Lexikon. Länder – Politik – Institutionen, München 2004.

Hänsch, Klaus, Perspektiven der europäischen Integration, in: **Leiße**, Olaf (Ed.), Die Europäische Union nach dem Vertrag von Lissabon, Wiesbaden 2010.

Hansen-Kuhn, Karen/**Suppan**, Steve, Promises and Perils of the TTIP. Negotiation a Transatlantic Agricultural Market, Berlin 2013.

Hick, Alan, Die Europäische Bewegung, in: **Loth**, Wilfried (Ed.), Die Anfänge der Europäischen Integration 1945-1950, Bonn 1990.

Hilary, John, The Transatlantic Trade and Investment Partnership, Brussels 2104.

Hindley, Brian, New Institutions for Transatlantic Trade?, in: *International Affairs*, Vol. 75, No. 1 (Jan. 1999), pp. 45-60.

Irawan, Tony/**Welfens**, Paul J.J., Transatlantic Trade and Investment Partnership: Sectoral and Macroeconomic Perspectives for Germany, the EU and the US, Bonn 2014.

Janz, Louis, Die Geschichte der europäischen Einigung nach den Zweiten Weltkrieg, in: **Weidenfeld**, Werner (Eds.), Die Identität Europas, München 1985.

Jarmon, Jack A., The New Era in U.S. National Security. An Introduction to Emerging Threats and Challenges, Lanham, MD 2014.

Kielmannsegg, Peter Graf, Integration und Demokratie, in: **Jachtenfuchs**, Markus/**Kohler-Koch**, Beate (Eds.), Europäische Integration, Opladen 2003.

Kommerskollegium (National Board of Trade, SWE), Global Value Chains and the Transatlantic Trade and Investment Partnership, Stockholm 2013

Linklater, Andrew, A European Civilizing Process, in: **Hill**, Christopher/**Smith**, Michael (Eds.), International Relations and the European Union, New York, NY 2005.

McCormick, John, Understanding the European Union. A Concise Introduction, New York, NY 2011.

Menzel, Christoph, Dimensionen und Auswirkungen eines Transatlantischen Freihandelsabkommens, retrieved from: http://www.bmwi.de/Dateien/BMWi/PDF/Monatsbericht/Auszuege/04-2013-freihandel,property=pdf,bereich=bmwi2012,sprache=de,rwb=true.pdf.

Mildner, Stormy-Annika/**Schmucker**, Claudia, Trade Agreement with Side Effects. European Union and United States to Negotiate Transatlantic Trade and Investment Partnership, in: SWP (Stiftung Wissenschaft und Politik) Aktuell 26/2013, pp. 1-7.

Schäfers, Bernhard, Sozialstruktur und sozialer Wandel in Deutschland, Stuttgart 2002.

Schmale, Wolfgang, Geschichte und Zukunft der Europäischen Identität, Bonn 2010.

Szyszko, Agata, Die kulturelle Identität Europas als ideen- und begriffsgeschichtliches Konzept, in: **Birk**, Eberhard (Ed.), Aspekte einer europäischen Identität, Fürstenfeldbruck 2004.

Tuncak, Baskut, Trans-Atlantic Trade and Investment Partnership (TTIP) Monitor, in: *CIEL* (Center for International Environmental Law) 1/2013, pp. 1-6.
Wæver, Ole/ **Kelstrup**, Morten, Europe and its nations: political and cultural identities, in: **Wæver**, Ole/**Buzan**, Barry/**Kelstrup**, Morten/ **Lemaitre**, Pierre (Eds.), Identity, Migration and the New Security Agenda in Europe, London 1993.

Weidendfeld, Werner/**Janning**, Josef, After 1989: The Emerge of a new Europe, in: **Weidendfeld**, Werner/**Janning**, Josef (Eds.), Global Responsibilities: Europe in Tomorrow's World, Gütersloh 1991.

Weidenfeld, Werner/**Turek**, Jürgen, Wie Zukunft entsteht. Größere Risiken – weniger Sicherheit – neue Chancen, München 2002.

Westerwelle, Guido, Der Wert Europas: Vier Thesen zum Zukunftsprojekt Europa, in: integration, 2012 (2), pp. 90-93.

Zeneli, Valbona, The Transatlantic Trade and Investment Partnership: A Historic Deal?, in: *Security Insights* (George C. Marshall European Center for Security Studies), 9/2013.

Informative Analyse weltwirtschaftlicher Faktoren und deren Veränderungsprozesse durch das TTIP.

Was erwarten US-Konzerne und welche Befürchtungen haben EU-Konsumenten?

Von Frank Wilkens, 2014

Abkürzungsverzeichnis

ACTA	Anti-Counterfeiting Trade Agreement
ADI	Acceptable Daily Intake
ALDF	Animal Legal Defense Fund
ASEAN	Vereinigung Südostasiatischer Staaten
ATC	Agreement on Textiles and Clothing
AXT	Astaxanthin
BfR	Bundesinstitut für Risikobewertung
BHA	Butylhydroxyanisol
BHT	Butylhydroxytoluol
BIP	Bruttoinlandsprodukt
BPA	Bisphenol A
BST	Rinder-Somatotropin
BUND	Bund für Umwelt und Naturschutz Deutschland
BVO	Brominated vegetable oil
CAK	Codex Alimentarius Kommission
CEO	Corporate Europe Observatory
CETA	Comprehensive Economic and Trade Agreement
CFS	Center for Food Safety
CI	Color Index
DDA	Doha Development Agenda
DDR	Deutsche Demokratische Republik
ECOWAS	Wirtschaftsgemeinschaft Westafrikanischer Staaten
EDTA	Ethylendiamintetraessigsäure-Natriumsalz
EFSA	European Food Safety Authority
EFTA	European Free Trade Association
EMEA	Europäische Arzneimittel-Agentur
EU	Europäische Union
FAO	Food and Agriculture Organization of the United Nations
FDA	US Food and Drug Administration
FEEDAP	Gremium für Zusatzstoffe, Erzeugnisse und Stoffe in der Tierernährung
FWW	Food & Water Watch
GDP	Gross Domestic Product
GRAS	Generally Recognized as Safe
GWB	Gesetz gegen Wettbewerbsbeschränkungen
HGB	Handelsgesetzbuch

HHS	US Department of Health and Human Services
IARC	International Agency for Research on Cancer
ICSID	International Centre for Settlement of Investment Disputes
IFO	Institut für Wirtschaftsforschung e. V.
IFRS	International Financial Reporting Standards
ISDS	Investor-to-State Dispute Settlement
JECFA	Joint FAO/WHO Expert Committee on Food Additives
MERCOSUR	Gemeinsamer Südamerikanischer Markt
NAFTA	Nordamerikanische Freihandelszone
NSA	National Security Agency
NTHH	Nichttarifäre Handelshemmnisse
OECD	Organization for Economic Co-operation and Development
OSHA	Occupational Safety and Health Administration
PG & E	Pacific Gas and Electric
PRSV	Papaya Ringspot Virus
RBGH	Rekombinantes Rinderwachstumshormon
RCC	Regulatory Cooperation Component
SAIB	Saccharoseacetatisobutyrat
SDC	Society of Dyers and Colorists
TÜV	Technischer Überwachungsverein
UdSSR	Union der Sozialistischen Sowjetrepubliken
UL	Underwriters Laboratories
WHO	World Health Organization
WTO	World Trade Organization

Vorwort

Das transatlantische Freihandelsabkommen wird rund zwei Drittel der global am stärksten frequentierten Wirtschafts- und Wachstumsmärkte verbinden sowie eine Bevölkerungsdichte von nahezu achthundert Millionen Menschen umfassen. Das als TTIP bezeichnete Abkommen dient dem Abbau von Zöllen, dem erhöhten Austausch von Waren, wirtschaftlichem Wachstum, generieren von Arbeitsplätzen und Wohlstand der Gesellschaft. Neben all den als erstrebenswert einzustufenden Facetten wird die freie Selbstbestimmung der Bürger jedoch beschnitten und die Macht der Konzerne gestärkt. Die geheimen Verhandlungen werden mittlerweile zunehmend von Protesten begleitet und die Verbraucher fragen sich, warum die Öffentlichkeit über etwas, das angeblich allen nur Vorteile bringen soll, weder informiert noch befragt wird. Wer sind somit letztlich Verlierer und wer Gewinner des TTIP? Wie ändern sich Lebensmittel-, Verbraucher-, Umwelt- und Sicherheitsaspekte für die Bürger? Was geschieht mit dem Arbeits-, Klima- und Gesundheitsschutz? Werden Schiedsgerichte bald alltäglich? Wird die Einfuhr toxischer, chemischer oder genetisch veränderter Güter zugelassen? Welche Regelungen, Standards und Rechte sollen verwässert oder abgeschafft werden? Wem nutzt das Freihandelsabkommen also wirklich? Diesen und vielen weiteren Aspekten des TTIP soll auf den folgenden Seiten nachgegangen, Informationen analysiert sowie die zukünftige Auswirkung auf Bürger, Umwelt und EU-Wirtschaft aufgezeigt werden.

Wirtschaftsnachrichten berichten weltweit darüber, dass in geraumer Zeit mehr als neunzig Prozent der globalen Konsum- und Wirtschaftsgüternachfrage aus Ländern resultieren, welche sich fernab der EU befinden. Da sich jene Wachstumsmärkte stetig weiterentwickeln und somit bald schon den europäischen überflügeln könnten, sind Freihandelsabkommen mit diesen Ländern gewiss nicht die schlechteste Idee. Würde nun durch eine wirtschaftliche Allianz mit Nordamerika ein Handelsblock entstehen, könnten marktbeherrschende Standards gesetzt und vereinheitlicht werden. Somit würde die europäische Positionierung gegenüber bisherigen Handelspartnern gefestigt und neue Wirtschaftsbeziehungen könnten um vieles leichter aufgebaut oder weiter ausgebaut werden.

Würde das Abkommen zwischen den USA und der EU ratifiziert, kämen Schätzungen zur Folge über zweihundertfünfzig Milliarden Euro zum EU-Bruttosozialprodukt und mehr als zwei Millionen neue Jobs hinzu. Eine solche Entwicklung macht die EU-Märkte für fremdländische Handelsabkommen gewiss noch um einiges reizvoller. Der bei den Verhandlungen mit den USA eingesetzte EU-Handelskommissar lobt dabei stets die großen Entwicklungspotenziale und Chancen für die Wirtschaft. Das dabei jedoch vor allem eine gemeinsame Basis geschaffen werden soll, die es Lobbyisten der US-Industrie erlaubt, bereits im Vorfeld der geheimen Verhandlungen Standards und Regularien dahingehend abzuändern, das sie lediglich minimalen Anforderungen genügen, sagt er freilich nicht. Dadurch geraten die Rechte der EU-Bürger massiv ins Hintertreffen, insbesondere deshalb, weil die Teilnahme an den Verhandlungen seitens Verbraucher- und Gesundheitsschützern sowie demokratisch legitimierter Vertreter von vornherein ausgeschlossen wurde. Es stellt sich daher weniger die Frage, was letztlich in dem Abkommen steht, sondern eher, wie es dort überhaupt hineinkommen konnte. Politik und NGOs warnen daher schon jetzt vor den unabsehbaren Folgen neuer TTIP-Statuten, ohne jedoch den notwendigen Handlungsspielraum zu besitzen.

Ein Thema, das polarisiert, weshalb die einzelnen Akteure, Studien, Hintergründe und Beschlüsse etwas eingehender betrachtet und für jeden verständlich analysiert werden sollen.

Einleitung

Über die Freihandelszone, welche das gesamte Areal von den Vereinigten Staaten bis zur Europäischen Union umfasst, wird nicht erst seit gestern verhandelt. Bereits Anfang der neunziger Jahre wurden diesbezügliche Gespräche anberaumt. Zu jener Zeit wurde das Transatlantische Freihandelsabkommen noch als Wirtschafts-NATO betitelt und sollte vor allem als Reaktion gegenüber den aufstrebenden, asiatischen Wirtschaftsmächten dienen. Deren sagenhafter, wirtschaftlicher Boom sorgte gleichwohl bei Amerikanern und Europäern für Unbehagen. Zwar handelte es sich bei den Gütern jener Region meist nur um billige Repliken bereits etablierter, westlicher Produkte, aber da diese aufgrund günstigerer Materialien, geringeren Arbeitsentgelten und höheren Arbeitszeiten wesentlich kosteneffizienter hergestellt werden konnten, entwickelte sich daraus rasch ein enormes wirtschaftliches Wachstumspotenzial. Vor allem deshalb, weil unzählige Konsumenten liebend gern den Anschein von Wohlstand gegenüber anderen aufzeigen bzw. sich freudig damit zeigen möchten, stieg der Verkauf jener Produkte innerhalb weniger Jahre um mehr als das Zehnfache. Dadurch verloren etablierte Unternehmen Abnehmer, mittelständische Unternehmen Aufträge und viele westliche Arbeiter letztlich ihren Job. Um dem entgegenzuwirken, sollte durch ein weitreichendes Handelsabkommen das wirtschaftliche Wachstum vorangetrieben, die Jobmisere behoben und Entgelte zwecks höheren Konsums aufgebessert werden. Von der Theorie zur Praxis ist es jedoch bekanntlich stets ein steiniger und überaus langwieriger Weg. Bis zur Gegenwart gab es daher lediglich einzelne, kleinere Schritte, die zwar eine beiderseitige Annäherung der wirtschaftlichen Interessen andeuteten, dann allerdings meist am Widerstand der Amerikaner, Europäer oder einzelner Bündnispartner scheiterten. Beispielhaft war in diesem Sinne das Multilaterale Investitionsabkommen, welches letztlich durch ein Veto Frankreichs binnen kürzester Zeit wieder von der Bildfläche verschwand. Gleiches galt für den ersten Entwurf des Freihandelsabkommens, dem 2007 aufgrund der Ablehnung zahlreicher US-Lobbyisten und des damaligen amerikanischen Präsidenten Bush das gleiche Schicksal widerfuhr. Danach folgten einige Jahre des Schweigens, ehe Anfang 2013 erneut die Verhandlungen zum Abbau von Zoll- und handelshemmenden Faktoren aufgenommen wurden, um sukzessiv den Weg für einen neuen, rund achthundert Millionen Konsumenten umfassenden Wirtschaftsraum frei zu machen. Die lange Zeit dazwischen lag allerdings weniger am Desinteresse des derzeitigen amerikanischen Präsidenten Obama, sondern war vielmehr der Weltwirtschaftskrise geschuldet.

Diese entstand im Laufe der Jahre aufgrund des wirtschaftlichen Missmanagements amerikanischer Großbanken.[314] Die Verhandlungen sollten spätestens Ende 2014 zum Abschluss gebracht werden, wodurch das Abkommen frühestens Ende 2015 in Kraft treten könnte. Somit hätte der Abschluss der Verhandlungen dem Ende der Amtszeit jener bis dato federführenden EU-Kommissionen im Herbst 2014 entsprochen. Die anvisierte Zielsetzung verzögert sich nun jedoch erneut. Hochrangige deutsche Politiker, wie Bundeskanzlerin Merkel, Bundesfinanzminister Schäuble oder auch Wirtschaftsminister Gabriel betonen derweil öffentlich fast schon Gebetsmühlenartig, sie wünschten sich nichts sehnlicher, als ein Freihandelsabkommen zwischen den USA und der EU, weil es angeblich nicht nur gut für Deutschlands Wirtschaft, sondern ebenso für die der gesamten EU und natürlich deren Bürger sei. Wie ein solches Abkommen jedoch in so kurzer Zeit konzipiert, abgesegnet und funktionieren soll bzw. könnte, darüber liegt derzeit immer noch ein für den normalen Bürger schier undurchdringlicher Nebel. Letztlich sind immer noch Unmengen elementarer Stolpersteine aus dem Weg zu räumen, ehe das Abkommen tatsächlich in Kraft treten und Europäern ebenso wie Amerikanern das fertige Werk zugänglich gemacht werden kann. Bis dahin müssen sich beide jedoch noch ein wenig gedulden, denn bezüglich allem, worüber verhandelt bzw. was bis dato eventuell sogar bereits ausgehandelt wurde, besteht die allerhöchste Geheimhaltungsstufe. An welchen Steinen aber werden sich vorrangig die Zähne ausgebissen? Wer stimmt letztlich darüber ab, was später in dem Sammelsurium von Regelungen, Standards und Gesetzen steht? Gibt es wirklich, wie die Politik es stets jedermann glaubhaft zu machen versucht, durch das Freihandelsabkommen mehr Gewinner, als Verlierer? Warum werden dann aber weder die Öffentlichkeit noch nationale Politiker in die geheimen Verhandlungen einbezogen? Welche Regelungen sind letztlich gut für Unternehmen und Produzenten, aber schlecht für die Verbraucher und deren Gesundheit? Welche US-Produkte sollen in der EU eingeführt werden und warum ging das bislang nicht? Wofür stehen US-Zusätze à la AXT, BHT, RGBH oder BVO? Was ändert sich bezüglich des Sicherheits-, Arbeits- und Verbraucherschutzes? Sind unternehmerische Investitionen noch sicher und was geschieht mit den bislang geltenden Reglments und Gesetzen? Diesen und vielen weiteren Fragen wird auf den nun folgenden Seiten nachgegangen.

---

[314] Vgl. Wilkens (2011) S.25 f

Dabei werden die sich aufgrund des TTIP ergebenden Neuerungen sowie dessen Bedeutung für europäische Unternehmen und Verbraucher ebenso nachvollziehbar wie leicht verständlich aufgezeigt und eingehend erläutert.

Grundlagen und Fakten

Definition Freihandelsabkommen

Ein Freihandelsabkommen soll Handels- und Zollbeschränkungen zwischen den beteiligten Ländern abbauen.[315] Diese Beschränkungen schützen in erster Linie die einheimische Wirtschaft und bestehen oft in Form von Konzessionen. Ein Beispiel für solche Konzessionen sind Kontingente für Lastkraftwagen. Diese Form der Genehmigung erlaubt es inländischen Unternehmen u. a., eine vorgegebene Menge von Lastkraftwagen in bestimmte Gebiete eines ausländischen Staates zu exportieren, bei denen ebenfalls sachlich determinierte Bedingungen erfüllt werden müssen. Deutschland exportiert beispielsweise Lastkraftwagen mit andersfarbigen Blinkern in die USA. Gesetzliche Limitierungen, das Recht am geistigen Eigentum oder aber die Wettbewerbspolitik gehören hingegen nicht zu den Beschränkungen, die zwischen den Märkten der jeweiligen Staaten bestehen könnten. Ein Freihandelsabkommen zielt folglich darauf ab, lediglich interessenspolitische Hemmnisse oder wirtschaftliche Hindernisse abzubauen, die dem freien Handelsverkehr entgegenstehen.[316] Länder, die einem solchen Abkommen beitreten, können ihre Waren und Dienstleistungen frei in ebenfalls eingebundene Länder des Freihandelsabkommens exportieren, wodurch Unternehmen das Erschließen neuer Märkte immens erleichtert wird. Der Konsument hat dabei ebenfalls Vorteile. Er kann benötigte Produkte zu günstigeren Preisen aus einer größeren Anzahl von Waren und Dienstleistungen auswählen. Dies ist vorrangig eine Folge der aus dem Freihandelsabkommen resultierenden, internationalen Wettbewerbssituation, den geringeren bzw. ganz entfallenden Zöllen sowie geringfügig einschränkenden Devisenvorschriften. Ein solches Abkommen kann dazu führen, dass Länder mit marginaler Wirtschaftsleistung mehr Zugeständnisse machen müssen, als diesen langfristig gut tun würde. Die größere Wirtschaft muss indes weitaus weniger Kompromisse eingehen. Entsprechend der eigenen, größeren Wirtschaftsleistung kann letzterer Staat folglich darauf drängen, Regeln und Statuten im Sinne der heimischen Industrie abändern zu

---

[315] Vgl. Haas (2006) S.210 ff

[316] Vgl. Krugman (2009) S.289

lassen, dies vertraglich festschreiben und somit fast schon alleinig von den Vorteilen des Abkommens profitieren, während die schwächere Wirtschaft aufgrund der neuen Statuten weiter zurückgeht.[317]

Sinn des transatlantischen Freihandelsabkommens

Das gemeinsam von EU und USA erwirtschaftete BIP stellt etwa die Hälfte aller global erzielten Wirtschaftsleistungen dar. Dieser Sachverhalt zeigt für sich genommen bereits deutlich, warum ein Handelsabkommen zur Standardisierung der beiderseitigen Marktbedingungen große Auswirkungen auf alle anderen globalen Marktplätze haben wird.[318] Das Transatlantische Freihandelsabkommen, welches auch als Transatlantische Handels- und Investitionspartnerschaft bezeichnet wird, ist somit ein völkerrechtlicher Vertrag, durch den die weltweit größte, globale Freihandelszone entstehen soll.[319] Für dieses Ziel wurde Anfang 2013 eine entsprechende Absichtserklärung vom US-Präsidenten,[320] dem EU-Kommissionschef und dem EU-Ratspräsidenten unterzeichnet. Die Erklärung stützt sich vornehmlich auf Erkenntnisse und volkswirtschaftlich geprägte Aussagen eines Gremiums, das aus amerikanischen und europäischen Mitgliedern besteht. Tenor der Erklärung war die Schaffung des historisch größten Handelsmarktes der Welt, wobei allerdings bereits zu diesem Zeitpunkt Produkte und Dienstleistungen im Volumen von mehr als zwei Milliarden Euro täglich ihren Weg über dem Atlantik fanden. Das entsprach fast einem Drittel des globalen Handelsvolumens. Die achtundzwanzig Mitgliedsstaaten der EU einigten sich beim EU-Handelskommissar auf Karel de Gucht, der fortan die Verhandlungen leiten und lenken sollte.[321] Der designierte erhielt somit die Legitimation, fast schon alleine alle weiteren Konsultationen bezüglich des Abkommens zwischen den USA und der EU zu führen. Durch sein Mandat verfolgt der EU-Handelskommissar die Zielsetzung der Abschaffung aller Barrieren, die sich bis dato im Handel zwischen EU und USA ergeben. Vorrangig sind dabei der Wegfall von Zöllen sowie die Angleichung von Gesetzen, Vorschriften und Regelungen, welche innerhalb der einzelnen EU Länder gelten. Ebenso sollen diesbezügliche Ausnahmen und Sonderregelungen hinfällig und

---

[317] Vgl. Haas (2006) S.277 f

[318] Vgl. Drockur (2014) S.43 f

[319] Vgl. Arnauld (2014) S.78 f

[320] Vgl. abc.net, 13.02.2013

[321] Vgl. europarl.eu, 14.09.2009

die daraus resultierende, überbordende Bürokratie durch eine neue, für beide Vertragspartner akzeptable und unkomplizierte Lösung ersetzt werden. Unternehmen würden dadurch immense Kosten einsparen und der Konsum auf beiden Seiten des Atlantiks synchron weiter angekurbelt werden. Dies wäre selbstverständlich dem Umstand geschuldet, das die Preise aufgrund jener Ersparnisse auch tatsächlich fallen würden. Zum Schutz der Konsumenten sollen des Weiteren relevante Vorschläge der Länder ins Abkommen eingearbeitet werden, welche die bislang für Produkte geltenden Standards nicht unterschreiten. Dieser Gedanke ist gewiss ganz im Sinne der Bürger, aber leider nicht in dem der Unternehmen. Ein solches Ansinnen verschreckte deshalb jüngst die Managementebenen der US-Industrie, allen voran die der Landwirtschaft, welche große Bedenken gegenüber strengeren, weil europäisch ambitionierten Regelungen äußerten. Das verwundert den europäischen Bürger indes kaum, denn schließlich werden in Amerika nicht erst seit gestern gentechnisch veränderte Futtermittel in Zuchtbetrieben verfüttert oder entsprechend hergestellte Lebensmittel in den heimischen Verkauf gebracht.[322] Diese in den USA genutzten Verfahren kollidieren bekanntlich mit zahlreichen, durch die Europäische Union im Laufe der Jahre gegenüber Importen erlassenen Konsumgüter-, Umwelt- und Tierschutzgesetze. Für europäische Verbraucher stellt sich deshalb auch weniger die Frage, wie eine Angleichung bereits bestehender Regelungen gegenüber den Amerikanern eventuell ausgestaltet werden könnte. Viel wichtiger erscheint ihnen zuerst einmal eine Klärung darüber zu sein, wie überhaupt eine Annäherung in diesen Punkten erreicht werden soll, wenn sich Amerikaner stets vehement für den Einsatz der Gentechnik und gegen höhere Sicherheitsmaßnahmen bei den Zulassungen neuer Gen-Verfahren oder genetisch veränderter Agrar-Exporte in die EU aussprechen. Ein solcher Ansatz ziele lediglich auf eine höhere Gewinnmarge für US-Unternehmen ab, keineswegs jedoch auf einen besseren Schutz der Konsumenten. Dieser Streitpunkt hat eine tragende Bedeutung, da es sich beim TTIP keineswegs nur um einen Vertrag zwischen zwei Wirtschaftsmächten handelt, sondern ebenso um einen völkerrechtlichen zwischen den USA und der EU. Vor diesem Hintergrund sehen sowohl NGOs, Verbraucher- und Umweltschutzaktivisten, Politiker jedweder Couleur und EU-Bürger die zwischen US-Lobbyverbänden und EU-Handelskommissar stattfindenden, geheimen Verhandlungen als überaus

---

[322] Vgl. agrarheute.com, 08.07.2014

fragwürdig an.[323] Das Unverständnis nahm noch weiter zu, als bekannt wurde, das weder nationale, politische Vertreter, noch solche des EU-Parlaments über die Verhandlungen informiert bzw. überhaupt erst in diese eingebunden werden. Das entspricht kaum der Doktrin einer demokratisch orientierten Grundhaltung. Wenn über Dinge verhandelt wird, die zwar alle betreffen, aber niemand sich äußern kann, weil Informationen zurückgehalten werden, spricht der Jurist im Allgemeinen vom Entzug der demokratischen Kontrolle.

Aufgrund der geheimen Verhandlungen sind mittlerweile über zwei Drittel der EU-Bevölkerung der Meinung, das positive Effekte für sie selbst ausbleiben und das jenes Abkommen letztlich nur Nachteile oder negative Folgen für Arbeitsplätze, Gesundheit oder den Konsum mit sich bringen werde. Diese Ängste sind nicht unbegründet, da die Lobbyisten für ihre Unternehmen in erster Linie bessere Standards erreichen wollen, d. h. das nicht die hohen europäischen Normen auf die USA, sondern die meist recht lax gehandhabten der USA auf die EU übertragen werden sollen. Geltende Statuten könnten somit verwässert oder sogar komplett gestrichen werden. Mehr dazu in einem späteren Kapitel.

Vorteile des Abkommens

In erster Linie würden durch das TTIP Zoll- und Handelsbarrieren zwischen den USA und der Europäischen Union der Vergangenheit angehören.[324] Die Wirtschaft beider Regionen würde auf diese Weise beflügelt werden, ebenso die auf globaler Ebene. Die Einfuhrzölle, welche momentan bei etwa drei Prozent liegen, würden wegfallen, höhere Steuersätze angeglichen bzw. verringert oder gestrichen. Dadurch entstehen höhere Gewinne, was wiederum für mehr Investition sorgen und somit Arbeitsplätze schaffen würde. Die Summe aller Im- und Exporte von Waren und Dienstleistungen zwischen den USA und der Europäischen Union lag in den vergangenen Jahren stets bei annähernd achthundert Milliarden Euro pro Jahr, Tendenz steigend. Daraus wird ersichtlich, dass die Einsparungen geradezu immens wären. Unternehmen könnten neben dem sich daraus ergebenden, höheren Investitionsvolumen ebenfalls die Produktpreise senken, was wiederum günstigere Lebenshaltungs- und Konsumkosten für Verbraucher bedeuten würde. Gleichzeitig steigt die Vergleichbarkeit der Güter, da die jeweiligen Sicherheits- und Produktionsstandards gegenüber der betreffenden Staatengemeinschaft angeglichen werden. Durch die gemeinsamen

---

[323] Vgl. coe.int, 24.07.2014

[324] Vgl. faz.net, 09.04.2014

Regelungen fielen ferner Zulassungsbeschränkungen weg, die augenblicklich z. B. für Agrarprodukte, technische Erzeugnisse oder Medikamente gelten.[325] Volkswirtschaftliche Prognosen sagen daher für die USA einen Wachstumsimpuls von Null Komma vier und für die EU von Null Komma fünf Prozent voraus, wodurch nach Berechnungen der EU-Handelskommission mehr als vierhunderttausend neue Arbeitsplätze entstehen würden.

Neben der Schaffung neuer Beschäftigungsverhältnisse ergäbe sich infolgedessen eine Reallohnsteigerung von über eins Komma fünf Prozent, eine deutliche Verringerung der Arbeitslosenquote sowie längerfristig orientierte Impulse für die Wirtschaft der Ballungszentren in den jeweiligen Volkswirtschaften. Da die USA ein wichtiges Exportland für deutsche Unternehmen ist, würde sich deren bisheriges Handelsvolumen auf bis zu fünf Milliarden Euro per Anno steigern. Dabei entfällt fast ein Drittel auf die Automobilhersteller und rund ein Sechstel auf chemische Produktionsstätten. Gleichzeitig würden sich internationale Vergabe- und Ausschreibungsverfahren[326] wesentlich vereinfachen und bürokratische Hürden fallen. So könnten beispielsweise Deutsche Unternehmen leichter konkurrenzfähige Angebote bei öffentlichen, regionalen Ausschreibungen in den USA einreichen und umgekehrt. Die zu verhandelnden Spezifikationen betreffen diesbezüglich fast alle Bereiche der Wirtschaft. Die einzige Ausnahme ist der visuelle, mediale Bereich. Dieser bezieht sich auf Sound-, Film- und entsprechend aufbereitete Medieninhalte, für die es entweder seitens der EU oder regionaler Entscheidungsgremien Fördermittel gibt. Auf diese Weise sollen sowohl Kultur, regionaler Charakter und Individualität der Inhalte gegenüber denen von US-Produktionen gewahrt werden.

Nachteile des Abkommens

Aufgrund des TTIP befürchten Kritiker die Möglichkeit von Blockaden konkurrierender Handelsunionen oder Staaten. Beispielsweise könnten Russland oder China verschiedene Regelungen oder Standardisierungen nicht anerkennen, wodurch sich neue Hürden beim Handel mit diesen Nationen ergeben könnten. Ebenso könnten die Effekte des Freihandelsabkommens den Einfluss der beteiligten Länder gegenüber globalen Handelspartnern erschweren oder sogar negativ beeinflussen. Dadurch würde die wirtschaftliche Leistungsfähigkeit

---

[325] Vgl. Fritsch (2014) S.280

[326] Vgl. Frenz (2006) S.583 f

eingeschränkt. Die Handelsbilanz könnte sich sogar defizitär entwickeln.[327] In Anbetracht derzeitiger, wirtschaftlicher und territorialer Krisenherde in und um Europa würde so dem zarten Aufblühen neuerlicher, globaler Handelsbeziehungen gewiss in Bälde der Boden entzogen. Die ständig lauernde Gefahr einer neuen Euro-Krise und der stete Kampf der USA gegen die drohende Zahlungsunfähigkeit sind auch keine wirklich guten Argumente, um die Notwendigkeit des TTIP zu untermauern.

Speziell vor dem Hintergrund, das viele Rohstoffe oder Handelsgüter nach wie vor wesentlich günstiger aus dem Osten importiert werden können. Exporte aus Asien oder Russland in die neue Handelszone würden zudem deutlich teurer und Exporte in diese Länder seitens EU und den USA günstiger, was dem derzeitig hohen Handelsvolumen zwischen diesen Staaten dauerhaft gewiss kaum zuträglich sein dürfte. Verluste beim Handel macht bekanntlich keiner gerne längerfristig mit. Generell wären noch viele weitere Szenarien denkbar, doch das mit Abstand größte Ärgernis des Abkommens ist nach wie vor die fehlende Transparenz. Da die Verhandlungen im geheimen hinter verschlossenen Türen zwischen Lobbyisten und dem EU-Handelskommissar stattfinden, können bislang weder Politiker, Gremien, Bürger oder NGOs[328] ein für noch ein wieder gegenüber den Statements der Unternehmensvertreter abgeben. Es geht jedoch nicht in erster Linie um das fehlende Mitspracherecht. Vielmehr geht die Angst um, dass europäische Gesetze aufgeweicht oder umgangen werden könnten. Dazu zählen jene, die sich mit Energie-, Umwelt- oder industriellen Angelegenheiten beschäftigen und oft erst im Laufe vieler Jahre mühsam etabliert werden konnten. Ebenso sind Regelungen im Agrarbereich, der Umweltsicherheit oder des Verbraucherschutzes zentrale Anliegen der Kritiker. Da in den USA bekanntlich genetisch veränderte Pflanzen oder hormonbehandelte Tiere[329] Gang und gebe sind, könnte dies nach Einschätzung von Experten auch bald in der EU der Fall sein, sodann sich die US-Agrar-Lobby gegen den Willen der Bürger durchsetzt. Bis heute geltende Regelungen könnten angeglichen werden, wodurch erfolgreich etablierte Regeln für z. B. den Tierschutz, deren Haltung oder diesbezügliche Futtermittel rasch kein Licht am Ende des Tunnels mehr sehen könnten. Das gleiche Schicksal würde dann ebenfalls darauf spezialisierten Betrieben wiederfahren. Weniger Standard wäre gleichzusetzen mit weniger Kosten,

---

[327] Vgl. OECD (2014) S.49 ff

[328] Vgl. Haas (2006) S.166

[329] Vgl. mopo.de, 18.10.2014

wodurch Produkte und Waren aus den USA um vieles günstiger würden, was allerdings den meist hohen Investitionen europäischer Anbieter komplett entgegenstehen würde, da deren Betriebe bzw. deren Zucht bislang den geltenden EU-Statuten entsprechen mussten. Diese könnten nicht einfach alle Standards von hier auf jetzt ad acta legen, da investierte Gelder als Schulden bestehen blieben, während amerikanische Anbieter ihrerseits keine derartigen Investitionen tätigen müssten und genauso weitermachen könnten, wie bisher. Die eingesetzten Finanzmittel wären somit futsch. Dementsprechend ist auch die Entschädigung eines Unternehmens durch den Schutz der Investition ein weiterer, wesentlicher Knackpunkt des Abkommens.

Bereits heute können europäische Unternehmen vor einem geheimen Schiedsgericht gegen Staaten klagen, wenn sich Konzerne um ihre Unternehmensinvestitionen in diesem Staate betrogen fühlen. Dies jedoch nur dann, wenn eine entsprechende Vereinbarung besteht. Eine solche soll nach dem Willen der US-Lobby in Form des Investitionsschutzes Bestandteil des TTIP werden. Diesen Investitionsschutz könnten amerikanische Unternehmen dann im Sinne des Freihandelsabkommens nutzen und gegen EU-Staaten bzw. deren Umwelt-, Energie- oder Sozialgesetze klagen, sofern die eigene Gewinnmarge nicht entsprechend ausfällt oder durch neue Regelungen verringert wird. Eine vollkommen undenkbare Praxis? Keineswegs. Ein derzeit schwebendes Verfahren ist beispielsweise das vom Vattenfall-Konzern gegen die Bundesrepublik Deutschland.[330] [331] Dieses begründet sich auf dem frühzeitig beschlossenen Atomausstieg und enthält eine Schadensersatzforderung von mehr als 4,5 Milliarden Euro.[332] Daran lässt sich unschwer erkennen, das ohnehin bereits gebeutelte EU-Länder bei der Zahlung einer derartigen Summe kaum mehr Überlebensfähig sein dürften, weshalb diese auch gegen ein solches Abkommen bzw. die Aufweichung etwaiger Regelungen gegenüber ausländischen Investments sind.

Natürlich ist auch das sensible Feld der Datensicherheit ein zentraler Streitpunkt. Nach den Enthüllungen von Edward Snowden[333] forderten deshalb viele ein Aussetzen der TTIP-Verhandlungen, doch diese wurden im EU-Parlament überstimmt. Wie nun weiter mit dem Thema verfahren wird, ist unklar, da

---

[330] Vgl. handelsblatt.com, 25.10.2014

[331] Vgl. ICSID ARB/12/12: Vattenfall versus Federal Republic of Germany

[332] Vgl. economist.com, 11.10.2014

[333] Vgl. theguardian.com, 19.11.2014

diesbezügliche Verhandlungsfakten der Geheimhaltung unterliegen und der Schutz von Privatsphäre gewährleistet werden muss. Für die Teilnehmer der Verhandlung wohlgemerkt, nicht für die Bürger, die draußen bleiben müssen. Welche neuen Regelungen sich im Freihandelsabkommen bezüglich der Rolle von NSA bzw. Europäischer Geheimdienstaktivitäten auch immer ergeben mag, fest steht für viele bereits jetzt, das das Europäische Niveau bezüglich des Schutzes vor Überwachung nicht ausgehebelt werden darf. Doch wie genau steht es eigentlich tatsächlich um Wirtschaft, Finanzen, Handelstätigkeiten, Umwelt- und Verbraucherschutz? Sind die Kritiker im Recht oder überwiegen doch mehr die seitens der Verfechter des TTIP vorgetragenen Argumente? Dazu sollen die, bei den TTIP-Verhandlungen tragenden Elemente für Staaten, KMU, Konzerne und Konsumenten im folgenden Kapitel einmal etwas eingehender betrachtet werden.

Handelsmodifikationen und Marktbedingungen

Standards und Regularien im technologischen Bereich

Laut EU-Handelskommissar Karel de Gucht, der die Verhandlungen und ebenso jenes diesbezüglich in Bälde zu erwartende Endergebnis nur allzu gerne als fair und überaus transparent preist, ist das Freihandelsabkommen der entscheidende Weg zu mehr wirtschaftlichem Wachstum diesseits und jenseits des Atlantiks. Demnach würden dabei besonders KMU bessere Marktbedingungen erhalten. Vor dem Hintergrund, das vor allem in volkswirtschaftlicher Hinsicht bekannt ist, das mittelständische Unternehmen enorm wichtig für Innovationen und Neugründungen sind, wäre dies ein guter Grund für das TTIP. Mit dem Abkommen könnte eine führende Rolle in der Weltwirtschaft eingenommen werden, wodurch es möglich wird, neue Akzente und Standards sowie Regularien global zu etablieren, die jedem innerhalb der Handelszone zu Gute kämen und synchron eine enorme Anzahl neuer Jobs generieren würden. Soviel zur Theorie. Viele europäische KMU haben sich im Laufe der Jahre als Anbieter von Waren und Dienstleistungen aller Art einen Namen auf den Weltmärkten gemacht. Durch Innovationen oder Kombinationsmöglichkeiten im Technikbereich oder anderen Facetten wirtschaftlicher Produktionsverfahren. Die Produkte werden weltweit verkauft, wobei stets andere Handelsabkommen gelten, die nicht außer Acht gelassen werden sollten. So werden Güter nach wie vor wenig bis gar nicht in die USA verkauft, weil dort andere technische oder sicherheitsrelevante Standards zu erfüllen sind. Beispielsweise benötigen Hersteller von Glühlampen in den USA eine UL-Zulassung[334], in Europa eine CI-Kennung. Für KMU sind viele Beschränkungen zudem meist recht problematisch oder kaum umsetzbar. Kein Wunder also, das sie strengere Regeln fordern, um sich gegen Konkurrenten aus dem Ausland durchzusetzen, welche in deutlich geringerer Qualität und somit preiswerter produzieren. Neue Regelungen sollten dabei nicht nur in Europa, sondern weltweit zum Standard werden, sonst wäre eine nach EU-Richtlinien produzierte Ware auf den globalen Märkten schlicht zu teuer und somit gegenüber der Konkurrenz eindeutig im Nachteil. Die Verhandlungen des Freihandelsabkommens implizieren daher die Gefahr, dass sich sowohl EU als auch USA auf eigene Standards versteifen könnten. Beide wollen zudem erreichen, dass dieser oder jener Sektor stärker geschützt oder durch die Verhandlungen eliminiert wird. Ein Abkommen kann bereits aus solchen, meist nur geringfügigen Gründen rasch scheitern.

Ein gutes Beispiel dafür ist die Doha-Runde.[335] Die Doha-Runde oder auch DDA besteht aus den Handels- und Wirtschaftsministern der WTO-Mitgliedsstaaten und verhandelt bereits seit 2001 über eine umfassende Reform des internationalen Handelssystems. Durch dieses sollen niedrigere Handelsbarrieren und überarbeitete Handelsregeln eingeführt werden, um die Handelschancen von Entwicklungsländern in zwanzig wichtigen Handelsbereichen zu verbessern.[336] Dazu zählen beispielsweise ATC und Standardisierungen. Die Verhandlungen konnten bislang wegen Forderungen der USA nicht abgeschlossen werden, da diese verbesserte Zugangsmöglichkeiten in landwirtschaftliche und industrielle Marktbereiche der Schwellenländer fordern. Diese haben sich jedoch bereits 2008 mit den USA über weitreichende Statuten geeinigt und wollen nun ihrerseits ohne weitere Zugeständnisse der Amerikaner keine weiteren Abstriche gelten lassen. Zu diesen Schwellenländern zählen ebenfalls China und Indien, welche sich ihrer globalen und wirtschaftlichen Bedeutung sehr wohl bewusst sind. Doch zurück zum TTIP. Beim transatlantischen Handel zwischen Amerikanern und der Europäischen Union existieren bereits umfangreiche Beziehungen. Waren im Wert von rund zwei Milliarden Euro pendeln täglich hin und her und über fünfzehn Millionen Arbeitsplätze hängen auf beiden Seiten des Atlantiks von diesem Handel ab. Jener Handel leistet einen immensen Beitrag zum Bruttosozialprodukt beider Staatengemeinschaften. In Europa wird

---

[334] Vgl. Lloyd (2011) S.31

[335] Vgl. Haas (2006) S.154

[336] Vgl. Gelbrich / Müller (2011) S.568

beispielsweise ein Großteil dieser Waren im Hafen von Rotterdam verladen, der gleichzeitig das europäische Drehkreuz aller transatlantischen Handelsaktivitäten des Im- und Exports darstellt.[337] Die USA und Europa erwirtschaften annähernd fünfzig Prozent des weltweiten Bruttosozialprodukts mit Hilfe dieses Umschlagsplatzes und sorgen somit für rund ein Drittel des globalen Handelsvolumens. Die Zölle zwischen beiden Handelspartnern liegen meist unter drei Prozent, wobei allerdings noch weitere Handelshemmnisse existieren. Diese betreffen z. B. das Gesundheitswesen sowie Umwelt- oder Sicherheitsaspekte. Themen, bei denen beide bislang keinerlei Kompromisse einzugestehen bereit waren. Deshalb sind Handelsabkommen wichtig, da erst diese zu größeren Stückzahlen und geringeren Produktionskosten führen. Viele Handelsabkommen, die lediglich zwischen einzelnen Ländern abgeschlossen wurden, funktionieren nicht besonders gut, zumal global agierende Unternehmen stets Geschäftsbeziehungen zwischen mehreren Ländern bevorzugen.

Das Problem eines neuerlichen Abkommens zwischen zwei Staaten wäre zudem, das diesbezügliche Konstellationen bereits auf weit über vierhundert globalen Marktplätzen vorhanden sind. Daneben existieren zahlreiche regionale und bilaterale Übereinkünfte zwischen oder in Staaten, deren Märkte häufig neue Regelungen, Ausnahmen oder Sonderrechte erfahren, die allerdings je nach politischer Konstellation auch ebenso plötzlich wieder wegfallen können. Für KMU sind solche Handelsbeziehungen recht problematisch, insbesondere dann, wenn sie keine entsprechende rechtliche Beratung besitzen.[338] Vereinbarungen zwischen mehreren Ländern bzw. Staatengemeinschaften gelten jedoch für alle und sind somit leichter verständlich. Regelungen können daher bei wirtschaftlicher Zusammenarbeit oder Ansiedlungen von Produktionsstätten inländischer Unternehmen im Ausland und umgekehrt weitaus besser angeglichen werden. Die jeweils geltenden Bestimmungen und Rechte wären dann gleich. Das hat entscheidende Vorteile, allerdings dauert es meist auch lange Zeit, ehe dieses System der gemeinsamen Statuten und Regelungen tatsächlich überall funktioniert. Die sich für ein Freihandelsabkommen entschließenden Staaten müssen deshalb stets sehr kompromissbereit sein. Bei der Kulanz geht es meist um sehr sensible Bereiche und Themen, für die sich nur schwer Möglichkeiten für einen Konsens aushandeln lassen. Beim Punkt des Gesundheitsschutzes von Arbeitnehmern und Konsumenten sind Standardisierungen deshalb oft sehr

---

[337] Vgl. statista.com, 10.11.2014

[338] Vgl. Haas (2006) S.684 ff

heikel. Wird beispielsweise südamerikanisches Gemüse per Schiff zum europäischen Kontinent gebracht, sind bestimmte, inländische Reglungen zu beachten.[339] Dazu zählt u. a. wie Gemüse geerntet, wo es gewaschen, verpackt und verschifft wird, welche Löhne gezahlt und wie die Arbeitsbedingungen ausgestaltet werden. Diese Regeln dienen dem Schutz der Märkte des Landes.[340] Jene Regeln werden bei Verhandlungen allerdings meist unnötig in den Vordergrund gerückt und erhöhen so die Gefahr, dass Länder mit weniger Wirtschaftsleistung sich jenes Gemüse nicht mehr leisten können, weil deren eigene Standards sehr viel niedriger angesiedelt sind. Es gibt jedoch Anzeichen dafür, dass sich diese Standards global allmählich anzugleichen beginnen. In Europa wäre allerdings derzeit ein Markt, wie er beispielsweise in Marokkos Straßen tagtäglich stattfindet, definitiv undenkbar. Dort werden traditionell auf offener Straße, inmitten der Käufer und Passanten Hühner geschlachtet, nachdem sich der Käufer das lebende Huhn aus einem Käfig ausgesucht hat. Dieses wird dann in einen lediglich mit Wasser ausgespülten, mehrfach genutzten, geflochtenen Korb gepackt und quer über den Markt nach Hause transportiert.

Ein solcher Handel entspricht gewiss keinem europäischen Gesundheits-, Tierschutz-, Hygiene-, Umwelt oder gar Verbraucherschutzgesetz. Durch ein Handelsabkommen, welches dementsprechend angeglichen würde, gelten dann jedoch in Marokko die gleichen Standards, wie in Europa bzw. wie in Südamerika, wenn Gemüse angebaut, geerntet und auf den Märkten verkauft wird. Die Fortschritte auf Ebene der WTO stellen sich jedoch ebenfalls nur sehr allmählich auf diese neuen Anforderungen ein. Deshalb werden Abkommen, die lediglich zwischen zwei Ländern bestehen, stetig an Bedeutung gewinnen. Das ist deutlich an den internationalen Wachstumsmärkten zu erkennen, vor allem im Technologiesegment. Europäische Unternehmen verlieren dort stetig Marktanteile an die meist billigere Konkurrenz aus den Schwellenländern. Diese stellen jedoch einen entscheidenden Absatzmarkt dar, weshalb sich Konzerne aus der EU auch per se in punkto Leistung, Preis und Qualität als attraktiv für jenen Handel präsentieren müssen. Je nach Konsumentenbedürfnis und Land variieren die dafür vorrangigen Aspekte, weshalb Unternehmen ihre Produktion auch stets anpassen müssen, um im Sinne landeskonformer Regularien wettbewerbsfähige Güter für deren Märkte herstellen und vertreiben zu können. Automobilhersteller wie Opel, VW oder Ford produzieren beispielsweise in Deutschland und müssen

---

[339] Vgl. Krugman (2009) S.327 f

[340] Vgl. Hilty (2007) S.235 f

dabei Standards und Regularien der deutschen Vorgaben einhalten. Exportieren sie ihre in Deutschland gefertigten Produkte in die USA, müssen Details geändert oder umgerüstet werden. Was würde also passieren, wenn Zölle sowie technische Regularien und Standards im Sinne des Freihandelsabkommens einander angeglichen werden? Dazu ein paar simple Beispiele. In Europa müssen Seitenspiegel für den Fall eines Aufpralls nach innen abklappbar sein, in den USA jedoch nicht. Ebenso müssen diese Spiegel in Deutschland eine glatte Oberfläche besitzen, während sie in den USA nur mit einer nach außen gewölbten Oberfläche zulässig sind. Europäische Blinker sind orange, in den USA rot. Das ließe sich gewiss noch weiter fortführen, interessant für Exporteure sind jedoch nur die wirklich hohen Aufwendungen. Dazu zählen beispielsweise die Zölle. Durch das TTIP würden diese entfallen, wodurch Automobilhersteller innerhalb eines Jahres gleich mehrere Milliarden Euro einsparen könnten. Werden technische Standards weiter vereinheitlicht und Testverfahren à la Elchtest bei Neuwagen standardisiert sowie TÜV-Prüfungen und Zulassungsverfahren neuer Materialien oder technischer Weiterentwicklungen einander angeglichen, könnten die Einsparpotenziale sogar noch um ein vielfaches ansteigen. Daraus wird ersichtlich, dass vor allem die deutsche Automobilindustrie zu den Gewinnern, wenn nicht sogar zu den größten Gewinnern des Freihandelsabkommens zählen würde.

Dabei versprechen jene Konzerne vollmundig, dass durch die Einsparpotenziale nicht nur Aktionäre profitieren und höhere Dividenden erhielten, sondern ebenso betriebliche Arbeitnehmer mit signifikanten Lohnsteigerungen rechnen könnten. Dies beträfe neben den oberen auch die unteren Lohnklassen. Im Maschinenbausektor verhält es sich ähnlich. Ein Unternehmen, das Motoren herstellt, würde ebenfalls vom TTIP profitieren. In Europa sind beispielsweise nicht nur maschinelle Komponenten genormt, sondern ebenso Verbindungselemente, wie die verwendete Kabelstärke, deren Abmessung, Wiederstands- und Wärmeleitwerte, Farbe oder Beschriftung. Jene Elemente müssen derzeit beim Export in die USA umgebaut werden, wobei dies zusätzlich dadurch erschwert wird, dass viele amerikanische Bundesstaaten eigene Standards besitzen. Neben Zöllen schlagen somit bislang auch immense Verwaltungskosten für zusätzliche Lager und deren Logistik zu Buche. Das lässt einen echten Wettbewerb kaum zu, weil bis dato für Zölle und Bürokratie stets zwischen 3,9 und 5,2 Prozent in die Preiskalkulation einfließen.

Würden nun durch das TTIP die Zölle abgeschafft, Patente und Lizenzen durch Standards ersetzt und bürokratische Hürden vereinheitlicht, könnten neben den vielen europäischen Maschinenbauern und Automobilherstellern ebenfalls Logistikunternehmen, Chemie-, Lebensmittel-, Pharmazie und metallverarbeitende Industrien beim Handel deutlich an Boden wett machen.

Hormone und Antibiotika in US-Lebensmitteln

Ein Großteil der Amerikaner ist im Gegensatz zu vielen Europäern oftmals weder entsprechend informiert noch wollen diese wirklich so genau wissen, welche Güte die täglich verzehrten Lebensmittel tatsächlich besitzen. Die meist günstigen Preise täuschen rasch darüber hinweg, dass Mahlzeiten Inhaltsstoffe beherbergen, die alles andere als gesundheitsfördernd sind. Kaum verwunderlich, das die Einfuhr dieser Lebensmittel in andere Länder der Welt oftmals verboten ist. Bislang zumindest. Das dem Körper durch ungesunde Ernährung kein Gefallen getan wird, sollte jedem bewusst sein. Das gerade in diesem Zusammenhang die Gesundheit der Amerikaner bei weitem unterhalb der aller anderen industrialisierten Länder rangiert, müsste daher eigentlich bereits zu denken geben. Gleichzeitig steigen die Krankheitsraten im Land der unbegrenzten Möglichkeiten seit Jahren kontinuierlich. Ein Zeichen falscher und vor allem schlechter Ernährung durch ungesunde, teils sogar toxische Produkte, wie zahlreiche Experten der Foodwatch unlängst herausgefunden haben.

Natürlich essen Europäer ebenso gerne wie Amerikaner Hamburger oder Hot Dogs, vor allem deshalb, weil sie leicht zu Händeln und die Brötchen immer so schön weich sind. Das darin z. B. enthaltene Bromid ist zugleich ein standardisierter Bestandteil von Mehl. Dieses wird in vielen US-Bäckereien jedoch mit Kaliumbromat angereichert, weil der Brotteig dadurch angeblich schneller zum gehen gebracht und außerdem um einiges elastischer wird. Seitdem Kaliumbromat jedoch mittels wissenschaftlicher Studien als der Hauptprotagonist von Nieren-, Magen-, Darm-, Nerven- und Schilddrüsenschädigungen entlarvt wurde, verzichten viele Großbäckereien und Konzerne auf diesen Zusatz. Nicht zuletzt aber wohl eher deshalb, weil die IARC Kaliumbromat als karzinogen einstufe und viele besorgte US-Bürger daher lieber auf Konkurrenzprodukte ohne diesen Zusatz auswichen. In der EU ist Kaliumbromat als Zusatz in der Lebensmittelproduktion grundlegend verboten. Ein ebenso häufig in der US-Lebensmittelindustrie eingesetzter, synthetischer Zusatz ist Olestra. Dabei handelt es sich um einen Kalorien- und Cholesterinfreien Stoff, der das Fett in verschiedenen amerikanischen Saucen und Kartoffelchips ersetzen soll. Fettfrei bedeutet hierbei jedoch lediglich, dass Olestra nicht vom Körper aufgenommen oder verarbeitet wird bzw. eins zu eins wieder ausgeschieden wird. Der Zusatz führt bei häufigem Genuss zur enormen Gewichtszunahme, die auch bei Absetzung der Lebensmittel bestehen bleibt und somit verantwortlich für abdominale Beschwerden, Krämpfe oder analrektale Inkontinenz ist. Gleichzeitig werden dadurch Medikament- und Vitaminaufnahmen gehandicapt.[341] Darum beschloss die US-Industrie, dem Produkt die fettlöslichen Vitamine A, D, E und K beizumischen, damit jene Problematik ebenso ad acta gelegt werden konnte, wie die, das bis 2003 Warnhinweise bezüglich der Nebenwirkungen des Zusatzstoffes auf den Produkten prangen mussten. Diese Anordnung wurde aufgrund eines Gerichtsurteils von 2003 nichtig, weshalb seither auch keine negative Aussage über den Zusatzstoff auf den Produkten zu finden ist. Neben der EU sind jene Zusatzstoffe ebenso in Kanada und China verboten. Des Weiteren werden in den USA BHA und BHT als Konservierungsmittel in Cornflakes, Kaugummi, Süßigkeiten, Bier, Medizin und Kosmetika eingesetzt.[342] Laut HHS verursacht BHA bei lang andauerndem Verzehr Hyperaktivität und ist karzinogen, während BHT extreme Vergiftungen der inneren Organe bewirkt. BHT ist in geringen Dosen auch in Großbritannien zugelassen, allerdings nicht in Kleinkinder- oder Säuglingsnahrung. Im Rest der EU ist es bis dato hingegen tabu.

Viele Verbraucher fragen sich daher mittlerweile, welche Produkte die Amerikaner angesichts des angekündigten TTIP eigentlich genau nach Europa exportieren wollen, welche Konsequenzen sich daraus für sie selbst und heimische Produktionsbetriebe ergeben. Ebenso steht die Frage im Raum, was sich bezüglich des Lebensmittel- und Verbraucherschutzes ändern könnte. Diesbezügliche Regelungen haben sich schließlich im Laufe der Jahre bereits fest etabliert. Dazu zählt z. B. eine Kennzeichnungspflicht der Lebensmittel, die Aussagen darüber macht, welche Inhaltsstoffe verwendet wurden, woher das Produkt stammt, ob chemische Zusätze oder Geschmacksverstärker beigemischt wurden und natürlich ebenso das Mindesthaltbarkeitsdatum. Genetisch veränderte Lebensmittel unterliegen dabei bislang noch keiner Kennzeichnungspflicht, da diese in Deutschland ohnehin nicht zugelassen sind. Wie aber verhält sich dies bei Nahrungsmitteln aus den USA?

---

[341] Vgl. fda.gov, 05.08.2003

[342] Vgl. Kahl / Kappus (1993) S.329 ff

Dort bestimmt vor allem die Agrarindustrie, was auf der Verpackung steht und das kann getrost als nicht sehr aussagekräftig bezeichnet werden. Zwar sind US-Fleisch und Fischprodukte im Gegensatz zu europäischen Anbietern günstiger, doch steckt der Teufel im Detail. Auf eingeschweißten Produkten der US-Märkte befindet sich nämlich ein standardisiertes Etikett, welches besagt, dass der Inhalt Bakterien enthalten bzw. Krankheiten verursachen kann. Njammi, überaus lecker. Die amerikanische Lebensmittelgesundheitsorganisation FWW untersucht die Lebensmittel seit Jahren und äußerte sich überaus kritisch zu den bisherigen Ergebnissen. Das ist vor allem für den europäischen Verbraucher von Bedeutung, da jene Lebensmittel mit Hilfe des TTIP bald schon auf die EU-Märkte gelangen könnten. In der amerikanischen Bevölkerung und bei Wissenschaftlern sind beispielsweise die Antibiotika, welche zur Resistenzbildung gegenüber Krankheitskeimen in der US-Lebensmittelbranche eingesetzt werden, sehr umstritten.[343] Gleiches gilt für sich frei entfaltende Listerien[344], die vom Zuchtvieh über gentechnisch veränderte Silage-Produkte aufgenommen werden und so eventuell in den Produktionszyklus bzw. das rohe Fleisch wandern können. Hühner werden in den USA derweil mit speziell für diese konzipierten Futtermitteln aufgezogen, wodurch sie schneller wachsen und ihr Fleisch eine fast schon übermäßige rosa Färbung aufweist. Der US-Verbraucher soll scheinbar denken, dass diese gesünder sind, als herkömmlich aufgezogenes Geflügel. Das ist allerdings eine Fehleinschätzung, da deren Futter mit arsenhaltigen Medikamenten versetzt wird.
Laut FDA wird das unter dem Namen Roxarsone bekannte Futtermittel für Menschen als ungefährlich klassifiziert, weil das darin enthaltene Arsen organisch ist. Anorganisches Arsen ist hingegen ein bekanntes Karzinogen, d. h. es gilt als krebserregend. In wissenschaftlichen Forschungen wurde unlängst festgestellt, dass sich organische Arsenanteile in anorganisches Arsen wandeln können. Aufgrund dieser Erkenntnis wurden die im US-Lebensmittelgroßhandel angebotenen Hühner eingehend untersucht, wobei in vielen Fällen jener Wandel in anorganisches Arsen tatsächlich nachgewiesen wurde. Jene Substanz kontaminiert synchron den bei der Hühnerzucht entstehenden Dünger, welcher somit durch dessen weitere Verwendung in das Trinkwasser gelangen kann. In der EU sind arsenhaltige Futterzusätze indes grundsätzlich verboten. Speziell die hormonelle Behandlung der gesamten US-Zucht aber bekommt einen immens

---

[343] Vgl. nytimes.com, 02.10.2014

[344] Vgl. Stephan et al (2014) S.19

faden Beigeschmack durch das gerne in Drittländern und USA verwendete, in der EU und sechzig weiteren Ländern jedoch strikt verbotene Hormon Ractopamin[345]. In den USA wird das Wachstumshormon bei fünfundvierzig Prozent der Schweinezucht eingesetzt, weil die Schweine dadurch bis zum Ende ihrer Mastzeit enorm an Körpergröße, Muskelmasse und Gewicht zulegen. Bei der Rinderzucht wird es bei ungefähr dreißig Prozent eingesetzt und sorgt synchron für eine um mehr als fünfunddreißig Prozent höhere Milchproduktion. Diese gelangt somit ebenfalls über kurz oder lang zum Verbraucher. In den USA ist die Kennzeichnung derartiger Zusätze, von denen bis zu zwanzig Prozent auch nach der Schlachtung noch im Fleisch verbleiben, bislang nicht nötig, während in der EU lediglich der Import von hormonfreiem Fleisch zugelassen ist. Das gleiche gilt für Russland, das 2013 einen Importstopp für US-Fleisch verhängte.[346] Studien belegen derweil, dass es im Rahmen von Versuchen mit Jungtieren bereits bei einem sehr geringen Einsatz des Hormons zu Fehlbildungen und verkümmerten Geschlechtsorganen kam. Ebenso gab es Fälle, bei denen das Brustwachstum von Mädchen bereits im Säuglingsalter einsetzte, nachdem diese Milchpulverzusätze bekamen, die hormonbehandelten US-Milchkühen entstammten. Bei diesem Hormon handelt es sich um das synthetische RBGH, welches US-Rindern zur Gewährleistung einer noch ertragreicheren Milchproduktion injiziert wird. Das synthetische RBGH entspricht den natürlichen BST-Hormonen, welche in der Hirnanhangsdrüse des Rinds produziert werden. Durch das verabreichte Mittel leidet allerdings eine hohe Anzahl der Rinder unter bakteriellen Entzündungen, speziell im Bereich der Milchdrüsen.

Die Milch wird dadurch mit Bakterien und Antibiotika kontaminiert. Letzteres vor allem deshalb, weil den Rindern jene Antibiotika aufgrund der Entzündungen verabreicht werden müssen. Während die FDA RBGH jedoch nach wie vor zulässt, reagierten andere Nationen bereits und ließen den synthetischen Zusatz eingehend analysieren. Das Ergebnis war, das RBGH beim Menschen ein erhöhtes Risiko von kolorektalen Prostata- oder Brustkarzinomen hervorruft, da das RBGH normale Gewebezellen in krebsartige umwandelte. Die FDA hält den Einsatz von RBGH jedoch entgegen jeder Logik bis heute für unbedenklich und behauptet ihrerseits sogar, dass die Milch von Rindern mit RBGH-Impfungen absolut gleichwertig gegenüber der von nicht geimpften Rindern sei. Der Rest der

---

[345] Vgl. Devine / Dikeman (2014) S.177 f

[346] Vgl. agrarheute.com, 11.02.2013

Welt sieht dies freilich anders und verbietet den Import derartiger US-Produkte bis zum heutigen Tag. Weitere Studien und Ergebnisse sind indes noch offen.[347] Die internationale Kommission für diesbezügliche Rückstände in Lebensmitteln schlug vor Jahren eine ADI-Höchstmenge der hormonellen Belastung vor, deren Grundlage auf einer Risikobewertung des JECFA beruhte. Sie zog die Empfehlung jedoch nach einer Gefährdungsstudie für den Menschen rasch wieder zurück, welche seitens EFSA bei der EMEA in Auftrag gegeben wurde. Danach wurden entsprechend produzierte Fleischimporte in die EU grundsätzlich verboten.[348] Das sieht die US-Agrarindustrie bzw. deren Lobby naturgemäß komplett anders. Das besorgniserregende daran: ob z. B. RBGH-Hormone nach der Schlachtung noch im Fleisch verbleiben, ist nicht eindeutig geklärt. Während die US-Lobbyisten[349] allerdings stets versuchen, den Handel mit derartigen Gütern schönzureden, handelte die EU bereits und verschärfte ihre diesbezüglichen Richtlinien abermals. Diese wurden dahingehend geändert, dass nicht nur das Fleisch jener Tiere keineswegs in die EU exportiert bzw. seitens EU importiert werden darf, sondern dass auch keine Tiere innerhalb der EU damit aufgepeppt werden dürfen, da die Hormone die Gesundheit der Tiere negativ tangieren. Experten befürchten jedoch, dass sich die Lobbyverbände der US-Agrar-Industrie trotz aller Bemühungen mit Hilfe des TTIP über die Richtlinien hinwegsetzen werden, wodurch das Hormonfleisch bald schon seinen Weg in die EU-Supermärkte finden könnte. Nach einem mehr als zwanzigjährigen, europäischen Feldzug gegen diese Importe, wäre etwas derartiges allerdings ein Rück- und keineswegs ein Fortschritt, vor allem bezüglich des Verbraucherschutzes. Derweil entstehen in den USA zahlreiche neue, gigantisch anmutende Rindermastbetriebe, die neben den bereits bestehenden errichtet werden.
Der US-Bundesstaat Colorado enthält die größte Ansammlung dieser Mastbetriebe, wobei eine Größenordnung von bis zu achtzigtausend Rindern pro Betrieb kaum eine Seltenheit darstellt. Gemästet wird vorrangig mit Mais, welcher per computergesteuerte Fütterungsanlagen individuell portioniert und zu den Rindern transportiert wird. Auf diese Weise ist die Fütterungsmenge stets konstant und optimal auf jedes einzelne Rind abgestimmt. Die amerikanischen Fleisch-Produzenten hätten somit eigentlich einen riesigen Vorteil gegenüber

---

[347] Vgl. nytimes.com, 29.09.2014

[348] Vgl. Richtlinie 96/22/EG

[349] Vgl. Wilkens (2014) S.71 ff

ungleich kleiner dimensionierten EU-Betrieben, doch das täuscht. Seit einigen Jahren geht die Rindfleischnachfrage in Nordamerika nämlich kontinuierlich zurück. Das liegt einerseits am boomenden Geschäft mit vegetarischen Ingredienzen, den US-Tierzucht- bzw. Burger-Ketten-Gammelfleisch-Skandalen der jüngsten Zeit und andererseits an den zwar teureren, aber wegen ihrer weitaus besseren Qualität schlicht lieber zur Verköstigung erworbenen ausländischen Fleisch- und Biofleischprodukten.[350] Dabei handelt es vor allem um die aus Europa stammenden Erzeugnisse. Die amerikanischen Rinderzüchter haben allerdings noch ein weiteres Problem. Der Preis des zur Fütterung eingesetzten Mais entwickelte sich im Laufe der Zeit konträr zu dem des Rinds, was daran liegen dürfte, das chemische Industrien vermehrt Biokraftstoffe aus Mais herstellen. Geringere Rindfleischerlöse bei gleichzeitigem Anstieg der Futterpreise bedeutet für Mastbetriebe, die Verluste nur dann minimieren zu können, wenn mehr Fleisch mit weniger Futter generiert wird. Das lässt sich jedoch nur mit dem Einsatz von Wachstumshormonen bewerkstelligen. Wachstumshormone werden bereits seit Anfang der vierziger Jahre in über achtzig Prozent der US-Mastbetriebe eingesetzt. In den letzten sechzig Jahre wurden jene Hormone hinsichtlich ihres Einsatzes stets von der Universität des amerikanischen Bundesstaates untersucht und getestet, wobei es laut der US-Agrar-Industrie nie Beanstandungen gab.[351] Allerdings wurden die Analyse-Verfahren auch seitens US-Agrar- und Pharmaindustrie bezahlt, die Studien durch interne Mitarbeiter vor der Veröffentlichung geprüft und lediglich die Einsatzmöglichkeit bei der Rinderzucht getestet, nicht aber die Auswirkungen der Präparate auf Rinder oder Menschen. Unabhängige Studien gibt es keine, da die Testverfahren sehr teuer und langwierig sind. Zudem wurden weitere Studien seitens der Behörden bisweilen auch nicht als notwendig eingestuft. Ein Grund dafür, weshalb eine eventuell vom Hormonfleisch ausgehende Gefahr bis dato auf keiner wissenschaftlich fundierten Basis steht, sondern lediglich auf Vermutungen basiert. So zumindest die US-Agrarlobby.
Europa hält dennoch weiterhin am Importstopp fest.[352] Ob der EU-Handelskommissar diese Position ebenfalls vertritt oder sich am Ende für die amerikanischen Lobbyverbände und gegen den vorsorglichen Verbraucherschutz entschließt, ist bis zum jetzigen Zeitpunkt noch völlig offen. Letztlich ist er der

---

[350] Vgl. generationenverbund.info, 25.06.2013

[351] Vgl. csu-cvmbs.colostate.edu, 14.11.2014

[352] Vgl. Skogstad (2002) S.485 ff

Verhandlungschef der EU, welcher ebenso jene, in den bereits mehr als fünfzig anderen EU-Handelsabkommen festgezurrten Verbraucher- und Lebensmittelstandards, im Hinterkopf behalten muss. Bezüglich dieser Lebensmittelstandards trifft sich die CAK einmal im Jahr in Genf, der einhundert fünfundachtzig Staaten angehören und bei denen die Wachstumshormone bereits des Öfteren ein wichtiges Gesprächsthema waren. Die Diskussionen wurden jedoch bislang stets ohne sichtbaren Erfolg vertagt. Dabei gibt es bereits neuerliche Studien und Analysen, die eindeutig belegen, das Ractopamin keineswegs, wie seitens der US-Agrar-Industrie behauptet, völlig ungefährlich ist. Laut einer irländischen Feldstudie erkrankten viele Tiere nach dem Einsatz des Hormons, woraufhin es als Zusatz zum normalen Futtermittel für nicht zulässig erklärt wurde. Begründet wurde die Entscheidung damit, das der Einsatz von Ractopamin einer artgerechten Haltung des Tierbestandes nicht zuträglich sei.[353] Ebenfalls existiert eine Studie am Menschen, welche jedoch nicht abgeschlossen werden konnte, da die Probanden nach Einnahme mehrerer Mahlzeiten mit dem hormonbehandelten Fleisch Herzrhythmusstörungen bekamen.[354]

In diesem Zusammenhang kam es 2012 zur Abstimmung im US-Repräsentantenhaus. Das Votum entfiel aufgrund einer minimalen Mehrheit für den weiteren Einsatz von Ractopamin. Das Präparat darf seitdem ganz offiziell in US-Mastbetrieben bis zu einer gewissen Obergrenze dosiert verabreicht werden. US-Regierung und amerikanische Lobbyverbände erhöhen deshalb seit 2013 kontinuierlich den Druck auf die EU, dem Votum von 2012 zu folgen. Sie drohen sogar damit, eine Klage bei der WTO gegen die EU anstrengen zu wollen, sollten die EU-Standards nicht tunlichst abgesenkt und Importe des Hormonfleischs weiterhin boykottiert werden. Mit dem gleichen Argument ziehen die Lobbyverbände der USA derzeit auch gegen China zu Felde, wobei das gewiss noch ganz andere Konsequenzen nach sich ziehen könnte. Letztlich zeigt diese Vorgehensweise verbraucherorientierte Grenzen diesbezüglicher Gesetzgebungen auf, welche durch das TTIP in der EU vielleicht bald schon Makulatur sein könnten.

---

[353] Vgl. Baynes / Riviere (2014) S.248 ff

[354] Vgl. Arnold et al (2006) S.65 ff

Chemische Zusätze in der US-Agrarindustrie

Neben Hormonen werden in der US-Agrar-Industrie ebenfalls diverse chemische Stoffe eingesetzt, deren Wirkungsgrad hinsichtlich der Desinfektion unzweifelhaft, bezüglich des Gefährdungspotenzials für Konsumenten jedoch mehr als fraglich sein dürften. Ein Beispiel dafür sind die momentan in aller Munde befindlichen Chlorhühner[355], wobei dies im wahrsten Sinne des Wortes zu verstehen ist.[356] In Deutschland dürfen Hühner nach der Schlachtung lediglich mit heißem Wasser abgespritzt werden, was durchaus Sinn macht, um eventuelle Keime abzutöten. Das gleiche geschieht täglich in der heimischen Küche, wenn Gemüse oder Salate mit kochendem Wasser zubereitet werden. Gewiss käme kein Verbraucher je auf die Idee, Lebensmittel zuerst in einem Chlor-Bad zu desinfizieren, da beim darauffolgenden Verzehr neben dem Geschmack natürlich ebenso das Wohlbefinden des Konsumenten auf der Strecke bliebe. In den USA sieht die Agrar-Industrie das anders. Dort werden Hühner nach der Schlachtung durch ein chemisches Bad mit z. B. Peroxysäure[357] desinfiziert, um Bakterien und Keimen den Garaus zu machen.[358] Die Hühner gelangen dann mit dem bereits genannten Warnhinweis auf der Verpackung in den Handel. Ginge es lediglich nach dem Willen der US-Agrarlobby, wäre dies dank TTIP bald ebenso in Europa der Fall. Dabei handelt es sich jedoch nicht nur um einige wenige Chlorhühner, die Rede ist vielmehr von mehr als fünfzig Milliarden Hühnern, die auf diese Weise im Laufe eines Jahres in den USA verarbeitet werden. Jene Säure und andere Bestandteile des Chemie-Bad-Cocktails werden ebenfalls im Hoch- und Tiefbau zum Reinigen von Schwimmbecken, Betonteilen oder Mischmaschinen eingesetzt. Darin wird sich gewiss niemand sein Süppchen kochen wollen. Deshalb ist im EU-Lebensmittelbereich der Einsatz solcher Chemikalien auch strengstens untersagt. Natürlich fordert die US-Lobby von der EU, dieses nicht tarifäre Handelshemmnis wegen des Einsatzes jener Substanzen in US-Produktionsstätten einzustellen. Wen wundert's. Die größte US-Geflügelindustrie-Ansammlung befindet sich derzeit in Alabama, wo neben Schlacht- und Mast- ebenfalls Verpackungs- und Chemiebetriebe in unmittelbarer Nähe zueinander errichtet wurden. Rein wirtschaftlich gesehen ist das sicher von Vorteil für die Betreiber, für die vielen Arbeitnehmer beinhalten diese

---

[355] Vgl. faz.net, 16.08.2014

[356] Vgl. dw.de, 25.09.2014

[357] Vgl. Kraus (2015) S.23

[358] Vgl. Mitteilung Nr. 020/2014 des BfR, 11.06.2014

Konstellationen und der Einsatz chemischer Stoffe jedoch Unmengen von Nachteilen. Speziell die chemische Komponente ist für Arbeitnehmer und staatliche Kontrolleure alles andere als gesundheitsfördernd. Neben der bereits genannten Peroxysäure werden nämlich ebenfalls Natrium-Chlorit und Tri-Natriumphosphate in den Betrieben eingesetzt. In dieser Kombination erzeugen die Chemikalien eine humane Dysfunktion, die als idiopathische interstitielle Pneumonie[359] bezeichnet wird. Neben anfänglicher Dyspnoe und einem fortschreitenden Lungenödem entwickelt sich dabei eine Bindegewebeverhärtung zwischen Alveolen und Blutgefäßen. Daraus resultiert trockener Hustenreiz und Kurzatmigkeit, es folgt Zyanose, d. h. die Schleimhäute färben sich bläulich und schließlich beginnen sich die Fingernägel konvex zu wölben. Wird diese Erkrankung nicht behandelt, nimmt die Lungenfunktion stetig weiter ab, bis der Patient aufgrund akuten Sauerstoffmangels erstickt. Eine Vielzahl von Mitarbeitern dieser Betriebe zeigen bereits die ersten Symptome, haben aber Angst vor dem Verlust des Arbeitsplatzes und machen daher einfach weiter. Viele haben Familie und keine bzw. minderwertige Gesundheitsversicherungen, was wiederum auf das US-System zurückzuführen ist. Die Behörden in den USA scheinen diesbezüglich ohnehin eher Unternehmer-, denn Verbraucherfreundlich eingestellt zu sein. Das zeigt sich vor allem darin, wie die Methoden vor der betrieblichen Einführung getestet und anschließend durch die Behörden für den Einsatz genehmigt werden. Die Institutionen, welche das Testverfahren begleiten, sind stets eng mit den Unternehmen verbunden bzw. werden von diesen gleich Höchstselbst durchgeführt, wodurch eigentlich kaum von unabhängigen Tests gesprochen werden kann. Gleichzeitig gilt das Credo, so lange nichts Negatives bewiesen wurde, wird angenommen, dass alles positiv ist bzw. so lange keine Gefährlichkeit nachgewiesen wurde, ist es wohl sicher. Dieses US-Prinzip gilt für eingesetzte Chemikalien und ebenso für die Lebensmittel. Die Säuren wurden allerdings lediglich am Grad ihrer Bakterienabtötung getestet, nicht aber auf deren Auswirkung beim Menschen. Gut, das war wohl auch kaum seitens der Unternehmen gefordert, die jene Studien letztlich bezahlen. Die Unternehmen erhalten dann stets Vorabversionen des Endberichtes zur Durchsicht, ehe diese nach unternehmerischen Gesichtspunkten korrigiert und öffentlichkeitswirksam publiziert werden. Die Behörden sind beim Einsatz etwaiger Chemikalien auch mehr an den minimalen Kosten des Risikos interessiert, als einer Gefahrenabwehr

---

[359] Vgl. Zierz (2014) S.212

aufgrund eventuell gesundheitsgefährdender Bestandteile des Verfahrens. Zulassungen neuer Prozedere haben in den USA ohnehin seit jeher einen weitaus höheren Stellenwert, als deren Überprüfung. Dafür haben vor allem die Lobbyisten gesorgt, weshalb es auch fast unmöglich ist, eine Zulassung im Nachhinein wieder rückgängig zu machen oder diese gar verbieten zu lassen. Zudem müssen eine ganze Reihe von Verfahren, Beschlüssen und Zertifikaten vorgelegt werden, ehe überhaupt eine diesbezügliche Prüfung anberaumt wird. Das ist Zeit- und Kostenintensiv, weshalb auch kaum jemand eine derartige Tortur auf sich nimmt. Lebensmittelsicherheit und Verbraucherschutz haben in den USA somit einen völlig anderen Stellenwert, als in Europa. In der EU muss auch nicht der Verbraucher nachweisen, das Lebensmittel gefährlich sind, sondern die Industrie muss beweisen, dass sie es nicht sind. Konträr zur USA muss dies auch bereits vor der Handelseinführung geklärt sein und nicht erst danach. Ein entscheidender Grund, weshalb die Systeme im Sinne des TTIP untereinander auch nicht kompatibel sind bzw. es jemals sein werden. Ein weiteres Beispiel für diese Inkompatibilität sind isotonische Erfrischungsgetränke bzw. deren Herstellung und das damit verbundene, bürgerliche Vorsorgeprinzip seitens der EU. Diesbezügliche Getränke sind sehr beliebt bei Sportlern und solchen, die sich dafür halten. Nicht nur in Europa, auch und vor allem in Amerika. Die Zitronenhaltige Limonade steht vor allem bei Teenagern ganz oben auf der Beliebtheitsskala. Während allerdings in der EU strenge Vorgaben für die Inhaltsstoffe gelten, ist dies in den USA scheinbar eher nebensächlich. Dort finden sich bei den Ingredienzen neben natürlichen ebenso chemische Zusätze, wie beispielsweise BVO.[360] Das synthetische, bromierte Pflanzenöl, welches aus Mais und Sojabohnen gewonnen wird, hat es allerdings in sich. Es wurde eigentlich seitens der Chemischen Industrie als Flammschutzmittel entwickelt, worauf es auch dementsprechende Patente gibt. In Europa und vielen anderen Ländern der Welt für die Lebensmittelproduktion verboten, wird die Chemikalie in den USA jedoch bereits seit 1974 bei mehr als zehn Prozent der isotonischen US-Erfrischungsgetränke mit Fruchtgeschmack hinzu gemischt, weil sich dadurch die anderen Aromastoffe besser in der Limonade verteilen und das wasserhaltige Getränk merklich eintrüben. Letzteres liegt vorrangig an den in der Chemikalie enthaltenen Brom-Atomen, wobei jedoch gerade diese das körperliche Unwohlsein steigern, da sie sich im Körperfett ansammeln. Untersuchungen wiesen sie unlängst sogar in

---

[360] Vgl. theguardian.com, 06.05.2014

Muttermilch nach. Die Amerikanische Lebensmittelüberwachungs- und Arzneimittelzulassungsbehörde FDA entfernte die Chemikalie 1970 von der GRAS-Liste, ließ sie aber 1974 nach durchweg positiven Studien der Getränkehersteller erneut auf dieser platzieren.[361] Gleichzeitig legte sie einen Unbedenklichkeitsgrenzwert fest, der jedoch nach Meinung von Experten und Ärzten heute kaum noch zeitgemäß sein dürfte. In Hospitälern wurden eigenständige Tests an Probanden durchgeführt, um die negative Wirkung der Chemikalie zu untermauern. Nach wenigen Wochen und vielen Litern der US-Erfrischungsgetränke Mountain Dew, Fanta Orange, Powerade Strawberry, Gatorade Orange und Sunkist Pineapple machten sich erste, negative körperliche Anzeichen bemerkbar. Die Probanden klagten über Gedächtnisschwierigkeiten, Müdigkeit, Kopfschmerzen, Überempfindlichkeit der Haut, in der Fachsprache Bromoderma genannt, Verlust der motorischen Koordination, Nervosität, Herzrhythmusstörungen, Appetitlosigkeit und zu guter letzt sogar über Nervenerkrankungen, die sich durch Zucken und Blinzeln bemerkbar machten. Nachdem die Probanden die Getränke über einen Zeitraum von mehreren Wochen nicht mehr zu sich nahmen, verschwanden die Leiden. Bei Tieren ließen sich in Langzeittests zudem Probleme bei der Fortpflanzung feststellen. Die Tests fanden in Großbritannien statt, weshalb diese für die FDA auch bislang nicht als relevant für deren GRAS-Liste angesehen wurden.[362] In der EU bleibt BVO in Nahrungsmitteln auch weiterhin verboten. Dort werden nach wie vor Hydrokolloide oder SAIB eingesetzt, die auf rein pflanzlicher Basis gewonnen werden und die gleiche Wirkung innerhalb der Ingredienzen des Getränks hervorrufen, wie BVO. Coca Cola und Pepsi enthalten derweil als einzige US-Softgetränkehersteller kein BVO, weshalb sie auch in die EU exportiert werden dürfen.[363] Das die US-Lebensmittellobby daher auf geringere Beschränkungen durch das TTIP setzt, ist logisch, die Umsetzung aber gleichwohl kaum vorstellbar, da in den USA vor allem bei Kindern nach übermäßigem Konsum dieser Getränke extreme Verhaltensstörungen diagnostiziert wurden. Daher wird der EU-Verbraucherschutz sicherlich wissen, wie bei der Abstimmung zum TTIP gegen dieses votiert werden müsste, wenn darin die bereits bestehenden Reglements gegen eine solche Substanz mit Hilfe der US-Lobbyisten abgeschwächt oder sogar komplett eliminiert werden sollten.

---

[361] Vgl. gpo.gov, 24.04.2011

[362] Vgl. theguardian.com, 06.02.2013

[363] Vgl. usatoday.com, 05.05.2014

Elementar ist gleichwohl bekanntlich auch weniger der erste Bissen eines vortrefflich zubereiteten Mahls, sondern vor allem dessen Ambiente. Das gilt selbstverständlich ebenso für Fast Food. Anders gesagt: das Auge isst mit. Aus diesem Grunde werden seitens der US-Lebensmittelindustrie auch gerne neben all den Konservierungsmitteln Unmengen von Geschmacks- und Farbstoffen beigemischt. Dadurch sehen viele Speisen fast schon wie gemalt aus und das im wahrsten Sinne des Wortes.

Die US-Lebensmittelindustrie macht sich dabei scheinbar die Devise zueigen, dass die Bilder der Verpackungen stets eins zu eins dem fertigen Gericht entsprechen müssen. Ein entsprechendes Motiv, weshalb sich im amerikanischen Essen leicht bis zu dreitausend verschiedene Zusätze finden lassen.[364] Dies schließt Fast Food, Kinder- und sogar Säuglingsnahrung mit ein. Unzählige dieser Ingredienzen sind jedoch im Rest der Welt verboten, vor allem seitdem unabhängige Untersuchungen neben toxischen und karzinogenen Bestandteilen noch weitere gesundheitsbeeinträchtigende Substanzen inmitten dieser farbenfrohen US-Zusätze ausmachen konnten. Diese beeinflussen sowohl das Verhalten, als auch die Gesundheit von Kleinkindern und Säuglingen, da sie allergische Reaktionen hervorrufen oder Überempfindlichkeiten erzeugen können. In den USA sind die verarbeiteten, künstlichen Farbstoffe normal, in der EU jedoch verboten. Hier werden natürliche Farbstoffe eingesetzt, wie z. B. rote Beete, Paprikaessenzen oder die Samen des Orleansstrauches, weil derzeitig gültige Gesetze auch kaum etwas anderes zulassen. Zusätzlich müssen alle importierten und mit künstlichen Farbstoffen versehenen Lebensmittel bei der EU angemeldet und untersucht werden, wodurch die Einfuhr nicht nur langwieriger, sondern auch teurer für die Produzenten wird. Das wollen die Amerikaner mit neuen Regeln ändern. US-Lobbyisten beharren derweil auf ihrer Forderung nach einer Risikobewertung, die wissenschaftlich basierte Fakten enthält, um US-amerikanische Lebensmittel trotzdem über den Atlantik befördern und in der EU einführen zu können. Die EU hält jedoch weiter am Vorsorgeprinzip fest und will dieses auch nicht aufweichen lassen.

Gentechnisch manipulierte US-Produkte

Das TTIP soll vor allem die US-Wirtschaft weiter ankurbeln. In erster Linie dadurch, dass gentechnisch veränderte Produkte ihren Weg in die EU-Lebensmitteldiscounter finden. Verbraucherschutzverbände befürchten diesbezüglich ein Einknicken seitens der an den Verhandlungen beteiligten,

---
[364] Vgl. ecfr.gov, 20.11.2014

Brüsseler Bürokraten. Verbraucherschützer sind dabei stellvertretend für die rund achthundert Millionen Bürger diesseits und jenseits des Atlantiks aktiv, auch wenn sie bei den Verhandlungen kaum berücksichtigt werden. Der Druck seitens US-Lebensmittel- und Agrarindustrie auf die EU ist groß, die bislang geltenden Vorschriften und Regelungen zu verwässern. Ein Beispiel, wie sich jene Verwässerung in die vertraglichen Grundlagen etablieren ließe, bietet das bislang noch nicht ratifizierte Freihandelsabkommen zwischen Amerikanern und Kanadiern.

Darin wird zum Einsatz von Gen- und Biotechnologien in der Lebensmittelproduktion geschrieben, das effektiv gehandhabte Zulassungsprozesse für Produkte, die auf wissenschaftlich fundierten Erkenntnissen basieren und in der Biotechnologie entwickelt wurden, von beiden Seiten gefördert werden. Auf gut deutsch: der Anbau und Verkauf von Genmais wird erlaubt, wenn eine Studie die Ungefährlichkeit beweist. Damit würde allerdings das Vorsorgeprinzip untergraben und alles wäre so, wie beim Einsatz chemischer Substanzen in den USA. Die Interessen der Verbraucher werden somit kaum berücksichtigt. Sollte das Abkommen unterzeichnet werden, hätten die Lobbyverbände der USA ein gutes Argument, selbige Phrasen im TTIP festschreiben zu lassen, denn wenn das in Kanada klappt, warum nicht auch in der EU? Sollte die EU ablehnen, würde sie zwar ihre Verbraucherfreundlichkeit demonstrieren, sich allerdings ebenfalls wirtschaftlich isolieren. Das wird kein leichter Spagat.

Beim Fisch gibt es diesbezüglich ein interessantes Beispiel aus der US-Industrie. Ein gentechnisch veränderter Lachs soll noch dieses Jahr im US-Lebensmittelhandel zu erwerben sein.[365] Es wäre das erste Lebensmittel dieser Art, welches zwecks Konsums gentechnisch durch den Menschen verändert wurde. Dieser Lachs wird mit den Genen anderer Fische gekreuzt, damit er schneller wächst. Gleichzeitig verträgt er wesentlich kälteres Wasser, als normaler Lachs.[366] Während jedoch der wild lebende Lachs seinen hellen, blassrosa Fleischfarbton mit Hilfe der natürlichen Carotinoide aus der aufgenommenen Nahrung erhält, wird dies konträr von der genetisch veränderten Variante jedoch kaum erreicht, da deren Nahrung lediglich aus Körnern besteht, die neben Nährstoffen zusätzliche Antibiotika, Medizin und Chemikalien enthalten. Das Fleisch des Fisches bleibt deshalb blass grau. Um diesen Umstand zu beseitigen,

---

[365] Vgl. businessweek.com, 22.05.2014

[366] Vgl. deutschlandfunk.de, 04.12.2013

erhält der genetische Lachs das von der US-Petrochemischen Industrie hergestellte, synthetische AXT, welches jedoch toxisch und somit eigentlich nicht für die menschliche Verköstigung gedacht ist. Foodwatch-Studien belegen derweil, dass der Verzehr des Fisches eine nachhaltige Beeinträchtigung der Sehnerven zur Folge hat. Woran kann der Verbraucher also erkennen, ob der soeben erworbene Lachs natürlichen Ursprungs oder gezüchtet ist? Das Fleisch des wilden Lachses ist hell rot, sehr mager und mit dünnen, weißen Streifen durchzogen. Beim gezüchteten Lachs ist es fettiger, blass rosa und die weißen Streifen sind wesentlich ausgeprägter.

Von daher entstammen der Atlantische und ebenso der Alaska Lachs lediglich der Fischzucht. Das liegt auf der Hand, da Alaska bereits seit Ewigkeiten die Lachs-Zucht verboten hat. Ein europäisches Einfuhrverbot gilt ebenso für die Sorte Sockeye Dosenlachs, da gerade dieser eine überaus hohe Konzentration AXT enthält. Das zeigt, das technologischer Fortschritt gewiss ab und an sinnvoll ist, um z. B. die Hungersnöte in der Welt einzudämmen, doch ob jener stets im Sinne der Verbrauchergesundheit stattfindet bzw. dahingehend überprüft wird oder werden kann, dazu gibt es bislang keine klaren Statements, weder seitens der WHO noch der US-Regierung. Niemand kann sicher sagen, welche Folgen genetisch veränderte Lebensmittel auf die Gesundheit des Menschen haben.

Dazu ein weiteres Beispiel. Die aus Hawaii stammende Papaya wurde bereits vor zehn Jahren genetisch verändert, um resistent gegenüber dem PRSV zu sein. Das funktionierte perfekt. Leider aber nur bezüglich des Virus.[367] Beheimatete Tiere, welche sich von dieser Papaya ernährten, erlitten im Laufe der Zeit vielfach multiples Organversagen, was jedoch seitens der US-Regierung kaum zu Interessenskonflikten mit der hawaiianischen Wirtschaft bzw. zur Ausweitung etwaiger, gesundheitsrelevanter Studien oder Kontrollen führte. Überhaupt seien dies laut dem US-Gesundheitsministerium lediglich Einzelfälle, welche sich gewiss aufgrund der zunehmenden Luftverschmutzung ergeben hätten. Auf Hawaii? Interessant. Nichtsdestotrotz verbot die EU sehr zum Ärger der Amerikaner bereits kurz nach ersten Züchtungserfolgen die Einfuhr genetisch veränderter Papaya-Früchte. US-Verbraucher wünschen sich gerade deshalb einen Verbraucherschutz, wie er in Europa üblich ist. Die US-Industrie aber nicht. Und nur deren Lobby sitzt am TTIP-Verhandlungstisch, nicht die der Verbraucherschützer. US-Lebensmittelhersteller fordern ebenfalls, dass es zukünftig keine Einschränkungen bei der Einfuhr nach Europa mehr geben dürfe.

---

[367] Vgl. dx.doi.org, 28.08.2014

Sie beziehen sich darauf, dass die europäische Kommission bereits mehr als fünfzig gentechnisch veränderte Organismen und Elemente eingeführt bzw. in der EU etabliert habe. Vor allem beim Viehfutter, das in europäischen Mastbetrieben eingesetzt wird.[368] Das stimmt, doch vergessen US-Lobbyisten dabei gerne, dass diese Substanzen oder Züchtungen auch einen mindestens zehnjährigen Werdegang hinter sich haben, ehe sie offiziell eingesetzt werden dürfen. In all den Jahren wurden sie auf speziellen Versuchsebenen und Probebetrieben wissenschaftlich getestet, analysiert, verändert und abermals eingehend getestet. So lange, bis definitiv jede direkte Gefahr, die von diesen Organismen gegenüber Umwelt und den Menschen ausgehen könnte, eliminiert und ausgeschlossen werden kann. Bei den Amerikanern läuft das anders, da hier nicht das Vorsorgeprinzip gilt. Hat jemand in den USA erst einmal etwas patentieren lassen, darf er es dort auch einsetzen. Ganz simpel, doch ebenso unverantwortlich. Durch die genetische Veränderung von US-Futtermitteln wie Mais und Soja und deren sofortigen Einsatz im industriellen Maßstab erhöhte sich beispielsweise die Anzahl der Viehbestände im Laufe weniger Jahre fast ebenso schnell, wie deren Krankheitsfälle. Das Vieh erkrankte z. B. an Tumoren, Darmschäden, Infektionen oder dergleichen. Ebenso kam es häufiger als vor dem Einsatz zu Fehlgeburten. Ein hoher Anteil der dritten Generation des Viehbestands wurde zudem unfruchtbar.

Doch die US-Lobby lobt weiterhin alles in den grünen Klee. Das TTIP sollte laut diesen auch nicht ständig negativ, sondern vielmehr als Chance angesehen werden, endlich weltweite Standards etablieren zu können.

Würde das Freihandelsabkommen scheitern, wäre nach Ansicht der Lobbyisten China der lachende Dritte und könnte weltweit bald schon eigene Statuten durchsetzen. Ein solches Szenario gefährde Wirtschaft, Arbeitsplätze und soziale Standards, so die US-Lobby. Gleichzeitig aber setzen sie der EU die Pistole auf die Brust und behaupten, falls es zu keiner Einigung käme, wären die USA ebenso bereit, mit China über ein Freihandelsabkommen zu sprechen.[369]

Das Säbelrasseln der USA verscheucht aber heutzutage kaum mehr eine Klapperschlange, da China und die USA bereits seit Jahren Handelspartner sind. Weil China aber der Big Player auf den globalen Marktplätzen ist, weitaus bessere, wirtschaftliche Entwicklungspotenziale als die USA vorzuweisen hat und zudem weltweit die meisten US-Staatsanleihen hält, dürfte der Spielraum zur

---

[368] Vgl. sueddeutsche.de, 11.02.2014

[369] Vgl. Haas (2006) S.329 f

Durchsetzung etwaiger US-Standards bei den Chinesen gewiss sehr viel magerer ausfallen, als gegenüber der EU. Von daher ist dies nur reine Propaganda, mehr jedoch kaum.

Neue Regularien für den Finanzsektor

Das Klagerecht für international Konzerne

Vor einigen Jahren schlossen die Amerikaner mit Südkorea ein Freihandelsabkommen, welches neben Regularien auch das Investorenschutzkapitel enthielt.[370] Amerikanische und koreanische Unternehmen dürfen seither gegen die jeweilige Regierung klagen, sofern Gesetzgebungen oder Regelungen zur Gewinnreduzierung des Unternehmens führen. Das betrifft sowohl soziale Standards als auch Gesetze des Umwelt- oder Verbraucherschutzes, welche vom Staat angeglichen oder auch erweitert werden können. Alle dabei möglichen, negativen Effekte auf die Gewinnerwartungen berechtigen Unternehmen, gegen den Staat zu klagen. Diese Klage wird dann vor privaten, nicht öffentlichen Schiedsgerichten verhandelt, wobei der einmal gefällte Schiedsspruch nicht Wiederrufen werden kann. Es gibt also keine Möglichkeit zur Revision. Auf diese Weise können Staaten in fremden Ländern von internationalen Unternehmen verklagt werden, ohne dass diese sich auf nationale Rechtsprechungen oder Gesetze berufen können. Unternehmen können dabei gegen den verklagten Staat Ansprüche in unbegrenzter Höhe erstreiten, wobei jene Summe, die dieser Staat dann eventuell leisten muss, stets mit Steuergeldern beglichen wird. Eine zweite Instanz zur Überprüfung des Urteils gibt es nicht, Richter sind jeweils private bzw. Konzernanwälte. Die Funktion dieses Verfahrens lässt sich am besten mit einem Beispielfall darstellen. Ein internationales, nicht inländisches Unternehmen klagt vor einem Schiedsgericht und entsendet seinen Anwalt. Der verklagte Staat entsendet ebenfalls einen Anwalt. Ein weiterer Anwalt wird dann zum Richter des Schiedsverfahrens ernannt und fällt das rechtlich bindende Urteil. Alle Anwälte können während des Schiedsverfahrens ihre Rollen untereinander tauschen, d. h. der Kläger kann zum Beklagten werden und umgekehrt. Das ist laut den internationalen Statuten für Schiedsgerichte legitim. Als logische Konsequenz ergeben sich bei solchen Verfahren Konfliktsituationen aufgrund des jeweiligen Standpunkts, wobei Staaten stets gegenüber Bürgern und Unternehmen bezüglich ihrer Aktionäre verpflichtet sind. In der Realität verklagte beispielsweise der schwedische

---

[370] Vgl. dw.de, 27.09.2014

Vattenfall Konzern den deutschen Staat wegen des vorzeitigen Atomausstiegs vor dem Schiedsgericht der Weltbank, dem ICSID in New York. Ein Urteil steht derzeit noch aus.

Die Investorenschutzklage

Investorenschutzklagen haben in den letzten Jahren überproportional zugenommen, wodurch etwaige Risiken der Investoren sukzessiv auf die Schultern der Steuerzahler abgewälzt wurden.[371] Da jedoch alles im geheimen verhandelt bzw. ausgehandelt wird, bekommt der Bürger davon nie etwas mit. Schlafende Tiger soll man bekanntlich auch nicht wecken. Diese Klagemöglichkeit soll ebenfalls Bestandteil des TTIP werden. US-Lobbyverbände wollen zudem noch weit mehr diesbezügliche Rechte und Klauseln in dem Freihandelsabkommen verankert sehen. Das Klagerecht dient in erster Linie dazu, die Investitionen des Unternehmens zu schützen, nicht aber deren Gewinnmarge. Wird jedoch der vom Staat prognostizierte Gewinn, welcher mit Hilfe der Investition des internationalen Konzerns erzielt hätte werden können, durch neue Regelungen oder Gesetze seitens des Unternehmens als nicht mehr realisierbar eingeschätzt, so wäre die Investition fehlgeschlagen und der Staat müsste für die erlittenen Verluste haften. Bei dem durch das TTIP abgesicherten Investorenschutz wäre das Unternehmen jedoch bereits klageberechtigt, wenn noch gar kein konkreter Fall, aber die Befürchtung im Raum stehen würde, das durch eine Gesetzesänderung jene durch die Investition zu generierenden Umsatzerlöse nicht mehr erreicht werden könnten. Ein derartiges Verfahren ist freilich kaum rechtstaatlich anerkannt, ordentlich oder gar mit dem europäischen Recht vereinbar. Ebenso sind diese Verfahren jenseits jeder demokratischen Regel angesiedelt. Beispielsweise könnten Zigarettenhersteller dann mit Hilfe des TTIP die EU oder sogar Deutschland verklagen, da aufgrund neuer Regularien, die den Aufdruck einer zerstörten Lunge auf den Verpackungen vorschreiben, gewiss mit Einnahmeverlusten zu rechnen sein dürfte. Ebenso könnte ein koreanisches Unternehmen nun auch die USA verklagen. Würde das Unternehmen z. B. seltene Erden im amerikanisch-mexikanischen Grenzgebiet fördern, wodurch es zu einer hohen, chemischen Verunreinigung des Trinkwassers käme und die USA darum auf umweltsicherere Fördermethoden und Filteranlagen seitens des koreanischen Unternehmens pochen, weil dies den gerade vom Senat abgesegneten, neuen Umweltschutzregularien entspräche, könnten die Koreaner die USA verklagen, weil durch die zusätzliche Investition

---

[371] Vgl. Hilty (2007) S.238 ff

angepeilte Umsatzziele eventuell nicht mehr realisiert werden könnten. Daher nutzen die Klauseln bezüglich des Investorenschutzes auch in erster Linie den Unternehmen, setzen die Gerichtsbarkeit des betroffenen Staates außer Gefecht und belasten den Steuerzahler.

Schiedsgerichte und Schiedsstellen

Kritiker der Schiedsgerichte vertreten durchweg die Meinung, dass diese zwar dem Schutz von Investoren bzw. deren Interessen dienen, doch synchron alles andere als rechtstaatlich seien. Die Möglichkeit der Unternehmen, den bald schon im TTIP festgezurrten Investitionsschutz nicht per ordentlichem Gericht im Land der Investition, sondern irgendwo auf der Welt vor einem Schiedsgericht durchzusetzen, welches dann als unabhängige Schiedsstelle fungiert, lehnen Gegner des Freihandelsabkommens kategorisch ab.[372] Dabei ist die Idee des ISDS nicht neu, wie diese Verfahren in zahlreichen Verträgen zur Investitionsabsicherung üblicherweise bezeichnet werden.[373] Eine derartige Vereinbarung wird meist zwischen zwei oder mehr Ländern und dem Unternehmen abgeschlossen. Innerhalb der EU-Mitgliedsstaaten gibt es bereits mehr als tausenddreihundert Verträge mit derartigem Inhalt, alleine in Deutschland ist dies bisher schon bei über hundertzwanzig der Fall. Ob freilich in allen ein entsprechend abgefasster Paragraph bezüglich Schiedsstelle oder Gericht Einzug hielt, ist laut der dafür zuständigen EU-Kommission allerdings nicht bekannt. Sinniger Weise waren Schiedsgerichte an sich eine gute Einrichtung. Sie sollten fremdländische Investoren vor der Enteignung schützen, sodann ein Putsch beispielsweise die Rechtstaatlichkeit des betreffenden Staates samt dort bestehender Gesetze außer Kraft setzt. Gleichermaßen verhält es sich bei Staaten wie der DDR, die nicht mehr bestehen oder bei Staatengemeinschaften wie der UdSSR, welche sich zwar auflöste, deren vor dem Verdünnisieren abgeschlossene Verträge jedoch nach wie vor Gültigkeit besitzen und von den heutigen Gebieten immer noch eingehalten werden. Handel besteht weiter, auch wenn sich die Grenzen ändern. Das es von sofern für die USA überaus wichtig ist, im Freihandelsabkommen vermerken zu lassen, das Unternehmen dank ISDS über EU-Gerichte hinweg Entscheidungen durch Schiedsstellen herbeiführen können, sollte zu denken geben. Letztlich gibt es sowohl in den USA, als auch in den Mitgliedsstaaten der EU allerorts einen funktionierenden Rechtstaat. Aus diesem

---

[372] Vgl. faz.net, 27.07.2014

[373] Vgl. dw.de, 29.09.2014

Grund dürfte die Diskussion bezüglich einer Schiedsstelle eigentlich bereits ad absurdum geführt sein. Das Schiedsgericht wird zudem zwar nicht mit echten Richtern, sondern mit Investorenvertretern oder Unternehmensanwälten besetzt, doch haben diese dieselben Rechte, wie ein ordentliches Gericht bzw. deren Richter.[374]
So dürfen diese ebenfalls Urteile sowie Entwürfe von Regelungen, Gesetzen oder Regulierungen einsehen und ihr Urteil ist ebenso bindend für das jeweilige Land, welches allerdings nicht Höchstselbst das Schiedsgericht einberufen darf. Das ist exklusiv dem investierenden, fremdländischen Unternehmen vorbehalten. Um die Notwendigkeit der Schiedsgerichte zu verdeutlichen, nennt der EU-Handelskommissar als Begründung gerne das amerikanische Rechtssystem, welches fremdländischen Konzernen nicht gestattet, sich internationaler Handels- oder Rechtsabkommen zu bedienen, um diese als juristisches Fundament bei den nationalen, amerikanischen Gerichten zu nutzen. Es wäre allerdings ebenso möglich, das die Amerikaner einfach eine Reform des inländischen Rechtssystems durchführen, wodurch ISDS bei den TTIP Verhandlungen schlicht keine Rolle mehr spielen würde. Gut, das wäre sicher etwas zu einfach, zugegeben, aber in jedem Fall eher machbar, als eine Einigung über ISDS innerhalb des TTIP zu erreichen. Abgesehen davon gab es kurz nach dem Millennium bereits zahlreiche Veränderungen in den einzelnen Gerichtssystemen der US-Bundesstaaten, welche insbesondere durch das NAFTA bedingt waren. Allerdings wird dies kaum auf gleiche Weise beim TTIP eintreffen, da laut US-Unternehmen beim NAFTA bereits mehr als genug Zugeständnisse gemacht wurden. Eines der wichtigsten Schiedsgerichte ist ferner das ICSID, welches unter dem Dach der Weltbank angeordnet ist. Anders als bei normalen Gerichten sind etwaige ISDS-Verfahren nicht öffentlich, wodurch die Transparenz fehlt. Gleichzeitig sind die dabei gefällten Entscheidungen zwar verbindlich für das betreffende Land, das Urteil jedoch weder für die Öffentlichkeit bestimmt noch für diese einsehbar. Finanzexperten sind sich hinsichtlich Klauseln über Schiedsstellen im TTIP einig, dass diese unnötig seien, weil die Versicherungsbranche bereits entsprechende Angebote kreierte, über welche fremdländische Konzerne Investitionen gegenüber politischen oder kulturell bedingten Risiken absichern können. Viele dieser Konzerne vereinbaren mit unsicheren Staaten ohnehin bereits vor der eigentlichen Investition individuelle Verträge. Außerdem können mit einer solchen Klausel nicht nur europäische Unternehmen gegen andere Staaten, sondern fremdländische Konzerne ebenfalls

---

[374] Vgl. Demand (2014) S.29 ff

vor relativ undurchsichtigen Schiedsgerichten in jedem Land der Erde gegen die EU prozessieren. Das dürfte gewiss kaum im wirtschaftlichen Interesse der EU liegen, wenn sie mit den USA über das TTIP verhandelt, allerdings sehr wohl, wenn es um Verhandlungen mit anderen Staaten, wie beispielsweise dem Iran oder China geht, denn was für den einen gilt, kann anderen gegenüber nicht einfach vorenthalten werden.

Von daher sitzt die EU bei der Frage, ob sie Entscheidungen von Schiedsstellen im TTIP zulassen will oder nicht, zwischen zwei Stühlen. Berater der EU-Kommission raten deshalb vor Inkrafttreten des TTIP zur Anhebung der Statuten und Standards, welche bei Klagen von Investoren gegenüber fremdländischen Staaten maßgeblich sind, um die Anzahl derartiger Rechtsstreitigkeiten bereits im Vorfeld zu minimieren. Synchron sollten Kosten für Anwälte auf das Niveau der jeweiligen Prozessbeteiligten beschränkt werden, da sonst Konzerne oder NGO mit wenig finanziellem Spielraum kaum Möglichkeiten zur Klage besäßen. Außerdem sollte im Sinne der Öffentlichkeit eine Transparenz der Prozesse gewährleistet werden, da sonst in der Bevölkerung rasch der Eindruck entstehen könnte, dass sie zwar mit Steuergeldern zahlen soll, andererseits aber nichts über das wer, an wen oder warum erfahren darf. Das widerspräche europäischen Grundsätzen und ist nach der NSA-Affäre gewiss auch kaum förderlich, um Vertrauen in die EU und deren Organe zurückzugewinnen. Ohnehin ist es überaus essenziell, eine Zustimmung in der Bevölkerung für das TTIP zu erreichen, welches überhaupt erst entsprechend hohe Standards für USA, EU und den Rest der Welt ermöglichen soll. Dazu ein simples Beispiel: Deutschland setzt sich nach der Atom-Katastrophe von Fukushima vehement für den Ausbau erneuerbarer Energien ein. Nur einmal angenommen, ein großer, nicht konventionell tätiger US-Stromhersteller, der diverse EU-Kraftwerke besitzt, würde die von Deutschland initiierte Energiewende und den größeren Beitrag erneuerbarer Energiequellen anzweifeln, so hätte er laut derzeit kursierender Statuten des TTIP das Recht, Deutschland vor einem Schiedsgericht zu verklagen. Er könnte anführen, dass seine Investitionen in den Kohleabbau dadurch weitaus weniger an Wert besäßen, was er wiederum als überaus gemein und inadäquat empfindet. Die Klage findet dann vor einem Schiedsgericht in Hong Kong statt, damit nach außen hin Neutralität gewährleistet ist, obwohl jeder weis, das China gegenüber den USA um einiges toleranter eingestellt sein dürfte, als gegenüber Europäern. Der Schiedsspruch wird dann von einem Anwalt gefällt, der aus Korea stammt und Deutschland muss mit Steuergeldern drei Milliarden Euro an den US-Konzern zahlen. Der US-Konzern geht mit diesem Geld an die Börse und kauft noch einige kleinere Strom-Unternehmen auf. Ein paar Jahre später strengt er dann unter dem

Deckmantel eines Tochterunternehmens eine weitere Klage aus demselben Grund gegen Frankreich an. Ergo: die EU wäre zweifelsohne besser beraten, einen solchen TTIP-Passus ohne Abweichungen komplett streichen zu lassen. Außerdem lautet eine goldene Managementregel, dass man nie etwas dem Papier anvertrauen sollte, was eventuell einmal gegen einen selbst verwendet werden kann. Wie wahr.

Wirtschaftliche und demokratische Veränderungsprozesse

Die Schiefergasförderung mittels fracking

In den USA sind die Energiepreise sehr viel geringer, als in Europa. Benzin, welches in Gallonen und nicht in Litern an den Zapfsäulen ausgegeben wird, ist extrem günstig. Das liegt daran, das die Europäer nur wenig Gas und Ölreserven besitzen und diese Rohstoffe teuer importieren müssen, während in den USA Gas und Öl nach wie vor im eigenen Land gefördert werden kann. Dank neuartiger Verfahren besonders Erdgas, welches aus tiefer liegenden Schiefergesteinsschichten entnommen wird. Bei diesem als Fracking bezeichneten Verfahren wird das Gas durch Wasser und ein chemisches Gemisch quasi aus dem Fels herausgelöst. In Europa sind synchron gleich mehrere Umweltschutzorganisationen gegen das Fracking, befürchten sie doch unlängst irreparable Schäden an Natur und Umwelt. Anfang 2014 empfahl die europäische Kommission jedoch in einer Pressemitteilung Mindestgrundsätze für die angewandte Technik der Schiefergasförderung. Diese bezogen sich darauf, das bei der Methode ein angemessener Umwelt- und Klimaschutz bzw. die Vermeidung von gesundheits- und Umweltrisiken für die Bürger stets Beachtung zu finden haben. Es geht also um Regelungen der Wettbewerbs- und Rahmenbedingungen für Industrie und Investoren, allerdings nicht um ein Verbot der Kohlenwasserstoffförderung, welche beim Fracking Anwendung findet. Niedersachsen und Mecklenburg-Vorpommern waren gleich Feuer und Flamme für diese Idee, wollen als Vorreiter fungieren und Fracking erlauben. Dies war zwar nur ein laut gedachter Vorschlag, der noch von vielen Stellen geprüft und genehmigt werden muss, doch sind alleine durch die Ankündigung bereits so viele Gruppierungen und Bürger dagegen, das dem Verlangen des Landes wohl kaum in absehbarer Zeit entsprochen werden dürfte. Sollte jedoch derartiges ins TTIP Einzug halten und somit legitim werden, ohne das Bürger, bürgernahe Gruppierungen oder Umweltaktivisten etwas dagegen unternehmen können, wäre einerseits die Meinungs- und Informationsfreiheit jedes Bürgers beschnitten und andererseits der demokratische Gedanke komplett verraten. Das sehen nicht nur

Aktivisten so, sondern ebenfalls die US-Verbraucherschutzorganisation Public Citizen. Diese steht dem Abkommen sehr kritisch gegenüber. Sie glaubt zwar, dass viele seitens der US-Lobby eingeforderte Punkte kaum eine positive Mehrheit im US-Senat hervorzuzaubern werden, befürchtet jedoch, dass die Lobby deshalb bereits schon während der TTIP-Verhandlungen industrielle Vorstellungen und Zielsetzungen darin einzubringen versteht. Das zielt darauf ab, gegen den Willen der Politik die industriellen Vorstellungen einfach um diese herum durchdrücken bzw. bereits festschreiben lassen zu können. Die politische Entscheidung wäre somit unwichtig, da die Lobby letztlich schon alles festgezurrt hätte. Im IT-Bereich kann ein solches Vorgehen mit dem Einsatz eines Trojaners verglichen werden, was dem Verhalten und unermüdlichen Einsatz der US-Lobbyisten durchaus eine gewisse Realitätsnähe einbringt. Ein Trojaner tut dem System schließlich nicht weh, er stört es nicht einmal, ist aber jederzeit einsatzbereit. Wird jener Trojaner erst einmal aktiv, funktioniert allerdings bald schon gar nichts mehr so richtig. Letztlich wird auf diese Weise seitens der Industrie quasi eine trojanische Hintertür geöffnet, um Umwelt- und Verbraucherschutzregularien nachhaltig zu verringern bzw. diese mit Hilfe des TTIP gleich ganz zu umgehen.

Milliardengewinne der Unternehmen dank TTIP

Große Gewinner des TTIP sind ebenfalls die chemischen Unternehmen diesseits und jenseits des Atlantiks, welche dank des Abkommens bereits Geschäfte im Milliardenbereich wittern. Deren Lobby versucht daher, mit Hilfe des TTIP alle Chemikalien, die bislang nur auf dem US-Markt zugelassen sind, ebenfalls in der EU einführen zu lassen. Ginge es also ganz nach den US-Chemie-Lobbyvertretern, wäre es bestimmt vorteilhaft für Europäer, würden sie wie die Amerikaner unbrennbare US-Auslegeware bzw. Sitz- oder Liegegarnituren, die zudem noch wasserabweisend und nahezu ewig haltbar sind, ihr eigen nennen können. Gutes Argument, dumm nur, das die Chemikalien nachweislich giftige Substanzen enthalten und davon abgesehen – wer kauft sich denn bitteschön etwas, das ewig hält? Viele, die auf Tupper-Ware schwören, ärgern sich beispielsweise nach zehn Jahren darüber, dass ihre eigene Edition Schwarz, die neue aber in einem wesentlich schöneren Rot daherkommt. Ein Umtausch ist jedoch ausgeschlossen, es sei denn, die Ware wäre defekt. Aber welche Tupper-Sachen gehen schon kaputt? Also wird schließlich die gesamte neue Edition gekauft und die alte verschenkt. Das ließe sich mit Garnituren oder Teppichen freilich weniger gut praktizieren. Ein Grund, weshalb Europäer, die von jeher neue Styles und Moderichtungen entwickelt haben, kaum ein ewig haltbares, sie

selbst überlebendes und zudem noch giftiges Interieur werden besitzen wollen. Durch das TTIP würde den Konsumenten jene Wahl allerdings abgenommen und bislang in der EU verbotene Stoffe könnten ganz einfach am heimischen Markt etabliert werden, indem z. B. die dafür einzuhaltenden Standards entsprechend abgesenkt oder abgeschafft werden.
Zulassungsverfahren für chemische Produkte sind in den USA ohnehin völlig anders gestrickt. In der EU gilt das Vorsorgeprinzip, d. h. ob chemische Zusätze ungefährlich für Umwelt und Verbraucher sind, müssen Unternehmen durch Tests und unabhängige Gutachten eindeutig belegen. In den USA können sogar chemische Substanzen auf den Markt gebracht werden, die zuvor keinerlei Tests durchlaufen haben. Gab es Testverfahren, so werden diese ausschließlich vom Unternehmen selbst durchgeführt, begutachtet und abschließend zertifiziert. Stellt sich dann nach einigen Jahren heraus, dass jene Ingredienzen Umwelt oder Mensch Schaden zugefügt haben, ist keineswegs der Hersteller in der Verantwortung, sondern der Geschädigte. Dieser muss mit Gutachten und Tests belegen, das dem so ist und eine Klage vor Gericht gegen das betreffende Unternehmen anstrengen. Natürlich alles auf eigene Kosten, weshalb sich viele scheuen, rechtlich gegen Konzerne vorzugehen. Eine Klage, die diesbezüglich sehr viel Staub aufwirbelte, war jene von Erin Brockovich,[375] die trotz aller Widerstände und Widrigkeiten Mitte der neunziger Jahre gegen das US-Unternehmen PG & E vor Gericht zog. Sie gewann. Letzten Endes aber ließe sich festhalten, dass Umwelt und Verbraucher quasi ohne es zu wissen oder gar zu wollen, Versuchskaninchen für die Feldversuche der US-Chemieindustrie sind. Von daher ist klar, das die US-Lobbyisten versuchen, gleich ganze Passagen des TTIP dahingehend abzuändern, das nicht das Vorsorgeprinzip, sondern ein auf wissenschaftlichen Erkenntnissen basierendes Verfahren zur Entscheidungsfindung bei Zulassungen chemischer Zusatzstoffe in oder für produktionsbedingte Anwendungen ein fester, vertraglicher Bestandteil des Freihandelsabkommens wird. Dazu sollte gesagt werden, das z. B. in der EU keine asbesthaltigen Stoffe, Bauteile oder luftverschmutzende Substanzen eingesetzt werden dürfen und das bereits seit vielen Jahrzehnten. In den USA gilt dies jedoch nur für die Neubauten von Schulen. Altbauten müssen hingegen nicht bzw. dürfen seitens der jeweiligen Behörde oder Verwaltung natürlich ebenso zum Selbstkostenpreis renoviert werden. Da viele US-Staaten allerdings chronisch pleite sind, kann sich gewiss jeder denken, wie es um die Entsorgung der Altlasten

---

[375] Vgl. abcnews.com, 27.01.2012

steht bzw. etwaige Renovierungsarbeiten umgesetzt werden. Das gleiche gilt für chemische Substanzen, die beim Fracking eingesetzt werden. Deren Wirkungsgrad ist angesichts der großen Mengen an Gas, die damit gefördert werden können, sehr geschätzt. Vor allem in den USA und Kanada. Allerdings beschränken sich behördliche Genehmigungsverfahren des chemischen Cocktails auch lediglich auf die industrielle Anwendung. Was mit der Umwelt in der näheren Umgebung geschieht ist hingegen kaum erforscht und wird sicher erst in Jahrzenten sichtbar. Darin sind sich neben Umweltaktivisten ebenso Geologen und Chemiker einig. In der EU steht solchen Verfahren nach wie vor das Vorsorgeprinzip im Wege. Das ist sicher auch ganz gut so. Das chemische Substanzen beim Fracking in das Grundwasser gelangen können, Erdbereiche oder Gesteinsschichten gelockert und so die Beschaffenheit der Böden verschlechtert werden bzw. ehemalige Bergwerksstollen oder ganze Infrastrukturen von hier auf jetzt einfach einzustürzen könnten, sehen EU-Umweltminister bereits kommen. Nicht aber der EU-Handelskommissar, welcher nach wie vor behauptet, durch das TTIP würden sich nur positive Aspekte ergeben. Also doch nur das Ansinnen auf Macht zu Lasten der Bürger? Oder steckt mehr hinter dem Credo, das durch TTIP vieles einfacher und effektiver ausgestaltet wird? Scheinbar gibt es da noch viel zu klären.

Demokratisches Mitspracherecht unerwünscht

TTIP beinhaltet vorrangig eine Standardisierung aller möglichen Wirtschaftsfaktoren.[376] Angefangen von speziellen Regelungen bis hin zum Mitspracherecht. Während seitens US-Lobby für die Standards der kleinste gemeinsame Nenner forciert wird, sind die Bürger eher dafür, europäische Standards auch in den USA einzuführen. Zum einen, weil diese eher Verbrauchern und der Umwelt nutzen und zum anderen, weil erst dadurch eine auf Nachhaltigkeit basierende Zukunft für die nächste Generation ermöglicht wird. Das sehen Lobbyverbände natürlich anders, da sie sich in erster Linie der unternehmerischen Gewinnmaximierung und nicht etwa der Anpassung sozialökonomischer Standards verschrieben haben. Ist das Freihandelsabkommen also in Wirklichkeit nur die Bezeichnung für einen Wirtschaftsvertrag und mehr nicht? Ist es etwa nur ein Freibrief für Konzerne, damit diese alles tun können, ohne das Bürger oder Politik noch Einfluss darauf nehmen können? In der Tat existieren an die Öffentlichkeit gelangte Dokumente, die das belegen. Darin wird vor allem auf die Verständigung beiderseitig anerkannter Reglements gedrängt. Die Politik

---

[376] Vgl. Haas (2006) S.462

soll außen vor bleiben und dem Parlament lediglich die bereits zwischen Lobby und Kommission ausgehandelten Verfahren für Gesetze oder Reglements zur Abstimmung vorgelegt werden. Das würde quasi auf eine Harmonisierung zwischen EU- und US-Standards hinauslaufen, welche durch die im TTIP enthaltenen Klauseln ermöglicht würde.
Im Umkehrschluss ergibt sich daraus natürlich keine Neudefinition von Standards, wenn USA oder EU gegen eine neue Regelung votieren. Es müssten stets beide zustimmen, was sehr unwahrscheinlich sein dürfte, sieht man sich die Forderungen der US-Lobby einmal an. Diese haben in den USA stets ein großes Mitspracherecht bei Neuregulierungen und werden ihren Einfluss auf politische Entscheider gewiss auch nach Inkrafttreten des TTIP weiter geltend machen. Ein Beispiel dafür ist die durch Präsident Obama angedachte Verschärfung der US-Waffengesetze, welche jedoch durch Einflussnahme der Waffenlobby rasch wieder im Reißwolf verschwand. Ein anderes Beispiel wären chemische, in Plastikprodukten befindliche Stoffe. Die EU beschloss diesbezüglich bereits vor drei Jahren ein Verbot der Chemikalie BPA in Produkten für Säuglinge,[377] weil Studien belegten, dass BPA maßgeblich an frühkindlichen Fehlentwicklungen beteiligt war. BPA findet sich ebenso in Frischhaltefolien, Verpackungsmaterialien und im Gehäuse technischer Geräte wie etwa PC, TV oder auch dem Smartphone.[378] Die USA haben bislang kein Verbot gegen die Verwendung dieser Substanz ausgesprochen, während die EU unlängst sogar ein generelles Verbot in Erwägung zieht. In diesem Punkt gemeinsam mit den USA eine Einigung gegen den Einsatz jener Substanz zu erzielen, sobald das TTIP Anwendung findet, dürfte also kaum denkbar sein. Solche Szenarien würden jedoch beim TTIP-Abschluss auf die EU zukommen. Eine kooperative Haltung bezüglich neuer Regularien oder Standards war bereits in der EU oft nur nach sehr zähem Ringen möglich. Ob sich dies durchs TTIP sogar noch verschlimmbessern würde, dürfte daher außer Frage stehen. Beschränkungen dürften dann wohl kaum mehr möglich sein, wenn Lobby und Industrie über politische Gremien hinweg mitbestimmen, was überhaupt im Einvernehmen mit wem, wann und wie geregelt werden darf oder soll. Das ist alles andere als eine gelebte Demokratie, wie es oft seitens der EU-Parlamentarier heißt, wenn Unternehmen und Lobbyisten über das Wohl oder die Wahl der Verbraucher bestimmen. Laut der Anti-Lobbyorganisation CEO sind in Brüssel mittlerweile zwischen fünfzehn und

---

[377] Vgl. bbc.uk, 26.11.2010

[378] Vgl. fda.gov, 08.11.2014

dreißigtausend Lobbyisten für international agierende Unternehmen tätig. Gleichzeitig sind dieselben Lobbyisten auch in vielen europäischen Kommissionen vertreten.[379] Selbstverständlich sind dort auch Umwelt- und Verbraucherschutzlobbyisten tätig, allerdings machen die gerade einmal ein Zehntel der gesamten Lobby-Szene aus.

Bei den TTIP-Verhandlungen fanden bislang mehr als neunzig Prozent der Treffen mit Vertretern der Wirtschafts- und Industrielobby statt. Lediglich beim Rest waren auch Vertreter der Verbraucher- und Umweltschutzlobby zugegen. Zu Beginn der Verhandlungen im Februar 2013, als erste Beratungen über das TTIP stattfanden, wurden letztere erst gar nicht eingeladen. Das hat System aber auch seinen Grund. Bei den Treffen ist es nämlich keineswegs wie im Bundestag, wo jeder Parlamentarier kommen und gehen kann, wie er lustig ist und sogar noch eine Anwesenheitsprämie bekommt, wenn er tatsächlich einmal dort sitzt.[380] Zu Verhandlungen bezüglich des TTIP eingeladene Vertreter müssen hingegen einen gewissen Obolus berappen, welcher von der alleinigen Anwesenheit bis hin zum Platz am Rednerpult leicht bis zu zehntausend Euro kosten kann. Pro Sitzung, versteht sich natürlich und das auch nur, wenn eine Einladung zugestellt wurde, ansonsten nutzt auch das Geld nichts. Auf diese Weise werden Interessensvertreter wie Verbraucher-, Umweltschutzbeauftragte oder Gewerkschaftler bereits im Vorfeld aussortiert und EU-Kommissare, Wirtschafts- oder Industrielobbyisten können unter sich bleiben. Der TTIP-EU-Verhandlungsführer Ignacio Bercero sagte, als er auf einer Pressekonferenz danach gefragt wurde, dass dies lediglich am größeren Verhandlungsinteresse der Wirtschaft liegen würde. Angeblich bestünde dies weniger auf Seiten anderer Verbände oder Gruppierungen, weshalb jene auch weniger an den Sitzungen beteiligt würden.[381] Seltsam nur, das neben Industrie und Wirtschaft vor allem die Verbraucher vom TTIP betroffen sind, welche allerdings weder durch Vertreter an den Verhandlungen beteiligt sind noch eigene Standpunkte einbringen können. Es stellt sich scheinbar kaum die Frage, ob es im Sinne der Verhandlungen nicht besser für alle Beteiligten wäre, mehr den richtigen und weniger den einfacheren Weg zu beschreiten. Nun denn. Sind alle Punkte für die Verhandlungspartner als annehmbar ausgehandelt, stimmt das EU-Parlament über die Umsetzung ab, wobei selbst dieses nicht in TTIP-Beratungen, Verhandlungen oder Sitzungen der

---

[379] Vgl. corporateeurope.org, 20.11.2014

[380] Vgl. tagesschau.de, 21.02.2014

[381] Vgl. trade.ec, 29.07.2014

Interessensvertreter einbezogen wird. Derweil forderten Amerikanische Handelskammern und europäische Arbeitgeberverbände einen zusätzlichen Rat außerhalb der Parlamente, der analysieren sollte, ob die bislang ausgehandelten Statuten des TTIP der Wirtschaft tatsächlich Vorteile bringen oder nicht. Die EU-Kommission stimmte einem solchen Rat Anfang 2014 zu. Bezeichnet wird dieser von der Wirtschaft als RCC to an EU-US Economic Agreement, seitens der EU-Kommission als Chapter on Regulatory Coherence.

Das EU-Parlament hätte also lediglich noch die Aufgabe, all die vielen durch Kommission ausgehandelten und seitens RCC analysierten Reglements zu bestätigen und entsprechend umzusetzen.[382] Ergo wäre das EU-Parlament an sich somit bereits völlig nutzlos. Demokratisches Mitspracherecht sieht anders aus. Außerdem kämen auf diese Weise Wirtschaftsinteressen noch weit vor denen des Verbraucherschutzes. Wenn also wirklich alles zur Harmonisierung zweier Staatengemeinschaften und deren Bürger verhandelt werden soll, warum sind dann keine Außenstehenden zugelassen? Wozu geheime Sitzungen, deren Ergebnisse nicht nach außen getragen werden dürfen und Bürger schlicht im Unklaren darüber gelassen werden, was die Zukunft bringt?

Top Secret - Geheime Verhandlungen

Das weder das europäische an das amerikanische System noch jenes der USA an das der EU angeglichen werden soll, steht bei den TTIP-Verhandlungen außer Frage. Sie sollen lediglich harmonisiert werden, wie Lobby und EU-Kommission stets vollmundig behaupten.[383] Wo aber ist da der Unterschied und warum muss das überhaupt sein? Laut EU-Kommission soll durch den Prozess der Harmonisierung ein gigantisches Wirtschaftswachstum für beide Seiten herausspringen sowie zig neue Jobs generiert werden. Synchron soll dank des TTIP für die Verbraucher vieles günstiger werden. Mit welchen Mitteln dies erreicht werden soll, darüber schweigen sich die Vertragspartner bislang aus. Niemand weiß etwas genaues, schließlich wird im geheimen verhandelt.[384] Involviert sind weder bürgerliche Gruppierungen, Umwelt- oder Verbraucherschützer und erst recht keine europäischen Parlamentarier. Es werden weder Memos über den Stand der Verhandlungen vorgelegt, noch Bestandteile publiziert. Alles ist Top Secret. Da fragt sich der besorgte Bürger selbstredend,

---

[382] Vgl. foodsafetynews.com, 16.05.2014

[383] Vgl. deutsche-wirtschafts-nachrichten.de, 17.05.2014

[384] Vgl. zeit.de, 11.10.2014

was die EU-Kommissionen gegenüber den Lobbyverbänden zugestehen bzw. gleich ganz zu streichen gedenken, damit das TTIP doch noch 2015 umgesetzt werden kann. Bekannt ist lediglich, dass EU-Verbraucherstandards, Umweltaspekte und Regelungen im Produktionssektor nicht abgesenkt werden sollen. Doch wenn dem so wäre, worüber verhandeln dann eigentlich Unternehmens-Lobby und EU-Kommissionen so unglaublich lange? Es verdichten sich Verdachtsmomente, das es zu internen Absprachen zwischen den Beteiligten kommen könnte. Quasi nach der Devise ich bekomme das und streiche dies und dafür bekommst du dann das, must aber das streichen.
Somit ergäbe das TTIP eine win-win-Situation für alle. Zumindest für alle, die beteiligt sind. Wenn aber die Absprachen unter den Verhandlungsführern tatsächlich koscher und alles nur zum Wohle der Wirtschaft bzw. der Bürger wäre, warum grassiert bei den Beteiligten dann eine derart perfide Angst davor, das Aufzeichnungen der Verhandlungen, Namenslisten der Anwesenden, etwaige Beschlüsse oder gar Forderungen an die Öffentlichkeit gelangen könnten? Alleine dadurch erhalten die im geheimen stattfindenden Gespräche bereits einen unsauberen Anstrich. Stimmen mehren sich, dass im Vorfeld zwischen US-Regierung und EU-Kommission angedachte Änderungen nun mit den Lobbyverbänden im Detail verhandelt werden, die eigentlichen Zielmarken aber lange schon feststehen. Seitens der US-Medien wurde diesbezüglich vor wenigen Monaten aufgedeckt, dass die US-Regierung schon geraume Zeit vor Start der Verhandlungen mit US-Industrie- und Lobbyverbänden Gespräche führte, um deren Vorstellungen und Wünsche zu eruieren. Diese wurden dann direkt als Forderungen an die EU-Kommissionen weitergeleitet. Ein solcher Zusammenhang wurde von der US-Regierung natürlich umgehend dementiert. Eine dermaßen schnelle Reaktion auf etwaige Vorwürfe durch US-Medien ist allerdings ungewöhnlich. Bekanntlich sind es jedoch auch kaum Tatsachen, die Bürger nachhaltig beschäftigen, sondern vielmehr die Vermutungen. Von daher hinterlässt alleine der Verdacht von Absprachen bereits einen faden Beigeschmack und gewiss alles andere, als ein Bild des Vertrauens in die Verhandlungspartner. Dieser Eindruck wird zusätzlich dadurch genährt, das ständig kleinere Informationsfetzen über eventuell bereits getroffene Entscheidungen durch das Netz der Geheimverhandlungen schlüpfen und in die Öffentlichkeit geraten. Bei genauerer Analyse dieser Informationen wird deutlich, dass die US-Industrie auf jeden Fall eine Absenkung der europäischen Standards erreichen will, damit sie bislang in der EU nicht zugelassene Waren einführen kann.

Doch nicht nur über Produktionsgüter wird zwischen den Unterhändlern gefeilscht. Ebenso wird durch TTIP der Privatisierung öffentlichen Eigentums Vorschub geleistet.[385] Dazu zählen neben den öffentlichen Verkehrsbetrieben ebenso Hospitäler, Hochschulen, Universitäten, Berufsschulen und Kitas.[386] Dadurch, dass EU-Parlamentarier und nationale Regierungen außen vor gelassen werden, können diese später wegen des TTIP auch kaum mehr verhindern, das sich neue Unternehmensverbände in der EU bilden.

Diese könnten dann bislang in öffentlicher Hand befindliche Institutionen aufkaufen und sie dann z. B. umstrukturieren in eine GmbH, einzelne Sparten ausgliedern oder unrentable Bereiche schließen. Ähnlich erging es vor einigen Jahren bereits deutschen Hospitälern, welche sich bis dato noch in öffentlicher Trägerschaft befanden und dann plötzlich privatisiert wurden. Etliche dieser Betriebe wurden verkleinert, viele Stellen gestrichen und Löhne gekürzt, Bereiche abgewickelt oder an Subunternehmer weitergereicht und ebenso oft wurden in vielen Kliniken kurz nach dem Verkauf die Türen für immer geschlossen. Es hieß damals seitens der Politik, dies sei dem wirtschaftlichen Interesse geschuldet, der Markt auf dem Gesundheitssektor sei übersättigt und müsse sich auf diese Weise selbst regulieren. Es fragt sich, wie EU oder nationale Politiker das gleiche Szenario gegenüber Bürgern rechtfertigen werden, wenn aufgrund des TTIP erste öffentliche Institutionen aufgekauft und dann in bester US-Heuschreckenmanier stückchenweise weiterveräußert oder aufgelöst werden. Von der Privatisierung öffentlichen Eigentums betroffen ist jedoch nicht nur der Gesundheitssektor. Dies beträfe ebenfalls den Tier- und Pflanzenschutz, Investmentgeschäfte, das Immobilienmanagement, Branchen wie die Logistik, Dienstleistungsunternehmen, Seniorenzentren, Regularien und Standards von Banken oder Sportverbänden, Zulassungsverfahren für Medikamente und noch vieles andere mehr.[387] Die Liste ist immens. Organe der Verfassung, wie etwa Landes- oder Bundesregierung, Bundestag oder Parlamentarier erfahren von alledem nichts. Ihnen wird der Zugang zu den als geheim eingestuften Dokumenten schlicht versagt. Somit ist den Verfassungsorganen weder der Inhalt, noch der momentane Stand der TTIP-Verhandlungen bekannt. Das ist schon irgendwie frustrierend.

---

[385] Vgl. wto.org, 21.11.2014

[386] Vgl. Sinclair (2014) S.6 ff

[387] Vgl. deutsche-wirtschafts-nachrichten.de, 25.05.2014

Im Mandat für die TTIP-Verhandlungen, das durch die europäischen Parlamentarier aller achtundzwanzig EU-Mitgliedsstaaten verabschiedet wurde, ist die Rede vom hohen Niveau der Liberalisierung aller Bereiche und Leistungsebenen der öffentlichen Dienstleistungen. Im Klartext heißt das, keine Institution, ob nun Krankenhaus, Müllabfuhr oder Wasserwerk, wäre nach Abschluss der Verhandlungen noch im sicheren Hafen. Alles könnte privatisiert, aus Kostengründen geschlossen oder Preise entsprechend erhöht werden, damit sich eine Investition für etwaige Unternehmen noch lohnt. Laut den EU-Kommissionen ist dies allerdings nur Panikmache. Bei den Verhandlungen würden stets alle Punkte eingehend erörtert.

Ob bzw. welche Leistungen oder Dienste vakant sind oder sein werden, würde sich wenn, dann gewiss durch entsprechende Ausnahmen regeln lassen, weshalb Freihandel auch kein Entzug von Dienstleistungen bedeutet, sondern vielmehr ein größeres Angebot für die Bürger.[388] Hört, hört. Dumm nur, das sich auch Deutschland für das allumfassende Verhandlungsmandat ausgesprochen hat und ebenso wie andere Mitgliedsstaaten dabei versäumte, etwaige Ausnahmen im Vorfeld zu definieren oder stete Klarheit über die Verhandlungen zu verlangen.[389] Da scheint wer geschlafen zu haben. Somit wird über den kommenden Freihandel alles andere als frei verhandelt, Kontrollmechanismen, die demokratischen Ansprüchen genügen könnten, gibt es nicht und jene, welche direkt durch das TTIP betroffen sein werden, haben keine Stimme bei den Verhandlungen. EU-Beratungsgremien dämpfen derweil die Möglichkeiten einer hundertachtzig Grad Wende bei den Verhandlungen.[390] Die Gremien bestehen aus Wirtschaft, Umwelt- und Verbraucherschützern und unterstützen die EU-Kommissionen bei den Verhandlungen. Sie vertreten konträr zu den Verhandlungspartnern die Ansicht, dass die Öffentlichkeit ein Recht darauf hat, über alle Ergebnisse informiert zu werden. Die Gremien selbst glänzen bei den Verhandlungen allerdings ebenfalls mit Abwesenheit, weshalb dem Wunsch auch kaum große Taten folgen dürften.

---

[388] Vgl. Huwart / Verdier (2014) S.39 ff

[389] Vgl. boersenblatt.net, 26.06.2014

[390] Vgl. ec.europa.eu, 21.01.2014

Das TTIP entwickelt sich auf diese Weise immer mehr zum EU-politischen Desaster, weshalb die unlängst stets weniger friedlich verlaufenden Proteste und Demonstrationen gegen das geplante Abkommen gewiss noch weiter zunehmen dürften.[391] Derweil verhandeln EU-Kommissionen und US-Lobbyisten im geheimen und davon völlig unbeeindruckt weiter über die Zukunft der EU.

Bürgerlicher Konsens und faktischer Nutzen des TTIP

Grundsätzlich gilt dies- wie auch jenseits des Atlantiks, dass etablierte, hohe Standards nicht abgesenkt werden sollen. Nachdem in den ersten Verhandlungsrunden alle Punkte aufgenommen und im Verlauf weiterer Treffen Gemeinsamkeiten, strittige Punkte und neue Themenbereiche evaluiert werden konnten, geht es nunmehr darum, Differenzen zu klären und aufzuarbeiten. Dabei geht es vorrangig um Beschlüsse zur Regulierung und der sukzessiven Angleichung bestehender Standards.

Da sowohl USA als auch EU einen gesunden Wettbewerb nebst erfolgreichen Märkten besitzen, sollen lediglich beide Wirtschaftszentren näher zueinander gebracht werden, ohne jedoch Umwelt-, Sicherheits- oder gesundheitsrelevante Statuten und Standards zu ändern. Um die bestehenden Unterschiede ausgleichen zu können, müssen daher Kompromisse eingegangen werden, ohne Absenkungen oder Streichungen etwaiger Prozedere. So zumindest das Credo des US-amerikanischen Präsidenten Obama. Laut Kanzlerin Merkel soll TTIP 2015 spruchreif sein,[392] doch da zwischenzeitlich die Ernennung des neuen EU-Parlaments[393] und die Wahl des US-Kongresses stattfanden, wodurch sich Mehrheiten verschoben und neue EU-Kommissionen gebildet wurden bzw. nun andere Mitglieder die jeweiligen Posten bekleiden, dürfte der Termin gewiss unlängst Makulatur sein.[394] Nach dem Willen der Parlamentarier soll auch keine Frist das Ergebnis der Verhandlungen bestimmen, sondern deren inhaltliche Ausprägung. Viele US-Abgeordnete plädieren mittlerweile dafür, öffentliche Gespräche bezüglich des Handelsabkommens zu forcieren, da vor allem die Bürger verstehen müssen, über was eigentlich verhandelt wird. Gerade diese betreffen die Auswirkungen des Abkommens und die Gesellschaft ist es letztlich, die später zur Wahlurne schreitet und Regierungen abstrakt, mit denen sie nicht

---

[391] Vgl. zeit.de, 25.09.2014

[392] Vgl. deutsche-wirtschafts-nachrichten.de, 09.01.2014

[393] Vgl. washingtonpost.com, 04.11.2014

[394] Vgl. nytimes.com, 06.11.2014

zufrieden war. Deshalb ist der öffentlich geprägte Konsens von enormer Wichtigkeit für die Akzeptanz des TTIP. Die Amerikaner haben das verstanden, in Europa scheint dieses Thema indes kaum von Belang zu sein. Dabei könnte der Bevölkerung das TTIP mit nur wenigen Argumenten durchaus schmackhaft gemacht werden. Beispielsweise hat die USA eine Handelsbilanz von rund einer Billion Dollar und eine Investitionsbilanz von vier, wodurch in beiden Staatengemeinschaften bislang mehr als zehn Millionen Arbeitsplätze fest etabliert werden konnten. Durch das TTIP würde sich beides weiter erhöhen. Ebenso würden mit Hilfe des TTIP weltweite Standards gesetzt werden können, welche dann ebenfalls in Drittstaaten Anwendung finden würden. Dazu zählen z. B. Umweltstandards, was vor allem in Asien dringend notwendig sein dürfte, man denke nur an den ständigen Smog-Alarm in chinesischen Großstädten. Auch gehören Arbeitnehmerstandards dazu, wodurch Arbeitskräfte in Billiglohnländern nicht mehr für Hungerlöhne beschäftigt würden oder der Schutz des geistigen Eigentums, der z. B. durch viele im benachbarten Ausland angesiedelte Foren täglich per Stream oder Download von unzähligen Usern unterwandert wird.

Auf diese Weise werden Rechte geschützt, Arbeitsplätze erhalten, geschaffen oder sicherer gemacht sowie die Innovationsbereitschaft und der Wettbewerb forciert.[395] Und das sogar auf globaler Ebene. Ziel der Verhandlungen sollte daher nicht in erster Linie ein Stillschweigen über die Inhalte sein, sondern die Aufklärung über den Nutzen des TTIP und zwar für die USA, die EU und alle anderen Staaten der Welt. Die Verhandlungspartner verharren allerdings auf der Position, alles wie gehabt im geheimen Hinterzimmer und unter Ausschluss der Öffentlichkeit besprechen zu wollen, was TTIP Kritiker jedoch schon einem US-Lobby contra Mundum gleichsetzen würden.

Freihandelsabkommen contra Protektionismus

Freihandelsabkommen sind in wirtschaftlich schwierigen Zeiten besonders wichtig. Viele Länder entscheiden sich dann fast reflexartig für den Protektionismus.[396] [397] Ein wesentlicher Grund, weshalb es bereits 2013 eine große Zunahme globaler Handelsbeschränkungen gab.[398] Die EU schloss

---

[395] Vgl. bundesregierung.de, 26.11.2014

[396] Vgl. handelsblatt.com, 26.11.2014

[397] Vgl. wallstreet-online.de, 15.05.2014

[398] Vgl. zeit.de, 30.06.2014

diesbezüglich bis Ende 2013 mit über fünfzig Ländern in Süd- und Zentralamerika, Afrika und Asien Freihandelsabkommen ab. Seit 2008 gibt es noch weitere Gesprächspartner, mit denen Handelsabkommen abgeschlossen werden könnten. Dazu zählt neben Russland und China auch Indien.[399] Ein Beispiel dafür, weshalb gerade Indien ein attraktiver Partner wäre, ist der französische IT-Dienstleistungsbereich, welcher nach Großbritannien und Deutschland der drittgrößte in Europa ist. In der französischen Hauptstadt sind daher bereits viele global agierende Unternehmen angesiedelt, welche sich im Laufe der Jahre unlängst einen Namen in der IT-Branche gemacht haben. Eines der größten Unternehmen stammt aus Indien. Dazu muss man wissen, das indische Unternehmen in den letzten zehn Jahren mehr als vierzig Milliarden Euro in Europa investierten. Fast zwei Drittel davon entfielen auf Übernahmen und Fusionen, der Rest wurde in neue Anwendungsgebiete und IT-Bereiche investiert, hier vor allem in IT-Dienstleistungen für Geschäftskunden. Dabei werden durch Fusionen oder Übernahmen nicht nur Jobs erhalten, sondern sogar neue geschaffen. Viele indische Unternehmen verzeichneten durch diese Strategie weit über fünfzig Prozent an Personal- und Umsatzzuwächsen. Die Beziehung zwischen indischen und EU-Unternehmen entwickelt sich derzeit sehr gut. Das Freihandelsabkommen würde dem gewiss noch einen weiteren Schub geben. Wirtschaftsexperten rechnen sogar damit, dass sich der Handel zwischen Indien und der EU innerhalb der nächsten zwei Jahre nach Einführung des TTIP fast schon verdoppeln könnte. Von fast achtzig auf über hundertfünfzig Milliarden Euro. Die EU verhandelt mit Indien allerdings bereits schon seit sieben Jahren über ein Freihandelsabkommen.[400] Strittig sind nach wie vor die Punkte Landwirtschaft, Generika und Arbeitsstandards. Doch Freihandelsabkommen sind stets sehr langwierig, komplex und kompliziert in der Ausarbeitung. Bei mehr als neunzig Prozent werden schnell Annäherungspunkte gefunden, Entscheidungen gefällt, Zugeständnisse gemacht oder Regeln übernommen. Auf den Rest wird jedoch stets sehr viel mehr Zeit verwendet, weil einzelne Sachverhalte geprüft, analysiert und neuverhandelt werden müssen. Dadurch wird Zeit verschenkt und unnötig an Regelungen oder Statuten festgehalten, die eigentlich kaum umsetz- oder übertragbar sind.[401] Letztlich erwarten nicht nur europäische, sondern ebenso indische Unternehmen Vorteile und höhere

---

[399] Vgl. Haas (2006) S.340 ff

[400] Vgl. handelsblatt.com, 11.04.2013

[401] Vgl. zeit.de, 01.08.2014

Einnahmen durch das Freihandelsabkommen. Viele indische Unternehmen sind sich nichtsdestotrotz einig, dass eine Investition in Europa eine sichere Sache ist. Das in den letzten Jahren entwickelte indische Geschäftsmodell entspricht und passt zudem ausgezeichnet zum Nachhaltigkeitsmodell der Europäer. Es ist daher entscheidend für alle ökonomisch aufstrebenden Länder dieser Welt, eine gesunde Balance zwischen Wirtschaftsleistung und eigenen Ansprüchen zu finden. Dabei haben vor allem große, weitreichende, regional und global ausgerichtete Abkommen den Schlüssel zur Zukunft in der Hand. Geschäftsleute sehen in Ländern, die Teil dieser Abkommen sind, stets positive, wirtschaftliche Entwicklungspotenziale. Das Problem ist lediglich, das jene Abkommen viele andere Länder rigoros ausgrenzen. Diese können daher auch kaum von Abkommen der Freihandelsländer profitieren. Es bedarf daher mehr Bewegung auf multilateraler Ebene, um dem entgegenzuwirken, damit arme Länder ebenso wie wirtschaftlich oder industriell weiter entwickelte davon profitieren können. Geschieht dies nicht, wird ein wirtschaftliches Ungleichgewicht innerhalb der Weltwirtschaft geschaffen, was wiederum ein hohes Konfliktpotential nach sich ziehen könnte. Viele Europäer glauben dennoch, dass globaler Handel eher Jobs in der EU zerstört, weil diese dadurch einfach in ärmere Länder verlagert werden könnten, wo die Löhne niedriger und soziale Standards geringer sind. Eine diesbezügliche These lässt sich aber weder wissenschaftlich, noch wirtschaftlich nachweisen. Auch gibt es stets Politiker, die behaupten, jeder Handel schaffe Arbeitsplätze.

Der Trend der letzten Jahre weist jedoch ins genaue Gegenteil, vor allem deshalb, weil er stark in Richtung Protektionismus tendierte.[402] Beispielsweise wird in Deutschland sehr viel exportiert, z. B. Automobile nach China. Das schafft deutsche Arbeitsplätze in der Logistik, dem Handel und der Produktion. Würde Deutschland allerdings Handelsbeschränkungen gegenüber chinesischen Produkten beschließen, wäre die simple Reaktion Chinas, weniger deutsche Autos zu importieren. Dadurch wird synchron die Schaffung weiterer Arbeitsplätzen verhindert, die Exporte brechen ein und Jobs würden abgebaut werden. Von daher wäre ein entsprechendes Abkommen gegen China kaum ein Job-Motor, ganz im Gegenteil, es würgt ihn ab. Im weltweiten Handel wird im Jahr 2014 mit einem Anstieg von über vier Prozent gerechnet, doch der Protektionismus nimmt trotzdem stetig zu. Wenn die jeweils beteiligten Staaten es allerdings richtig anpacken, können Freihandelsabkommen und ein dadurch forcierter, globaler

---

[402] Vgl. Haas (2006) S.67 f

Welthandel für neue Jobs, mehr Wohlstand und zu geringeren Kosten der Wirtschaftskonzerne führen. In Deutschland lehnen derweil fast alle Politiker das TTIP in seiner derzeitigen Form ab, da es intransparent ist, kaum einem demokratisch, rechtlichen Rahmen entspricht und außerdem sämtliche europäische Standards und Regularien untergräbt. Die EU-Kommissionen sind also gefragt bzw. deren Verhandlungsführer, um endlich Klarheit über die Inhalte der Verhandlungen zu verschaffen und das TTIP für jeden verständlich zu erklären. De Gucht äußerte sich bislang jedoch nicht dazu und verwies lediglich auf sein Mandat vom EU-Parlament.[403]

Kunterbunte TTIP-Studien und die graue Wirklichkeit

EU-Handelskommissar Karel de Gucht sagte vor einiger Zeit, das TTIP schaffe ein größeres Wachstum, mehr Einkommen für europäische Bürger und hunderttausende neuer Jobs.[404] Politiker preisen das Abkommen sogar mit Begriffen wie gigantischer Handelsboom und Jobwunder für die EU, allen voran Kanzlerin Merkel. Experten meinen hingegen, dass die Politik vielmehr demokratische Grundrechte der Bürger zum Nutzen multinationaler Konzerne opfert. Dazu zählen, wie bereits beschrieben, EU-Verbraucherschutzstandards, Finanzstabilisierungs- und Umweltschutzgesetze. US-Unternehmen wollen zudem Produkte auf den europäischen Markt bringen, deren Einfuhr bis dato strikt untersagt ist, weil sie verbotene Inhaltsstoffe besitzen und somit für Verbraucher im höchsten Maße gesundheitsschädigend sind.

Mitglieder der EU-Kommissionen meinen dazu jedoch nur, dass solche Ängste völlig unbegründet seien und dass man das TTIP halt nur besser verkaufen müsse. Das wäre allerdings entweder vollkommen naiv oder einfach nur verantwortungslos. Tatsächlich wirft das Freihandelsabkommen schon jetzt seine langen, dunklen Schatten voraus. Vom US-Lebensmittelhandel wird z. B. seit längerem Druck auf EU-Kommissionsmitglieder ausgeübt, auf das diese beispielsweise das Klonen positiveren.

Unzählige US-Agrarkonzerne und hochrangige US-Wirtschaftsbosse bestehen auf einen solchen Passus und drohen, dass die USA alle weiteren Verhandlungen abbricht und das TTIP auf Eis legt, wenn dem nicht in Bälde entsprochen werden würde. Das Billionenschwere Abkommen wird dabei trotz aller Proteste nach wie vor im geheimen verhandelt. Dabei betrifft es bekanntlich nicht nur das

---

[403] Vgl. zeit.de, 09.10.2014

[404] Vgl. euractiv.de, 09.09.2014

Lebensmittelrecht, sondern ebenso die sozialen Standards, die Finanzmärkte oder auch das EU-Arbeitsrecht. Bislang geheim gehaltene, interne Strategiepapiere belegen, dass zudem keineswegs über etwaige Sorgen der Verbraucher geredet werden soll, sondern nur über das Ziel, Wachstum und Arbeitsplätze zu schaffen. Um letzteres auf positive Weise zu belegen, gibt es diesseits und jenseits des Atlantiks unzählige Studien. In Deutschland beispielsweise eine vom Institut für Wirtschaftsforschung e. V., welches für die Bertelsmann-Stiftung und das Bundeswirtschaftsministerium eine Studie erstellte. Das Institut geht dabei von der Tatsache aus, das alleine in Deutschland bis zu hundertsechzigtausend Arbeitsplätze entstehen würden. Viele Experten bezweifeln allerdings derartige Prognosen, weil die vom Institut durchgeführten Studien schon bereits deshalb mehr als fragwürdig sind, da bei den zugrunde gelegten Annahmen fast ausschließlich reine Meinungsäußerungen ausschlaggebend waren. Erfahrene Experten sagen daher, mit Studien alleine bekommt man kaum das Misstrauen der Bürger in den Griff. Nichtsdestotrotz werden die Zahlen der Studie gerne von Politikern dazu benutzt, das TTIP als Allheilmittel für Wirtschaftswachstum und Jobs in der Eurozone zu propagieren.[405] Was also steckt wirklich hinter den Zahlen? Wie kommen die Wissenschaftler des Instituts auf eben diese? In der Studie, die vom Bundesministerium für Wirtschaft und Technologie im Februar 2013 mit der Überschrift - Dimensionen und Auswirkungen eines Freihandelsabkommens zwischen der EU und den USA - in Auftrag gegeben wurde,[406] wird festgestellt, das durch das TTIP einerseits der Handel mit den USA um fantastische achtzig Prozent zunimmt und es andererseits keine Wechselkursschwankungen mehr geben würde.

Synchron dazu wurden Szenarien für den Binnenmarkt skizziert, nach welchen fast schon der Eindruck entsteht, dass die USA alle europäischen Gesetze übernehmen würden. Das erscheint gewiss nicht nur für Experten fast schon Irrsinn mit System zu sein. Auf Nachfrage mussten die Ersteller der IFO-Studien vor kurzem eingestehen, dass die Effekte des TTIP bei weitem nicht so groß sein würden.[407] Vielmehr würden z. B. die Beschäftigungseffekte kaum negativ sein, da diese in allen Szenarien stets positiv waren und selbst im optimistischsten nur äußerst marginal ausfallen würden. Sie korrigierten diesen Wert auf nunmehr null Komma vier Prozent Mehrbeschäftigung. Nach Meinung des Instituts sei

---

[405] Vgl. milchwirtschaft.de, 05.09.2014

[406] Vgl. bmwi.de, 18.11.2014

[407] Vgl. zeit.de, 12.11.2014

außerdem die Politik Schuld, welche die Zahlen als Jobwunder verkaufen würde. Die Informationen, welche seitens EU Kommission und Politik an die Medien und Bürger weitergeleitet werden, seien demnach nicht den Tatsachen entsprechend ausbalanciert worden.
Die IFO-Studien gehen bei ihren Berechnungen allerdings ausschließlich von eigenen Statistiken aus, welche jedoch bereits 2012 bezüglich der Leistungsziele der europäischen Im- und Exportwirtschaft angefertigt wurden. Damalige Werte wurden scheinbar nicht weiter hinterfragt und einfach auf die heutige Zeit hochgerechnet, wie im Juli 2014 unlängst seitens CEO bemängelt wurde. Laut der Studie exportieren die USA derzeit Waren und Dienstleistungen im Wert von dreihundertfünfundfünfzig Milliarden Euro per Anno nach Europa, welche nach IFO-Berechnungen durch das TTIP um acht Prozent ansteigen würden. Gleichzeitig exportiert Europa seinerseits jährlich Waren und Dienstleistungen im Wert von vierhundertfünfundfünfzig Milliarden Euro in die USA, wobei ein Zuwachs von sechs Prozent erwartet wird. Klingt alles sehr verlockend. Stellt sich nur die Frage, ob sich der ganze Aufwand zur Schaffung des TTIP noch rechnet, wenn diesbezüglich generierte Ersparnisse eventuell durch die dann tagenden Schiedsgerichte wieder aufgezehrt würden oder ob ferner, wie vom IFO-Institut berechnet, eine vierköpfige Familie nach der Einführung des TTIP wirklich fünfhundertfünfundvierzig Euro mehr pro Jahr zur Verfügung haben wird.[408]
Beides erscheint mehr und mehr illusorisch, im Besonderen, weil nur das exportierende Gewerbe Vorteile vom TTIP hätte und somit auch nur dort Arbeitsplätze entstehen könnten, keineswegs jedoch bei lediglich inländisch tätigen KMU. Diese sind aber nach wie vor die größten Arbeitgeber Deutschlands. In den USA verhält sich das genau gegenteilig, weshalb die US-Lobby auch so sehr aufs Tempo drückt.
Die EU-Kommissionen allerdings verteidigten in den letzten Monaten nicht nur die gigantische Anzahl neuer Jobs, sondern ebenso das durch das TTIP prognostizierte Wirtschaftswachstum in Höhe von 120 Milliarden Euro – und das alleine in der EU. Tatsächlich wird in der Studie aber lediglich von einem Wirtschaftswachstum von null Komma fünf Prozent ausgegangen. Dies soll auch nicht, wie gemeinhin propagiert, bereits schon kurz nach Abschluss der Verhandlungen eintreten, sondern erst im Laufe der nächsten zehn Jahre. EU-Handelskommissar de Gucht sagte dazu, dass man sich bei der Diskussion über das TTIP nicht nur auf die Prozentzahlen einer Studien verlassen sollte, allerdings

---

[408] Vgl. trade.ec.europa.eu, 14.06.2013

beruft sich gerade dieser meist auf jene, wenn er nach den Vorteilen des TTIP gefragt wird. Ein guter Verkäufer weiß halt, was er weglassen sollte, um erfolgreich ein Geschäft zum Abschluss zu bringen. Unter großem Wirtschaftswachstum versteht gewiss auch der einfache EU-Bürger weit mehr, als klägliche null Komma null fünf Prozent per Anno. Der EU-Handelskommissar gab ferner zu Bedenken, das durch ein Freihandelsabkommen ebenso diverse Handelshemmnisse in vielen Handelsbereichen abgeschafft würden.[409] Diese Aussage rief natürlich sämtliche EU-Kommissionsmitglieder auf den Plan. Sie ließen im Dezember 2013 ein internes Memo verfassen, nach dem alle neuen gesetzlichen Regeln und Bestimmungen dahingehend überprüft werden sollten, ob durch diese tatsächlich mehr Handel erzeugt würde. Dies sollte explizit von einem Rat für Regulierungen geprüft werden. Im Rat würden dann ebenfalls Lobbyisten mitwirken und alle Prüfungen begleiten. Dadurch könnten die Lobbyisten selbstverständlich Regulierungen abändern, bevor Gesetzgeber oder EU-Parlament beteiligt würden bzw. diese jene Regulierungen überhaupt in Augenschein hätten nehmen können.[410]

Das wäre in etwa so, als würde der Lehrling sein Gesellenzeugnis selber schreiben und dann nur zur Unterschrift dem Meister vorlegen, ohne das der beurteilen kann, ob der Azubi wirklich etwas kann oder nicht. Somit könnten auch gleich das europäische und alle nationalen Parlamente aufgelöst werden und Industrie- und Wirtschaftsbosse, EU-Handelskommissar, Lobby und US-Konzerne alles weitere unter sich ausmachen. Das spart Zeit und Geld, zugegeben, doch der Verbraucher wäre dabei stets der Dumme und wird den Schaden haben.

Die EU-Kommission ruderte darum auch eiligst zurück, als die Pläne öffentlich wurden und gab per Pressemitteilung bekannt, dass der Regulierungsrat lediglich ein Vorschlag gewesen sei.[411] Was all diese komplexen und meist widersprüchlichen Verflechtungen bei den Verhandlungen bewirken könnten, ist nicht bekannt. Diese sind schließlich geheim. Schon 2015 soll das Freihandelsabkommen unterschrieben werden. Bis dahin wird gewiss noch oft genug in den Medien darüber berichtet werden, das Jobs und Wachstum in gigantischem Maße ansteigen werden, sobald die Unterschriften trocken sind. Das sich mit einem Freihandelsabkommen nicht zwangsläufig alles zum besseren wandelt, ist unstrittig. Die Geschichte ist voll von negativen Beispielen. Das TTIP

---

[409] Vgl. sueddeutsche.de, 05.08.2014

[410] Vgl. nytimes.com, 09.10.2013

[411] Vgl. zeit.de, 05.06.2014

ist in diesem Sinne auch nicht die erste Freihandelszone, die seitens der USA unterstützt und vorangetrieben wurde. Zu Zeiten, als z. B. Mexiko mit den USA über ein derartiges Abkommen debattierte, sagten Experten dem Land die gleichen Dinge voraus, wie heute der EU. Rosa Wolken überall. Nach Einführung des Abkommens ging das mexikanische Wachstum jedoch immens zurück, Jobs wurden stetig weniger und die Arbeitslosenquote stieg.[412] In dem größtenteils auf Agrarwirtschaft ausgerichteten Land verloren viele Landwirte durch das Abkommen ihre Existenzgrundlage, da sie gegen die weitaus günstigeren Importe aus den USA absolut chancenlos waren. Der seitens USA versprochene Wohlstand für die mexikanische Bevölkerung lässt daher bis heute auf sich warten.

Das gerade Politiker und global agierende Wirtschaftskonzerne scheinbar trotzdem nicht müde werden, das TTIP stets als etwas durchweg Positives zu bekunden, hat aber noch weitere Gründe. Es verhilft Unternehmen dazu, für Neuentwicklungen neben den üblichen Tests und wissenschaftlich fundierten Daten, welche ohnehin überwiegend durch firmeneigenes Personal erstellt und zertifiziert werden, auch gleich alle dafür notwendigen Regeln und Standards mitzuliefern. Das ist quasi so, als würde ein Schlachter eine neue Wurst auf den Markt bringen wollen, die Inhaltsstoffe selbst als gut bewerten und gleich ein Unbedenklichkeitsgutachten für das Gesundheitsamt mitliefern. Eigentlich eine feine Idee, zumindest für den Schlachter. Ob der Genuss der Wurst gesundheitsschädlich ist oder nicht, kann der Verbraucher dann nur selbst feststellen. Faszinierend.

Es erstaunt daher kaum, das Unternehmen nur noch die niedrigsten Standardwerte bzw. allenfalls umgängliche Gesetze im TTIP sehen wollen, damit ihre auf innovativstem Niveau produzierten Güter akzeptiert und in der EU möglichst gewinnbringend verhökert werden können. Dass dabei Interessenskonflikte mit Bürgern, Verbraucherschützern oder Politikern vorprogrammiert sind, kann man sich denken. Ein Grund, weshalb gerade diese bei den Verhandlungen ausgeschlossen werden. Zu viele Köche verderben bekanntlich den Brei. Das dürfte sicher kaum im Interesse von Lobbyisten oder EU-Kommissionsmitgliedern sein. Es war daher auch nur eine Frage der Zeit, bis sich Widerstände gegen das TTIP auch in Deutschland formieren. Von den Protestlern glaubt ohnehin keiner, dass wie vom IFO-Institut berechnet, eine vierköpfige Familie durch das Abkommen wirklich mehrere hundert Euro mehr pro Jahr zur

---

[412] Vgl. nafta-sec-alena.org, 08.11.2014

Verfügung haben würde. Dies entspricht laut einer Expertise der deutschen Wirtschaftsweisen auch eher einem Produkt der Phantasie, denn der Realität.[413] Nach deren Berechnungen würde z. B. frühestens 2027 mit einem wirtschaftlichen Wachstum von gerade einmal null Komma fünf Prozent gerechnet werden können und das auch nur, wenn wirklich alle anderen, von Wirtschaft, Politik, Umweltschutz, Verbraucherschutz, Gewerkschaften und Forschern angedachten Szenarien wie berechnet einträfen. Da allerdings noch nicht einmal exakt berechnet werden kann, wann eine Henne ihr Ei legt, ist auch diese Annahme nur als reine Spekulation zu bewerten.[414]
Ist das TTIP erst einmal unter Dach und Fach, wäre es außerdem für alle Vertragspartner bindend, d. h. es wäre in der zeitlichen Geltung unbeschränkt und faktisch nicht mehr zu ändern. Sollte es nach Inkrafttreten des Vertrags dennoch Änderungswünsche geben, müssten alle Staaten, die das TTIP unterzeichnet haben, ihre Einwilligung zur Änderung der jeweiligen Klausel geben. Wie schwer eine einheitliche Linie bei derlei Entscheidungen sein kann, sieht der Bürger täglich in Brüssel. Es ist sicher schier unmöglich, wirklich alle achtundzwanzig Mitgliedsstaaten der EU unter einen Hut zu bekommen, daher besteht faktisch auch kaum die Möglichkeit, einer nachträglichen Änderung.
Damit das TTIP jedoch überhaupt erst in Kraft tritt, muss neben den Amerikanern ebenso jeder einzelne EU-Mitgliedsstaat zustimmen. Diese Zustimmung erfolgt im EU-Parlament durch die jeweiligen Abgeordneten der Länder. Bei den Amerikanern läuft das etwas anders. Hier benötigt US-Präsident Obama eine vom Kongress erteilte Vollmacht in Form eines Direktmandats, um überhaupt bezüglich des TTIP verhandeln zu können. Dieses Mandat ist notwendig, da die US-Regierung sonst keine Legitimation zur Unterschrift hätte. Da Obama jedoch Demokrat ist und nach der Kongresswahl Republikaner die Mehrheit errangen, dürfte es für Obama nun ungleich schwerer geworden sein, das Mandat zu erhalten. Somit bleibt es abzuwarten, wie der neugewählte Kongress die TTIP-Pläne aktuell beurteilt bzw. ob Obama jenes Mandat von seinen politischen Kontrahenten zugesprochen wird oder nicht. Da die USA derzeit ebenfalls mit elf pazifischen Staaten über eine dort einzurichtende Freihandelszone verhandeln,[415] bei denen es ähnliche Annäherungs- und ebenso dementsprechende Kritikpunkte wie beim TTIP mit der EU gibt, dürften beide Abkommen gewiss kaum mehr in

---

[413] Vgl. hna.de, 28.10.2014

[414] Vgl. manager-magazin.de, 23.09.2014

[415] Vgl. dw.de, 08.11.2014

der Amtszeit des derzeitigen Präsidenten unterschriftsreif werden. Das macht den Verhandlungsspielraum mit der EU naturgemäß auch kaum einfacher, da vor allem für US-Wirtschaftsunternehmen die Zeit bis zur Ratifizierung entscheidend sein dürfte.

Wird das TTIP jedoch unterschrieben und verstößt dann ein unterzeichnender Staat gegen Statuten bzw. Klauseln des Vertrags, würde er Gefahr laufen, eine astronomische Summe an fremdländische Unternehmen zahlen zu müssen, sobald Schiedsgerichte einer diesbezüglich eingereichten Klage zustimmen würden. US-Lebensmittel- oder US-Agrarkonzerne könnten dann mit Hilfe des TTIP regionale Verordnungen oder Verpflichtungen zur Kennzeichnung umgehen, wodurch verwendete chemische Zusätze, gen- oder biotechnisch manipulierte Lebensmittel und biochemisch-physiologische Wirkstoffe per Export auf die EU-Märkte gelangen. Somit wären die Bestimmungen des TTIP den Konzerninteressen eigentlich fast schon unter- und den Interessen teilnehmender Staaten übergeordnet. Ein wahrlich seltsamer und ebenso beunruhigender Gedanke. Von sofern ist es natürlich kaum überraschend, dass die Meinungen von EU- und US-Bürgern bezüglich des TTIP unlängst zwischen freudiger Erwartung und vorsichtiger Zurückhaltung schwanken, ja nachdem, welcher Kontinent befragt wird.

Schlussbetrachtungen und Fazit

Das TTIP soll bis Ende 2014 festgezurrt werden und spätestens Ende 2015 Inkrafttreten. Warum die Eile, werden sich viele Fragen. Ganz einfach: 2017 sind Präsidentschaftswahlen in den USA und nachdem US-Präsident Obama viele seiner Ziele schlicht verfehlt hat, soll eben noch ein großer Wurf für die Geschichtsbücher her. Wenn schon nicht die Gesundheitsreform oder der ausgeglichene Haushalt, dann doch wenigstens das transatlantische Freihandelsabkommen mit der EU.[416] Doch wem bringt dieses Abkommen wirklich etwas? Sicher ist, dass Aktionäre mit Hilfe des TTIP auf eine höhere Dividendenausschüttung seitens der Unternehmen setzen können, deren Angestellte und Arbeiter jedoch nur auf eine relativ geringe Lohnerhöhung. Jobs werden gewiss eher mehr als bislang wegrationalisiert oder ausgelagert, während der Verbraucher kaum geringere Preise oder verbesserte Standards zu erwarten hat. Dieser wird wohl eher mehr denn je übervorteilt, während große Konzerne Länder unter Androhung einer Klage dazu zwingen, Gesetze unternehmenskonform anzupassen oder gleich ganz abzuschaffen. Der Staat wird durch das TTIP erpressbar, wie Wirtschaftsexperten und Verbraucherschützer befürchten. Beide empfinden die bisherigen Verhandlungen über Regularien und Standards als undemokratisch, im Besonderen, weil unter dem Strich mit Hilfe des TTIP in geltende Rechte der bürgerlichen Meinungs- und politischen Entscheidungsfreiheit der Länder eingegriffen wird. Deutsche Politiker fordern zu Recht die Herausnahme des Investitionsschutzes, da dies weder auf demokratischen Grundlagen noch auf dem Interesse der Steuerzahler basiert. Weil durch das TTIP Parlamentsentscheidungen, Gesetze sowie der Verbraucher- und Umweltschutz ausgehebelt werden, kann und darf das Abkommen nach Meinung der Bürger nicht in seiner derzeitigen Form unterzeichnet werden. Diese Meinung vertreten unlängst nicht nur die Gegner des TTIP, sondern auch Befürworter, allen voran jene aus Deutschland. Gesetzliche Regelungen, Mitspracherechte und individuelle Sonderregelungen die bereits bestehen, dürften laut diesen keinesfalls durch das Abkommen ad absurdum geführt werden. Die Meinungsverschiedenheiten nehmen zeitgleich stetig zu, ebenso wie die Proteste der Bürger, welche sich zu fragen beginnen, wozu sie eigentlich ein europäisches Parlament gewählt haben, wenn dieses nichts zum Abkommen sagen kann, darf oder will.[417]

---

[416] Vgl. spiegel.de, 19.11.2014

[417] Vgl. faz.net, 20.07.2014

Dass die USA technische Änderungen aus Europa oder auch umgekehrt übernehmen könnten, steht außer Frage. Ob allerdings der Verbraucher- sowie der Umweltschutz und allen voran die Gewerkschaften einfach ihrer Rechte beraubt und außerdem US-Lebensmittelproduzenten alsbald machen dürfen was sie wollen, sollte vielleicht doch noch einmal grundlegend überdacht werden. Der Verbraucher wird sich in den nächsten Jahren sukzessiv darüber informieren, wie Nahrungsmittel produziert, zur weiteren Verwendung hergerichtet und per Im- oder Export weitergereicht werden. In der EU erhöht sich der Anteil von Vegetariern oder Veganern schon aufgrund der Aufklärung durch Organisationen wie Foodwatch oder FAO, wodurch der Anteil etwaiger Lebensmittel in den Supermärkten ebenso stetig ansteigt. Doch auch wenn die EU dabei eine Vorreiterrolle einnimmt, der globale Fleischkonsum nimmt trotzdem weiter zu. Derzeit beträgt er etwa dreihundert Millionen Tonnen per Anno, 2050 werden es bereits fünfhundert Millionen Tonnen sein. Die Produktion soll dabei ständig mehr Profit abwerfen, weshalb toxische, chemische, genetische oder hormonelle Zusätze mehr und mehr Alltag werden dürften, um die Zielvorgaben des Unternehmens erfüllen zu können. In Deutschland sind viele dieser Maßnahmen bislang verboten, was sich allerdings schnell durch das TTIP ändern könnte. Mit diversen Zusätzen lässt sich besser und schneller züchten, höhere Erträge erwirtschaften und Märkte bestmöglich bedienen. Ein Credo der US-Agrarindustrie. Dazu ein paar Zahlen.

In Deutschland werden jährlich mehr als siebenhundert Millionen Tiere geschlachtet, beim größten US-Agrarkonzern sind es zweiundvierzig Millionen pro Woche. Das klingt gewiss nach mehr, als lediglich überdimensioniert. Technisch bzw. natürlich wäre das kaum zu schaffen, doch neue Futter- und Zuchtzusätze ermöglichen rasches und vor allem großes Wachstum. Ob das noch etwas mit den europäischen Standards zur Viehhaltung gemein hat, sei einmal dahingestellt. Alle diesbezüglichen Regeln sollen durch das TTIP aufgeweicht werden, wodurch der Anteil der weltweit durchgeführten Schlachtungen weiter anwachsen würde. Dieser beläuft sich derzeit auf achtundfünfzig Milliarden Hühner, eins Komma drei Milliarden Schweine und dreihundert Millionen Rinder pro Jahr - und das sind nur die offiziellen Zahlen. Mehr Schlachtungen bedeuten auch mehr Tiere und das wiederum mehr Futter. Gemästet wird derzeit mit rund einer viertel Milliarde Tonnen Gras, Raps und Soja pro Jahr, 2050 werden es eine halbe Milliarde Tonnen sein. Der Anbau des Futters fordert seinen Tribut und entspricht bereits heute etwas mehr als siebzig Prozent aller weltweit genutzten Ackerbauflächen.

Das dadurch der Preis für die Lebensmittel ansteigt, mehr chemische oder genetisch veränderte Substanzen in den Nahrungskreislauf und ebenso in die Umwelt gelangen, lässt sich lediglich dadurch stoppen oder zumindest verlangsamen, das politische Entscheider es verhindern und mit einem Veto dagegenhalten. Das setzt natürlich ein Widerspruchsrecht voraus, was jedoch durch die derzeitig diskutierten Statuten des TTIP ausgehöhlt werden würde. Ebenso ist die Souveränität nationaler Parlamente bzw. deren individuelle Entscheidungsfindung zu akzeptieren. Alles andere wäre fast schon ein Schritt in Richtung Diktatur, der durch das TTIP sogar noch forciert würde. Im Sinne des Investitionsschutzes zu klagen sollte synchron lediglich im Mutterland des jeweiligen Konzerns möglich sein, vor regelkonformen Gerichten und die Klage muss öffentlich verhandelt werden. Letztlich dürfte es nämlich kaum im Sinne des Erfinders sein, wenn der spanische Steuerzahler einem baltischen Unternehmen, welches den spanischen Staat in den USA verklagt, Unsummen zahlen muss, weil es in Spanien weniger Gewinne generieren konnte, als erhofft. Diese Passage des TTIP gehört eindeutig gestrichen. Ein Freihandelsabkommen ist stets dazu bestimmt, die Wirtschaft voranzubringen und den Wohlstand zu erhöhen und nicht um die Lebensqualität, Leistungsfähigkeit oder Selbstbestimmung des einzelnen Bürgers oder Staates zu untergraben. Sonst wäre die EU bald wieder im finsteren Mittelalter mit Herrscher und Knechtschaft angelangt. Die Vertragsparteien hatten sich zum Ziel gesetzt, das Abkommen bis zum Ende der Amtszeit der alten EU-Kommission in seinen Grundzügen festzulegen. Verständlich, wie manche EU-Parlamentarier meinen, denn schließlich müssen nun, da die neuen Kommissare und Kommissionsmitglieder bestimmt und gewählt worden sind, Lobbyverbände und US-Industrie alles wieder auf Anfang stellen und erneut Druck auf die nunmehr Zuständigen aufbauen. Das nach der Schlappe der Demokraten im US-Kongress natürlich nicht unbedingt alles leichter werden wird, ist ebenso logisch. Die EU-Freihandels-Verhandlungen mit Südkorea dauerten nur vier Jahre, wobei die Koreaner sich ihrer Verhandlungsposition auch sehr wohl bewusst waren. Darum gab es dabei auch nur wenig strittige Punkte. Mit den US-Lobbyisten verhält sich das Verhandeln jedoch genau umgekehrt. Diese wollen durch Druck und der Androhung eines Scheiterns der Gespräche erreichen, das die eigenen Zielsetzungen zum Standard werden, nicht aber jene der EU. Das die USA einst die stärkste, globale Wirtschaftsmacht war, ist unbestritten, Tatsache ist allerdings ebenso, das sie es schon lange nicht mehr ist. Da noch laufend zu fordern und zu drohen erscheint vielen Experten fast schon wie Poker. Allerdings hat die EU dabei vier Asse und die USA lediglich ein Pärchen.

Ein guter Bluff, sicher, doch wenn die Karten aufgedeckt werden müssen bzw. wenn sich nicht bald über die strittigen Punkte geeinigt wird, dürfte der Imageschaden vor allem für die USA sehr gewaltig sein. Da zudem alle achtundzwanzig EU-Staaten dem Abkommen zustimmen müssen, ist ohnehin fraglich, ob es je zu einem gemeinsamen Ja für die Verträge reichen wird. Jeder EU-Staat hat bekanntlich stets eigene Vorstellungen zu jeder auch nur erdenklichen Thematik. Es klang aber auch zu schön, als zu Beginn der Freihandelsabkommen-Verhandlungen hunderttausende neue Jobs, ein gigantisches Wirtschaftswachstum und mehr Lohn für alle propagiert wurden.[418] Das die Öffentlichkeit, Politiker und NGOs bei den im geheimen stattfindenden Gesprächen jedoch keine Stimme haben bzw. Gehör finden, schürte eher schon den Verdacht, das es nicht um eine neue Weltwirtschaftsordnung geht, sondern eher schon darum, wer in Zukunft die Fäden der Macht in den Händen halten würde. Die vom Volk gewählten Parlamente oder Lobbyverbände und weltweit agierende Unternehmen. Von sofern kann es keine Kompromisse bei Regelungen und Vorschriften geben, wenn über jene erst gar nicht verhandelt wird, sondern US-Unternehmensvertreter den EU-Bürokraten selbige lediglich diktieren wollen. Beispielsweise fordert die US-Regierung seit neuestem, das Unternehmen bereits sehr früh schon in Gesetzgebungsprozesse bzw. diesbezügliche Debatten eingebunden werden sollten, welche z. B. HGB oder IFRS-Vorschriften betreffen. Weshalb aber ausgerechnet den Unternehmen bei neuen Gesetzentwürfen Mitspracherechte eingeräumt werden sollten, wurde auf Nachfragen der internationalen Pressedienste leider nicht beantwortet. Das ist ebenso bei vielen anderen strittigen Punkten zum Thema TTIP der Fall. Es fragt sich deshalb, warum der Entstehungsprozess der jeweiligen Kapitel des TTIP bzw. deren Inhalt nicht besser auf demokratischem Wege eruiert wird bzw. bearbeitet werden sollte.[419] Würden die durch Lobby, Unternehmen und Bürokraten in die Verhandlungen eingebrachten Positionen direkt im Anschluss öffentlich gemacht, könnten Bürger diesseits und jenseits des Atlantiks darüber diskutieren und ihr Votum abgegeben. Das spart Zeit und zeigt vor allem, welche Inhalte Verbrauchern wichtig sind und wie sie darüber denken. Darauf basierend sollten beide Partner darüber diskutieren und abschließend einen Vorschlag unterbreiten. Dieser ginge dann ohne Zwischenstopp weiter zum EU-Parlament, wo über den Vorschlag beraten wird.

---

[418] Vgl. Krugman (2009) S.813 ff

[419] Vgl. spiegel.de, 20.01.2014

Bei einer Zustimmung des auf demokratische Weise erarbeiteten Vorschlags würde dieser dann zu einem der vielen Kapitel des TTIP werden. Diese Variante ist nicht nur demokratischer, sie ist vor allem sinnvoller, als die bislang geltende Form, das die EU-Staaten lediglich über das komplette Werk abstimmen sollen, ohne jedoch vorher in Verhandlungen involviert gewesen zu sein. Ist das Werk jedoch nach rein demokratischen Gesichtspunkten vervollständigt und spruchreif, wäre es gewiss im Sinne von Nachhaltigkeit und gegenüber nachfolgenden Generationen nur allzu fair, wenn der Vertrag eine zeitliche Befristung erhält. Viele werden sagen, das geht nicht oder das gab es doch noch nie bei politischen Verträgen. Das stimmt. Doch am Beispiel des TÜV-Prüfsiegels lässt sich dieses Anliegen gut verdeutlichen. Ein Fahrzeug, das inspiziert und für verkehrstauglich eingestuft wurde, erhält für zwei Jahre die TÜV-Plakette. Danach muss die Prozedur erneut vorgenommen werden. Warum? Weil sich in der Zwischenzeit eventuell Mängel eingeschlichen haben, die nicht nur den Fahrer, sondern ebenfalls Fahrgäste oder unbeteiligte auf der Straße gefährden können. Ebenso verhält es sich mit dem TTIP. Wird beispielsweise nach drei Jahren festgestellt, das Umwelt-, Sicherheits-, Handels-, Gesundheits- oder auch Investitionsbelange nicht mehr zeitgemäß oder zielführend sind, sollten diese der jeweiligen Zeit und deren vorrangigen Begebenheiten angepasst werden. Zum Wohle aller und auf demokratische Weise. Ebenso wie der TÜV für Fahrzeuge. Nur weil der Stoßdämpfer jetzt in Ordnung ist, muss er es schließlich nicht zwangsläufig auch noch in zwei Jahren sein. Von sofern wird gewiss kaum jemand behaupten wollen, das jene nun im TTIP festgelegten Klauseln in zwanzig Jahren noch zielführend sein werden. Außerdem dürfte es je nach Stand der Technik z. B. neue Materialien, Medikamente und Forschungsergebnisse bezüglich der heute eingesetzten Produktions-, Mast- und Zuchtverfahren geben. Diese Erkenntnisse helfen eventuell dabei, Krankheiten oder Folgeerscheinungen erklären und mit neuen Methoden oder Generika heilen oder bereits schon in der Entstehung revidieren zu können. Wenn dann jedoch bei jeder kleinen Änderung alle Vertrags-Staaten zustimmen müssten und sich zeitgleich selbiges Bild wie bei den derzeitigen Verhandlungen abzeichnet, wäre gewiss eine globale Seuche eher vorprogrammiert, als deren Heilung. Von daher ist das derzeit gängige Vorgehen diverser US-Bundesbehörden auch kaum nachvollziehbar, wenn diese scheinbar lediglich aufgrund von Lobby- oder Konzerninteressen bzw. deren Gewinnmaximierung Vorschriften und Regelungen auf Kosten der Gesundheit von US-Bürgern verabschieden und diese weder informieren noch instruieren, was im Falle eines Falles zu tun ist oder an wen sich zwecks Hilfestellung gewandt werden kann.

Demgegenüber fühlen sich andere Staaten lange schon dem Vorsorgeprinzip verpflichtet und schützen ihre Bürger vor etwaigem Schaden durch die Industrie. Oder vor dem, was Bürgern seitens der Industrie offeriert wird. Beispielsweise bevorzugen immer noch annähernd neunzig Prozent der Amerikaner vorgefertigtes Essen à la Mikrowelle, d. h. Gerät öffnen, Essen rein, Zeit einstellen und fertig. Die anderen zehn Prozent wollen lieber frische, unbehandelte, chemiefreie Waren erwerben, die regulären Quellen einer echten Agrarwirtschaft entstammen. Diese Amerikaner wollen natürlich keineswegs auf eine bequeme Essenszubereitung verzichten, das ganz bestimmt nicht. Es geht ihnen vielmehr darum, dass sie ihre Mahlzeit mit dem Bewusstsein kaufen und verkostigen möchten, das Haltung, Zucht und Fütterung der Ingredienzen stets im Einklang mit Gesundheit und Wohlbefinden des Verbrauchers vor, während und nach dem Essen stehen. Die Anzahl jener US-Bürger wächst täglich, wobei ihr größter Wunsch der wäre, das Lebensmittelstatuten der EU, deren Richtlinien und Gesetze eins zu eins auf die USA übertragen werden. Wünsche und Träume sind stets etwas wundervolles, gerade in dieser Zeit bzw. der Zeit vor dem TTIP. Die Grundidee des Freihandelsabkommens war von sofern alles in allem eigentlich auch gar nicht einmal so schlecht, nur die Ausführung wurde bis dato laienhaft und absolut mangelhaft umgesetzt. Etwaige negative Folgen sind ferner für EU und Verbraucher bisweilen noch gar nicht absehbar. Natürlich lediglich in Anbetracht dessen, was laut den kursierenden Fakten Bestandteil des TTIP werden könnte. Doch die kann leider keiner bestätigen oder dementieren, weil alles streng geheim verhandelt bzw. gemauschelt wird. Das nur die Vorsitzenden der jeweiligen Parteien für das TTIP werben, während die Hinterbänkler strikt dagegen sind, mag vielleicht auch daran liegen, das diese von der Industrie als Promoter mit üppigem Gehalt verpflichtet wurden, einen entsprechenden Vorstandsposten nach der nächsten Wahl angeboten bekamen oder schlicht keine Ahnung von der Tragweite des TTIP bzw. den sich daraus abzuleitenden wirtschaftlichen oder für die Bürger ergebenden Konsequenzen haben. Die Wahrheit ist sicher irgendwo dazwischen. Deshalb ist es für die Vertragspartner auch so immens wichtig, ihre Legitimation zur Ausarbeitung über die Wähler der jeweiligen Staaten abzusichern, indem mit Bürgern gemeinsame Wege und Standpunkte erörtert werden. Nur dadurch verliert das Abkommen seinen Schrecken und wird auch erst dann etwas wirklich Positives bewirken können. Ohne Verbraucher, NGOs und politische Gremien in die Verhandlungen einzubeziehen, wird das Misstrauen nur jeden Tag größer. Nicht nur gegenüber den US-Lobbyisten und Konzernen, auch gegenüber den EU-Funktionären.

Der Ball liegt nun auf dem Feld und kann gespielt werden. Fragt sich nur noch, in welches Tor, da dieses letztlich über einen triumphalen Sieg oder eine äußerst blamable Niederlage entscheiden wird.

Literaturquellen

Arnauld A. (2014) Völkerrecht, 2. Auflage, Heidelberg

Arnold D. / Pelermo-Neto J. / McLean E.J.G. / Richard E. / Martinez J.L.R. (2006) Residue Evaluation of Certain Veterinary Drugs: Joint FAO/WHO Expert Committee on Food Additives, 66th Meeting 2006, Band 2 von FAO JECFA monographs, Rome

Baynes R.E. / Riviere J.E. (2014) Strategies for Reducing Drug and Chemical Residues in Food Animals: International Approaches to Residue Avoidance, Management, and Testing, New Jersey

Devine C. / Dikeman M. (2014) Encyclopedia of Meat Sciences: 3-volume set, 2nd Edition, San Diego

Drockur A. (2014) Der verratene Kontinent. Warum Europa in der Bedeutungslosigkeit verschwindet, München

Frenz W. (2006) Handbuch Europarecht: Band 3: Beihilfe- und Vergaberecht, Berlin

Fritsch M. (2014) Marktversagen und Wirtschaftspolitik: Mikroökonomische Grundlagen staatlichen Handelns, 9. Auflage, München

Gelbrich K. / Müller S. (2011) Handbuch Internationales Management, München

Haas H-D. (2006) Internationale Wirtschaft: Rahmenbedingungen, Akteure, räumliche Prozesse, München

Hilty R. M. (2007) Märkte als soziale Strukturen, Band 63 von Theorie und Gesellschaft, Frankfurt am Main

Huwart J.-Y. / Verdier L. (2014) OECD Insights: Die Globalisierung der Wirtschaft Ursprünge und Auswirkungen: Ursprünge und Auswirkungen, Brüssel

Kraus M. (2015) BEHR'S Jahrbuch für die Lebensmittelwirtschaft 2015: Themen Trends Termine, Hamburg

Krugman P.R. (2009) Internationale Wirtschaft: Theorie und Politik der Außenwirtschaft, 8. Auflage, München

Lloyd R. E. (2011) Master Electrician's Review: Based on the National Electrical Code 2011, New York

OECD (2014) OECD Wirtschaftsausblick, Ausgabe 2014/1, Berlin

Sinclair S. (2014) TISA: Handelsabkommen und Ausnahmeregelungen für öffentliche Dienste, Ottawa

Stephan R. / Zweifel C. / Hächler H. / Lehner A. (2014) Non-typhöse Salmonellen – Lebensmittelhygienische Bedeutung pathogener Mikroorganismen, Unterumbach

Wilkens F. (2011) 2008: Die globale Finanzkrise und ihre Folgen, München

Wilkens F. (2014) 2014: Die Leitzinssenkung oder das Geld ist nicht weg, es hat nur jemand anderes, München

Zierz S. (2014) Muskelerkrankungen, Referenz-Reihe Neurologie – klinische Neurologie, 4. Auflage, Stuttgart
Demand C. (2014) MERKUR Deutsche Zeitschrift für europäisches Denken, 68. Jahrgang, Heft 10 (2014): 29-32

Kahl R. / Kappus H. (1993) Toxikologie der synthetischen Antioxidantien BHA und BHT im Vergleich mit dem natürlichen Antioxidans Vitamin E, Zeitschrift für Lebensmittel-Untersuchung und Forschung 196 (4): 329-338

Skogstad G. (2002) The WTO and Food Safety Regulatory Policy Innovation in the European Union, Journal of Common Market Studies 39 (3): 485-505

Internetquellen

http://abcnews.go.com/Helath/Wellness/erin-brockovich-launches-investigation-tic-illness-affecting-ny/story?id=15456672 27.01.2012

http://articles.mercola.com/sites/articles/archive/2013/12/24/ractopamine-beta-agonist-drug.aspx 24.12.2013

http://corporateeurope.org/power-lobbies/2014/11/new-video-corporate-lobby-tour 20.11.2014

http://csu-cvmbs.colostate.edu/vdl/about/Pages/default.aspx 14.11.2014

http://de.statista.com/statistik/daten/studie/29082/umfrage/gueterumschlag-im-hafen-von-rotterdam/ 10.11.2014

http://deutsche-wirtschafts-nachrichten.de/2014/01/09/ttip-merkel-und-obama-beraten-ueber-freihandel/ 09.01.2014

http://deutsche-wirtschafts-nachrichten.de/2014/05/17/merkel-freihandelsabkommen-ttip-staerkt-umwelt-und-verbraucherschutz/ 17.05.2014

http://deutsche-wirtschafts-nachrichten.de/2014/05/25/geheim-verhandlungen-wasser-versorgung-soll-international-privatisiert-werden/ 25.05.2014

http://dx.doi.org/10.1155/2014/768038 28.08.2014

http://ec.europa.eu/deutschland/press/pr_releases/11992_de.htm 21.01.2014

http://generationenverbund.info/portal/news/index.php?we_objectID=5201 25.06.2013

http://trade.ec.europa.eu/doclib/press/index.cfm?id=1139 29.07.2014

http://trade.ec.europa.eu/doclib/press/index.cfm?id=917 14.06.2013

http://www.abc.net.au/lateline/content/2013/s3689981.htm 13.02.2013 http://www.agrarheute.com/gentechanbau-usa-bilanz 08.07.2014

http://www.agrarheute.com/moskau-stoppt-putenfleischimporte-usa 11.02.2013

http://www.bbc.co.uk/news/world-europe-11843820 26.11.2010

http://www.bfr.bund.de/cm/343/chemische-dekontaminationsverfahren-kein-ersatz-fuer-ganzheitliche-hygienekonzepte 11.06.2014

http://www.bmwi.de/DE/Mediathek/publikationen,did=553962.html 18.11.2014

http://www.boersenblatt.net/804384/ 26.06.2014

http://www.bundesregierung.de/Content/DE/Artikel/2014/11/2014-11-26-haushaltsrede-bundeskanzlerin-merkel.html 26.11.2014

http://www.businessweek.com/articles/2014-05-22/aquadvantage-gm-salmon-are-slow-to-win-fda-approval 22.05.2014

http://www.coe.int/t/ngo/code_good_prac_en.asp 24.07.2014

http://www.deutschlandfunk.de/gentechnik-turbo-lachs-aus-dem-reagenzglas.697.de.html?dram:article_id=271060 04.12.2013

http://www.dw.de/eu-will-offenbar-bei-ttip-einlenken/a-17959424 27.09.2014

http://www.dw.de/fahrplan-f%C3%BCr-eine-freihandelszone-unter-den-pazifik-anrainern/a-18048616 08.11.2014

http://www.dw.de/vor-und-zur%C3%BCck-beim-ttip-sonderklagerecht/a-17964265 29.09.2014

http://www.dw.de/wirtschaft-hofft-auf-ttip/a-17955306 25.09.2014

http://www.ecfr.gov/cgi-bin/text-idx?c=ecfr&rgn=div6&view=text&node=21:1.0.1.1.26.1&idno=21 20.11.2014 http://www.economist.com/news/finance-and-economics/21623756-governments-are-souring-treaties-protect-foreign-investors-arbitration 11.10.2014

http://www.euractiv.de/sections/eu-aussenpolitik/de-gucht-wir-beschoenigen-ttip-nicht-308314 09.09.2014

http://www.europarl.europa.eu/sides/getDoc.do?pubRef=-//EP//TEXT+TA+P7-TA-2009-0005+0+DOC+XML+V0//DE 14.09.2009

http://www.faz.net/aktuell/wirtschaft/freihandelsabkommen-ttip-die-groesste-freihandelszone-der-welt-12887414.html 09.04.2014

http://www.faz.net/aktuell/wirtschaft/wirtschaftspolitik/europaeische-angst-vor-investorenschutz-im-ttip-abkommen-13062978.html 27.07.2014

http://www.faz.net/aktuell/wirtschaft/wirtschaftspolitik/freihandelsabkommen-ttip-bei-uns-gibt-s-heute-chlorhuhn-13089894-p2.html 16.08.2014

http://www.faz.net/aktuell/wirtschaft/wirtschaftspolitik/karel-de-gucht-attacke-gegen-ttip-13055875.html 20.07.2014

http://www.fda.gov/Food/FoodIngredientsPackaging/ucm166145.htm 08.11.2014

http://www.fda.gov/Food/LabelingNutrition/FoodLabelingGuidanceRegulatoryInformation/RegulationsFederalRegisterDocuments/ucm114267.htm 05.08.2003

http://www.foodsafetynews.com/2014/05/food-safety-standards-could-be-threatened-in-u-s-eu-trade-agreement/#.VHTHKcn5OSo 16.05.2014

http://www.gpo.gov/fdsys/pkg/USCODE-2011-title44/html/USCODE-2011-title44-chap15-sec1505.htm 24.04.2011

http://www.handelsblatt.com/politik/deutschland/treffen-in-berlin-deutschland-und-indien-wollen-freihandelsabkommen/8053218.html 11.04.2013

http://www.handelsblatt.com/unternehmen/industrie/schwellenlaender-protektionismus-breitet-sich-weltweit-aus/5967494-2.html 26.11.2014

http://www.handelsblatt.com/unternehmen/industrie/verhandlung-vor-us-schiedsgericht-vattenfall-prozess-kostet-deutschland-millionen/10889532.html 25.10.2014

http://www.manager-magazin.de/politik/deutschland/freihandelsabkommen-cdu-rechnet-sich-ttip-prognosen-schoen-a-993175.html 23.09.2014

http://www.milchwirtschaft.de/aktuelles-und-termine/aktuelles/2014/09/36-TTIP.php 05.09.2014

http://www.mopo.de/politik---wirtschaft/geaendertes-handelsabkommen-moeglich--warnung-vor-wachstums-hormonen-im-fleisch,5066858,25797684.html 06.01.2014

http://www.nytimes.com/2013/10/09/business/international/european-officials-consulted-business-leaders-on-trade-pact-with-us.html?pagewanted=2&_r=1&pagewanted=all& 09.10.2013

http://www.nytimes.com/2014/09/30/opinion/a-new-attack-on-antibiotic-resistance.html 29.09.2014

http://www.nytimes.com/2014/10/03/science/antibiotics-in-livestock-fda-finds-use-is-rising.html?_r=0 02.10.2014

http://www.nytimes.com/2014/11/06/us/politics/midterm-democratic-losses-grow.html?_r=0 06.11.2014

http://www.spiegel.de/spiegel/print/d-124554482.html 20.01.2014

http://www.spiegel.de/wirtschaft/soziales/freihandelsabkommen-ttip-unter-barack-obama-keine-einigung-mehr-a-1003716.html 19.11.2014

http://www.sueddeutsche.de/politik/argumente-gegen-das-freihandelsabkommen-rote-karte-fuer-ttip-und-ceta-1.2076407 05.08.2014 http://www.sueddeutsche.de/wissen/genmais-vor-der-zulassung-bauern-warnen-vor-gentechnikkrieg-auf-den-doerfern-1.1885473 11.02.2014

http://www.tagesschau.de/multimedia/politikimradio/audio118558.html 21.02.2014

http://www.theguardian.com/business/2014/may/06/brominated-vegetable-oil-bvo-additive-negative-health-coca-cola 06.05.2014

http://www.theguardian.com/commentisfree/2013/feb/06/bvo-flame-retardant-gatorade-sarah-kavanagh 06.02.2013

http://www.theguardian.com/us-news/2014/nov/18/usa-freedom-act-republicans-block-bill 19.11.2014

http://www.usatoday.com/story/news/nation/2014/05/05/coke-pepsi-dropping-bvo-from-all-drinks/8736657/ 05.05.2014

http://www.wallstreet-online.de/nachricht/6765378-eu-kommission-warnt-frankreich-protektionismus 15.05.2014

http://www.washingtonpost.com/blogs/monkey-cage/wp/2013/11/04/a-european-shutdown-the-2014-european-elections-and-the-great-recession/ 04.11.2014

http://www.wto.org/english/tratop_e/serv_e/gatsqa_e.htm 21.11.2014

http://www.zeit.de/2013/25/wirtschaft-abschottung-schutz 30.05.2014

http://www.zeit.de/politik/ausland/2014-10/eu-ttip-oeffentlich 09.10.2014

http://www.zeit.de/wirtschaft/2014-06/ttip-freihandelsabkommen-regulatorische-kooperation-rcc-eu-usa 05.06.2014

http://www.zeit.de/wirtschaft/2014-08/indien-wto-recht-auf-nahrung 01.08.2014

http://www.zeit.de/wirtschaft/2014-09/ttip-freihandelsabkommen-verfahren-kritik 25.09.2014

http://www.zeit.de/wirtschaft/2014-10/ttip-fehlende-transparenz-eu-parlament 11.10.2014

http://www.zeit.de/wirtschaft/2014-11/ttip-freihandelsabkommen-arbeitsplaetze 12.11.2014

https://www.hna.de/politik/betroffene-nicht-beteiligt-4276693.html 28.10.2014

https://www.nafta-sec-alena.org/en/view.aspx?conID=775 08.11.2014

Einzelbände

Alexander Hille. Die Transatlantische Handels- und Investitionspartnerschaft (TTIP). Gegenstand und Bewertung eines zukünftigen Freihandelsabkommens. ISBN 978-3-656-95202-2

Lars Brümmer. Potentielle ökonomische Effekte eines transatlantischen Freihandelsabkommens. ISBN 978-3-656-95194-0

Stephanie Theresa Trapp. Transatlantic Trade and Investment Partnership. Side effects of an economic treaty on national security policy. ISBN 978-3-656-94662-5

Frank Wilkens. TTIP, das transatlantische Freihandelsabkommen. Analyse weltwirtschaftlicher Faktoren und Veränderungsprozesse im Technologie-, Nahrungsmittel-, Finanz- und Agrarsektor. ISBN 978-3-656-85604-7